HISTOIRE

DE LA VILLE DU CROTOY

ET DE SON CHATEAU

HISTOIRE

DE LA

VILLE DU CROTOY

ET

DE SON CHATEAU

PAR

Fl. LEFILS

Membre de la Société de Géographie, de l'Académie d'Amiens, de la Société des Antiquaires de la Picardie, de la Société d'Emulation d'Abbeville, de la Société des Sciences et Arts, de Poligny (Jura), etc.

AVEC DES ANNOTATIONS PAR M. H. DUSEVEL

ABBEVILLE

RÉNÉ HOUSSE, IMPRIMEUR-ÉDITEUR

Rue Saint-Gilles, 106

1860

PRÉFACE

L'accueil fait aux histoires de Saint-Valery et de Rue, m'a engagé à mettre sous presse l'histoire du Crotoy dont je possédais les documents. La vue de ce lieu, qui tient une place si importante dans l'histoire des guerres du Ponthieu, en rappelle effectivement les sanglants épisodes, et pourtant on chercherait en vain les traces de son ancienne splendeur, et l'on se dit avec le poète :

> Bastions démolis, murailles renversées !
> Vieux remparts, hautes tours jusqu'au sol abaissées !
> Qu'ici tout est changé, le bronze meurtrier
> N'ébranle plus les airs de son fracas guerrier ;
> Le vieux donjon n'est plus, la bannière éclatante
> N'apparaît plus au loin sur les créneaux flottante,
> La garde au haut des murs ne veille plus la nuit,
> Et dans la cité morne, on n'entend aucun bruit.

Cette histoire se lie certainement à celles que nous avons déjà publiées des villes voisines, et pourtant les évènements en sont distincts, l'une ne rappelle aucunement les faits qui ont dû être relatés dans les autres.

L'histoire du château du Crotoy se détache en quelque sorte des annales du Ponthieu, et il est à regretter qu'il ne nous soit resté, sur cette forteresse qui renferma Jeanne d'Arc, que des fragments incomplets, dont l'ensemble eût été d'un grand intérêt.

Je me suis particulièrement étendu sur la question maritime de la baie de Somme à laquelle le port du Crotoy est naturellement lié, et qui, pendant un siècle, a fait l'objet de la préoccupation des hommes ayant quelques notions d'hydrographie et de navigation.

Dès 1825, habitué à fréquenter journellement cette baie à marée basse et à y reconnaître les phénomènes des courants et des vents dominants, j'observais la marche des alluvions en même temps que je retrouvais la trace des anciens rivages et des lits comblés de la Somme au moyen âge.

Cette étude pratique indiquait à mes yeux les parties de la baie dont il pouvait être tiré parti pour faciliter les mouvements de la navigation et obtenir un port constamment accessible et d'un entretien peu coûteux. Elle me démontrait aussi que les travaux suivis sur la rive gauche, conformément aux dispositions de l'arrêté royal du 18 octobre 1778, n'auraient qu'un résultat négatif parce qu'ils portaient la voie navigable sur le côté de la baie où il y aurait constamment à combattre le poids d'une alluvion déterminée par la conformation des rivages, la tendance des courants et la direction des vents qui soufflent dans ces parages pendant les trois quarts de l'année. J'entrevoyais que, dans la voie où l'on était engagé et où l'on paraissait vouloir persister, on dépenserait énormément d'argent pour déplacer les conditions normales de l'embouchure; après quoi, les avantages étant évidemment moindres, il faudrait des dépenses continuelles d'entretien et d'amélioration pour atténuer l'effet de la perturbation apportée dans le régime des eaux de la baie.

Plein de ma conviction, je crus qu'en m'adressant au conseil des ponts-et-chaussées, je ferais valoir ces considérations, qu'une étude consciencieuse serait faite d'après mes indications et que, dans l'intérêt du pays et aussi des fonds du Trésor, on reviendrait à la vérité qui était d'une évidence palpable.

Je me trompais. Trois suppliques successives restèrent sans réponse, et les travaux n'en continuèrent pas moins leur cours d'après le système suivi.

Alors, j'eus recours à la publicité. Je fis, en 1832, sous le pseudonyme du *Pilote de la Somme,* différents articles dans le *Journal d'Abbeville,* en vue de faire ressortir la vérité; je renouvellai cette polémique en 1844 dans le même journal et j'eus l'honneur d'y être réfuté par M. Mary, inspecteur divisionnaire des ponts-et-chaussées. Malgré le succès d'opinion publique qu'obtinrent mes articles, je ne pus triompher de la résistance de l'administration, qui, blessée dans son amour-propre, s'opiniâtra dans son système désastreux.

Je crus enfin être plus heureux en m'adressant à des personnages haut placés dont l'influence me paraissait devoir aider mes efforts. Il n'entrait dans mes vues d'autre intérêt que celui de la vérité et l'amour de mon pays. Je ne rencontrai qu'une attention stérile ou plutôt l'indifférence : on reconnaissait que j'étais dans le vrai; mais lutter contre le corps des ponts-et-chaussées, paraissait d'une audace prodigieuse : on me promit d'agir, mais on ne fit rien.

Cette polémique me fit cependant connaître quelques ingénieurs distingués : on n'était point fâché de voir un homme obscur qui faisait une opposition si acharnée au corps des hommes compétents. Peut-être était-ce dans l'espoir de le ridiculiser. Cependant je parvins à convaincre tous ceux que je vis séparément : on reconnaissait volontiers qu'on était dès l'abord entré dans une mauvaise voie; mais l'administration ne pouvait se méjuger, il fallait persévérer, dût-on tout perdre. C'est ainsi que dans notre siècle éclairé on traite un peu les grandes questions d'intérêt public.

J'avisai alors un autre moyen d'atteindre mon but. L'ancienne baie de Somme se comblait rapidement, les alluvions arrivaient à maturité; avant peu d'années on pourrait conquérir sur la baie quelques milliers d'hectares de lais de mer. Ne pouvait-on former une société qui se chargerait d'exécuter un plan d'amélioration de la navigation dans la Somme et à qui l'Etat concéderait en rémunération certaines parties de ces terrains ?

Aussitôt, mon plan fut dressé : l'Authie était dérivée au Crotoy; la Somme laissée à son cours naturel, à partir du quai de la Bourse à Saint-Valery, venait confluer au Crotoy avec les eaux de l'Authie; la puissance du courant ainsi augmentée, le mouvement des eaux rentrait dans les conditions voulues par la direction du flux et du reflux, et on rétablissait en partie, ce qui était perdu.

Dès l'instant où je fis entrevoir qu'il y avait moyen de spéculation et de l'argent à gagner, les personnes que j'avais trouvées trop tièdes lorsqu'il ne s'agissait que de l'intérêt public, me prêtèrent une oreille attentive.

On fit des démarches au conseil des ponts-et-chaussées, auprès des ministres; partout on obtint des promesses, on reçut de l'*eau bénite de cour;* mais après des mois entiers d'attente, on rencontra des obstacles qui motivèrent le rejet du projet.

On était en 1850, j'obtins facilement une audience du chef de l'Etat, à qui je fus assez heureux pour démontrer le tort fait au pays et au Trésor public. J'obtins la promesse que cette question serait examinée avec attention. Le moyen que j'indiquais de rémunérer un travail public fut tellement bien goûté, qu'une compagnie puissante proposa à l'Etat d'exécuter l'embranchement de chemin de fer de Noyelles à Saint-Valery, moyennant la cession de quatorze cents hectares de lais de mer qui se trouveraient en amont du barrage. Ce travail devait hâter le comblement de la partie inférieure de la baie et surtout du port du Crotoy. La chambre de commerce d'Abbeville protesta. J'obtins alors une audience de l'Empereur qui promit de faire examiner la question par une commission spéciale.

Je publiai à cette époque plusieurs écrits et, entre autres, *la Vérité sur la baie de Somme*, brochure accompagnée de vues et de plans représentant la baie et ses ports sous ses différents aspects de marée haute et de marée basse.

Je vis aussi le ministre des travaux publics qui, après avoir suivi mon raisonnement sur le barrage et sur la situation du Crotoy, et l'avoir combattu, me dit :

— Ce que vous annoncez peut être vrai ; mais je suis ministre des travaux publics, si je dois me tromper dans cette question, j'aime mieux me tromper avec le conseil des ponts-et-chaussées que de me tromper avec vous, qui êtes étranger à l'administration.

Cette visite le détermina pourtant à envoyer sur les lieux une commission composée de MM. Froissard, ingénieur des ponts-et-chaussées ; Trotté de la Roche, ingénieur hydrographe, et Bouet-Willaumez capitaine de vaisseau. La commission fut d'avis de reculer le tracé du chemin de fer en face de Grand-Port au lieu de l'établir de Noyelles à Saint-Valery.

Après tant d'approbations diverses, je pouvais espérer de voir enfin mes efforts arriver à un résultat. Je demandais la concession de lais de mer pour un travail d'amélioration des ports de la Somme et pourtant j'échouai parce que le corps des ponts-et-chaussées m'était opposé. La compagnie du Nord faisant la même proposition avec l'assentiment du même corps pour un travail qui compromettait la navigation, réussit ; les 1,400 hectares lui furent concédés avec l'autorisation de faire l'embranchement de Saint-Valery.

L'Empereur, comprenant les avantages de la dérivation de l'Authie au Crotoy, avait, en même temps, donné des ordres pour que cette opération fut étudiée. Les ingénieurs se mirent immédiatement à l'œuvre ; mais les études, les enquêtes, les commissions et autres formalités préalables durèrent cinq ans. Pendant ce temps une société de capitalistes s'était formée, qui était prête à exécuter les travaux moyennant la concession de trois mille hectares de lais de mer. La compagnie avait du crédit auprès du corps des ponts-et-chaussées ; on l'assurait que la concession serait donnée sans inconvénient; mais tout-à-coup, au moment où on attendait le décret et où l'on était prêt à mettre la main à l'œuvre, une lettre du ministre me fait connaître que le conseil général ayant statué, il n'y avait point lieu à donner suite au projet [1].

A M. LEFILS, propriétaire au Crotoy.

Paris, le 14 mars 1859.

Monsieur,

Vous avez proposé, au nom d'une Compagnie, de vous charger, sous certaines conditions, de l'exécution du projet de dérivation de la rivière d'Authie dans le port du Crotoy.

Ces travaux, qui déjà ont fait l'objet d'une soumission présentée par MM. Vavin, Noël, de Beaumont et consorts, n'ont pas paru de nature à être autorisés, à raison des nombreuses objections que le projet a soulevé dans les enquêtes, et qui peuvent se résumer ainsi qu'il suit :

La suppression de la baie d'Authie entraînerait la ruine de la pêche, attendu que c'est dans cette baie que les pêcheurs trouvent les amorces qui leur sont nécessaires pour leur industrie, que c'est un lieu de refuge pendant la tempête.

Le projet substitue à une rivière d'une pente très-rapide, un canal d'une pente à peu près nulle qui s'envaserait très-promptement. Les sables qu'apporteraient la Maye et l'Authie dans les nouvelles conditions où les place le projet, auraient bientôt envahi la baie de Somme. Enfin la dérivation de l'Authie et la construction d'un bassin de chasse au Crotoy profiteraient exclusivement à ce port au détriment du reste de la vallée. Or, le port du Crotoy, sans issue du côté de la mer, sans débouché du côté des terres, ne mérite pas qu'on sacrifie pour son amélioration les intérêts de toute une vallée qui compte plus de 4,000 habitants.

MM. les Ingénieurs se sont rangés à cette opinion. Ils ont partagé les craintes des populations en ce qui touche l'ensablement des terres fertiles de la baie. — MM. les Ingénieurs ont estimé la dépense à 1,900,000 fr. et porté à 1,265,000 fr. la valeur des terrains qui seraient abandonnés aux concessionnaires qui se chargeraient d'exécuter les travaux de dérivation. Mais il faut remarquer qu'une partie de ces terrains est revendiquée par des propriétaires dont les titres paraissent incontestables, et que l'État ne pourrait pas disposer de ces terrains. Quoi qu'il en soit, l'exécution du projet entraînerait pour l'État une dépense de 1,900,000 fr., soit en argent, soit en terrains. Or, cette dépense ne paraît nullement en rapport avec les avantages à obtenir.

Le Conseil général des ponts et chaussées, appelé à examiner

Indigné autant qu'étonné de cette décision inattendue, j'en appelai de nouveau à l'Empereur qui me reçut aux Tuileries, le 21 février 1859.

Sa Majesté, qui me reconnut à mon approche, fit deux pas au devant de moi et me dit :

— Eh bien ! vous venez encore me parler du Crotoy ?

— Oui, Sire, répondis-je, ce pauvre pays est bien maltraité.

— Je ne sais pourquoi ils ne veulent point travailler là ? ajouta l'Empereur en indiquant sur la carte la position du Crotoy.

— Je le sais moi, et si Votre Majesté veut me le permettre, je le lui dirai en deux mots. On ne veut point travailler au Crotoy, parce que faire la moindre chose pour l'amélioration de ce port, serait démontrer par le fait l'erreur de quatre-vingts années. On ne travaillera

---

cette affaire, a fait observer que la dépense de la construction d'un bassin de chasse au port du Crotoy semblait bien considérable, eu égard au peu d'importance de ce port, et que l'étude demandée pour ce bassin aurait l'inconvénient de faire concevoir aux populations des espérances qui, selon toute probabilité, ne se réaliseront jamais. Le Conseil a ajouté que la concession des terrains de la baie de Somme compromettrait les projets d'amélioration de cette baie.

Par ces motifs, le Conseil a été d'avis que les canaux de dérivation des rivières de l'Authie et de la Maye auraient de graves inconvénients pour la baie de l'Authie, et occasionneraient des dépenses qui ne seraient nullement en rapport avec les avantages qu'ils procureraient pour la navigation et pour le dessèchement du Marquenterre, et qu'ainsi il n'y a pas lieu de donner suite à ce projet.

J'ai donné mon approbation à cet avis du Conseil général des ponts-et-chaussées. — Il n'y a pas lieu dès lors, Monsieur, de donner suite à votre proposition.

Recevez, Monsieur, l'assurance de ma parfaite considération.

Le ministre de l'Agriculture, du Commerce et des Travaux publics,

ROUHER.

au Crotoy que si votre Majesté l'ordonne positivement.

L'Empereur se fit rendre compte de tous les détails de l'affaire et promit de s'en occuper.

J'eus encore l'occasion de lui dire :

— On dira à votre Majesté que tout est pour le mieux, que jamais la navigation n'a été plus florissante. Malheureusement, en administration, il y a deux langages, le langage officiel d'après lequel on déclare que tout est bien, et le langage privé qui est celui de la vérité et dans lequel on avoue ses fautes. Il en est ainsi pour les travaux de la Somme et quoique on dise du beau résultat des travaux, on reconnaît qu'on est dans une fausse voie; mais que pour la dignité du corps, il faut y persévérer.

Le lendemain une dépêche télégraphique enjoignait aux ingénieurs du département d'avoir à se rendre aux Tuileries, où ils se trouvèrent en effet avec le ministre des travaux publics.

Il ne m'a point été permis de connaître les détails de cette entrevue ; mais immédiatement une nouvelle étude était faite au Crotoy, non pas pour la dérivation de l'Authie dont le projet était officiellement rejeté, mais pour exécuter, en amont de ce port, un bassin de retenue dont l'effet égalerait, disait-on, la force des eaux de l'Authie.

Déjà dix-huit mois se sont écoulés, les études sont faites; mais les formalités administratives ne sont pas encore terminées, et pourtant depuis longtemps il y a urgence que les travaux soient exécutés.

J'ai fait jusqu'ici tout ce qui a été humainement possible pour faire triompher la vérité, pour assurer la prospérité du pays. Si, malgré tant de persévérants efforts, la navigation à l'embouchure de la Somme n'est pas aujourd'hui plus commode et plus suivie ; si le commerce n'y a pas pris tout le développement qu'il pouvait avoir, que la faute en retombe sur ceux qui ont mis leur amour-propre et leurs intérêts privés au-dessus de la grandeur et de la gloire du pays.

Fl. LEFILS.

HISTOIRE DU CROTOY

ORIGINE DU CROTOY

Le Crotoy est né presque en même temps que le banc de sable sur lequel il est édifié. Aussitôt que ce dépôt limoneux fut affermi, par des causes alluviales que je n'ai point à expliquer ici, des pêcheurs, pour y exercer leur industrie en paix, vinrent l'habiter. Le Père Ignace dit, dans son histoire ecclésiastique d'Abbeville, que les aborigènes, fuyant devant les armées romaines qui descendaient les rives de la Somme, se réfugièrent dans les îles du rivage, et il suppose que ce fut dans l'île de la Somme où l'on bâtit plus tard l'église Saint-Vulfran d'Abbeville. Je croirais plutôt, si le fait de cette émigration est exact, que ce fut dans les îles de la rive droite de la Somme qui servaient de *marches* maritimes à cette partie du littoral morinien, et dont le territoire actuel du Crotoy était une des plus importantes. En effet, l'île de Saint-Vulfran, qui, autrefois, était nommée le Refuge, n'aurait offert qu'un asyle peu assuré contre une invasion de gens armés; les îles qui se trouvaient alors à l'embouchure du fleuve étaient des retraites bien plus sûres, puisqu'elles étaient entourées de bancs de sable, de fondrières, de marais et de courants rapides.

Mais quels noms portaient ces îles? — c'est ce que nul ne saurait dire.

Les Celtes appelaient *Crot* un banc de sable formant abri. Il y avait un crot à l'embouchure de la Seine, près de la pointe du Hoc; il y avait un crot à l'embouchure de la Somme, près du *hoc* de la Maye. Dans la Seine c'est Crétin, dans la Somme c'est Crotoy.

Sur le littoral du Marquenterre, encore, un crot est une butte de sable, un banc affranchi des eaux et exhaussé par l'apport des vents. Par extension, les gens du pays ont donné ce nom de crot ou croz aux dunes et à toutes les éminences de sable un peu élevées.

D'un autre côté, le docteur Pratbernon dit que *croz* ou *crot* vient du celtique *cro*, boue ou *crossum crotum*, creux, ravin; creux, fosse, ravin, lagune, mare, d'où le mot *encroter* [1]. Or, près du crot où fut édifié le Crotoy, il y avait un terrain d'alluvion, gras, un sol de boue formé de ravins comme sont toutes les mollières.

Sur plusieurs cartes anciennes, Crotoy est écrit *Creta* [2]. En Normandie on nomme *crétines* les terres alluviales que, sur les bords de la Somme, on appelle des mollières [3]. C'est là évidemment qu'il faut chercher l'origine du mot Crotoy, plutôt que dans le *Caracotinum* de l'itinéraire d'Antonin [4] ou dans le *Quartensis sive Hornensis locus* de la notice de l'Empire.

Caracotinum, dit M. de Valois, *vel corocotinum, vulgò nunc, mutilato ac truncato nomine veteri, dicitur Crotoi, quasi Crotinum et est locus ad mare non procul ab ostio fluminis suminæ* [5].

---

[1] *Mémoires de la Commission d'archéologie de la Haute Saône.* 1re livraison, page 9.

[2] Ses anciens noms sont indiqués ainsi dans les notes de M. H. Dusevel pour le *Dictionnaire géographique du département de la Somme :* — Creta, en 663; *Croteium*, en 1237; *Crotolium*, en 1258; *Courtoy*, en 1346; *Crottoy*, en 1421, etc.

[3] Du latin *mollis*, mou. La mollière est formée d'un terrain mou, gras.

[4] C'est mal à propos, disent MM. H. Dusevel et P. A. Scribe, qu'Adrien de Valois a pris le Crotoy pour l'ancien *Caracotinum* de l'itinéraire d'Antonin. Pour qu'il en fût ainsi, il faudrait, d'après cet itinéraire, qu'il se trouvât, dans le voisinage du Crotoy, une route conduisant à *Juliobona*, Lilebonne, et à *Augustobona*, Troyes; mais cette route existe près de Harfleur, en Normandie. (*Description historique et pittoresque du département de la Somme*, 2 vol. in-8° ornés de planches, Amiens, 1834, tome 1er, page 28.)

[5] *Notitia Galliarum.* Adrien de Valois, page 129.

Les auteurs se sont évertués sur l'origine du mot *Crotoy*. Bul

Le séjour des Celtes sur le crot de l'entrée de la Somme, s'est révélé par de nombreux vestiges de leur industrie céramique et par la découverte d'objets travaillés appartenant à une haute antiquité. Toute cette contrée, à cette époque, depuis l'embouchure de la Canche (*Quentiam*) jusqu'au cap de Noyelles (*Nialla*), était un vaste estuaire de sables et de marais que la mer envahissait et qui formaient cette multitude d'îles inabordables dont nous venons de parler, lesquelles furent vraisemblablement les *marches* [1] des Britanniens, d'où le nom de Marquenterre est resté à ce rivage.

Cependant, les Romains, qui s'emparaient de toutes les positions qui pouvaient être utiles à leur domination, ne négligèrent point de s'établir au Crotoy, et sans doute ce fut lorsqu'ils eurent assuré leur domination sur la terre ferme. Le Crotoy com-

---

let, dans sa *Description étymologique des Gaules*, prétend que ce mot se compose de deux locutions gauloises qui désignent une élévation qui s'avance au milieu de l'eau.

On trouve dans les affiches de Picardie, du 17 février 1776, page 27, un article intitulé *De l'utilité des étymologies pour connaître les anciens habitants d'une province, démontrée par un canton du Ponthieu* L'auteur prétend que l'étymologie du Crotoy est celtique et signifie montagne, attendu que le Crotoy est sur une montagne de sable et les environs sont de grandes falaises formées d'un sable blanc que les habitants du pays appellent *crocs*. On a mis ici falaises pour dunes. Mais l'auteur de la note en conclut que le Crotoy est un des lieux les plus anciennement habités.

Quant à la syllabe *toy* qui termine le mot *Crotoy*, on prétend qu'elle vient du celte *to*, *toas*, toit, que les Celtes employaient pour désigner une habitation.

[1] *Marches*, frontières, limites.

mandait l'entrée de la Somme; c'était un point important à garder; si nous en jugeons d'après les débris trouvés dans le sol, ils y eurent un établissement considérable. Dans un manuscrit anonyme qui nous a été communiqué, nous voyons que « la » station romaine occupait la pointe gauche du » banc sur la baie de Somme, depuis le Crotoy » jusqu'à Mayoc : ce qui faisait à peu près le tiers » de toute la longueur de ce banc, laquelle pouvait » être alors de cinq mille mètres. On y retrouve » les restes enfouis de maisons romaines qui » furent autrefois construites et habitées par les » hommes de ce poste. »

Quelques auteurs à la recherche du *Portus-itius*, ont pu supposer que ce port d'embarquement de Jules-César pour l'Angleterre était le Crotoy. Nous croyons pouvoir le nier positivement : la position écartée du Crotoy, son éloignement des côtes d'Angleterre ne pouvait convenir à un général aussi prudent et aussi expérimenté que Jules-César. Nous laissons donc cet honneur à d'autres cités [1].

Ce n'était pas davantage Britannia, car à l'époque où cette ville florissait, le territoire du Crotoy n'était ni habité ni habitable [2].

---

[1] Les probabilités les plus grandes sont pour Wissant. (Voir *Recherches sur la configuration des côtes de la Morinie*, par Fl. Lefils.)
[2] *Histoire de Rue*. Fl. Lefils, p. 2.

La station devait être néanmoins très-importante, puisqu'on a prétendu, avec quelque vraisemblance, que c'était la résidence d'un préfet maritime. *Præfectus classis samaricæ seu sambricæ in Hornensis et Quartensis loco;* mais je crois qu'on est parvenu à démontrer qu'il y a eu erreur et que cette désignation s'appliquait à la Sambre, où il y a encore Quarte et Hargnies presque contigus [1].

Quoi qu'il en soit, tous les auteurs anciens et modernes qui se sont occupé d'études archéologiques, Cluvier, Adrien de Valois, Sanson, Danville, Hennebert, Ravin, Estancelin, Labourt, tous ont jugé que la position du Crotoy offrait le plus grand intérêt historique, et beaucoup de notices ont été écrites sur son origine et son antiquité.

M. André Depoilly a dit, dans un mémoire imprimé par la Société d'Emulation, que la fondation du Crotoy était due à une colonie massilienne qui lui avait donné ce nom, en souvenir de l'île de Crête.

Les suppositions les plus rationnelles permettent de reconnaître que la première ville, qui fut d'origine celtique, avait pour nom Mayoc, *Maje-hoc*, et qu'elle était située sur un terrain qui n'existe plus.

---

[1] Malbranq, dans sa carte de la Morinie, en 800, porte le *Quartensis locus* dans une île au nord du Crotoy, qu'il nomme *Creta* (Voir de *Morinis*, tom. 1, front.)

La Maye, en quittant la vallée où elle prend sa source, formait un lac duquel se détachaient trois branches; l'une, principale, passait sous les murs de Rue et était nommée *Mayor* (la Maye); elle se jetait ensuite à la mer, en s'appuyant contre le banc élevé du Crotoy, nommé barre-mer, lequel, dans l'origine, formait à son abri un havre ou *hoc*[1] qui prit le nom de *Maye-hoc*, c'est-à-dire *port de la Maye*.

Ce port, si j'en crois toutes les probabilités, était dans l'enceinte circulaire comprise entre la ferme de la Réunion, les moulins et la colline de barre-mer.

La seconde branche passait plus bas que Rue, dans le terrain de Becquerelle, et suivant l'autre côté du Maye-hoc, venait déboucher dans la baie de Somme au-dessous du Crotoy : on l'appela la Mayette. Le barre-mer se trouvait ainsi resserré entre deux branches de la Maye; c'était, en deux mots, le Maye-hoc.

Une troisième branche partait du lac, longeait le banc de Favières et se débouchait dans l'estuaire de la Somme, au lieu nommé *Morlay* (lai de mer). Simple filet d'eau, en comparaison de la Maye, il fut nommé *minima, minime, mignu*.

---

[1] Les Celtes ont nommé *hoc, hog, hogue,* un port, un havre où les navires étaient à l'abri des coups de mer.

Le banc de barre-mer est assis sur un massif de galets que les dégradations de la mer ont mis à nu dans la partie la plus rapprochée du Crotoy; il est élevé d'environ six mètres au-dessus des marais environnants et d'une largeur moyenne de cinq cents mètres; dans son origine, il s'arrondissait en crochet, la butte actuelle du Crotoy formant la partie rentrante [1].

Les Romains s'établirent à l'abri de ce banc, sur la partie orientale comprise entre l'agglomération actuelle du Crotoy et l'endroit où l'on érigea plus tard une église dédiée à saint Pierre; l'établissement entourait ainsi le port dont il vient d'être parlé. On en retrouve les vestiges dans les dunes qui se sont formées ultérieurement sur ce terrain.

Par un jour de tempête, sans doute, le banc, qui présentait une tranche abrupte à la mer et au vent dominant, fut entamé et les eaux balayèrent la ville gallo-romaine qui s'était trouvé, pendant longtemps probablement, abritée sur le versant intérieur de ce banc.

« On m'a assuré, dit Dom Grenier, que cet an-

---

[1] La longueur de ce banc est encore de 3,600 mètres. On trouve qu'elle devait être de 1,500 mètres plus grande à l'époque romaine, en faisant passer sa pointe au-delà des habitations et en lui donnant une largeur de 500 mètres. Sa hauteur, au dessus du niveau de la mer, est de 5 mètres au Crotoy, de 7 mètres au Vieux-Mayoc et de 12 mètres à Saint-Firmin.

(*Manuscrit anonyme de M. A. Mesnières.*)

cien Crotoy avait été détruit par une inondation de la mer[1]. »

Les traces de cette invasion des eaux se retrouvent encore sur la grève parmi les galets qui sont entassés dans une terre argileuse extrêmement fine et ductile, qui aurait pu servir à fabriquer de la poterie. Les vases en terre blanche, grise, noire et rouge qu'on y découvre, sont pulvérisés; leurs fragments sont entremêlés avec des morceaux de bois ouvragés, de charpenterie ou de menuiserie, mais qui tombent en pourriture aussitôt qu'on essaie de les retirer de l'argile où ils sont incrustés. En fouillant cette argile, on y trouve des arbres et d'autres végétaux encore sur leurs racines et un terrain tourbeux. On y rencontre aussi des médailles d'or, d'argent et de bronze, aux effigies de Trajan, Comode, Probus, Posthume, Adrien, Antonin-le-Pieux, Marc-Aurèle, Septime-Sévère, Claude-le-Gothique et Constantin.

Il n'est peut-être point de station romaine dont la position puisse être mieux précisée par l'inspection du sol et la marche des alluvions.

Le sable de la grève récèle sans doute de grandes quantités de ces médailles; mais c'est au hasard seul qu'on doit celles qui ont été recueillies.

---

[1] Dom Grenier. *Topographie*. M. S. *de la Picardie,* liasse 2, lettre C., verbe Crotoy.

Près de ces habitations détruites, il existe un puits romain que plusieurs personnes ont reconnu, mais que le sable couvre et découvre, selon que les marées l'apportent ou l'enlèvent. M. Vaduntun, syndic des gens de mer, ayant, il y a une dizaine d'années, remarqué une planche assez épaisse que le sable avait laissée à découvert, la souleva et trouva dessous sept vases romains en terre grise et noire parfaitement conservés. Ces trouvailles ont lieu dans les grèves, à 200 ou 300 mètres du rivage actuel, sur l'emplacement de la partie du barre-mer qui a été enlevée par les eaux.

Si on remonte du côté du rivage et qu'on fouille le sable à une certaine profondeur, on aperçoit les mêmes indices. En 1825, M. Cézar Roussel exécuta des fouilles sur cette partie, et il trouva des débris nombreux d'habitations romaines, écrasées sur leurs fondations; des tuiles, des carreaux, des vases rouges, noirs, gris et blancs, des agrafes, des anneaux, des pierres gravées, des figurines, du fer, du cuivre oxidé, du plomb fondu, des morceaux de poutres calcinées et quelques médailles romaines des mêmes époques que celles de la grève [1].

M. Cuvelard, qui possède un moulin sur les dunes du rivage, a retourné son terrain pour re-

---

[1] Voir à l'appendice la note n° 1.

mettre au-dessus la terre végétale qui se trouve au-dessous ; il en rapporte journellement de mêmes preuves de l'occupation romaine, parmi des massifs de maçonnerie qui sillonnent le sol dans tous les sens.

M. Ravin, en faisant opérer des fouilles non loin de l'emplacement de l'ancienne église de Saint-Pierre, y trouva les fondations entières d'une maison romaine : c'était une aire carrée, ayant dix pieds de chaque côté et pavée de larges dalles en terre cuite. En continuant ses recherches, le savant archéologue trouva, en quantité, des ferrures, des clous restés dans des pièces de charpente, des fragments de tuiles minces provenant soit de fours, soit de toits, des poteries rouges à dessins recherchés, des carreaux de petites dimensions en terre rouge ou blanche, de forme tantôt ronde, tantôt carrée, des tessères de dix-huit lignes d'épaisseur sur deux pieds de longueur, et différents autres objets évidemment d'origine romaine [1].

Il est donc bien avéré, pour toutes les personnes qui veulent vérifier ces rapports, que la ville ro-

---

[1] Entre autres objets trouvés par M. Ravin au Crotoy, il faut citer la tête d'une statuette en bronze qu'il croit être une tête de Jupiter ; un anneau en forme de chevalière portant une pierre en jade rouge, ovale, d'un beau poli, tenue entre deux têtes affrontées représentant deux âges opposés ; l'une belle, d'un jeune homme sans barbe ; l'autre laide et flétrie, d'un vieillard sans cheveux.

maine du Crotoy ou de Mayoc existait sur le versant intérieur du banc détruit, entre la butte où s'élève le Crotoy et l'ancienne église de Saint-Pierre, et que le port, formé par une branche de la Maye, celle qu'on nomme encore la *Mayette,* ou la *Genestelle,* ou le *Crotoy,* ou le *Solinet,* occupait l'abri que donnait alors la ville et l'élévation du banc de barre-mer.

Mais quel nom portait cette ville? Est-ce Mayoc? Est-ce Crotoy? Tous deux sont d'origine celtique. J'opine pour Mayoc à cause des raisons données plus haut, et d'autant plus que, pendant longtemps, celle-ci eut la prééminence sur le Crotoy. Dans l'acte d'affranchissement donné plus tard par Guillaume III, il est même dit :

« Les Mayeurs, échevins et communauté du
» Crotoy furent fondés, créés et ordonnés en la
» ville de Mayoc, comme chief principal d'icelle
» commune et de plus grand prééminence alors
» que la ville du Crotoy. »

Le Crotoy ne prit le dessus qu'à l'époque où il fut fortifié et augmenté d'un château important; jusque-là le nom de l'ancienne ville, Mayoc, aurait prévalu.

Après la rupture du banc, les habitants, chassés de leurs habitations par les eaux, réédifièrent leurs maisons sur le versant du même banc, du côté où est aujourd'hui le moulin de Saint-Pierre, en s'étendant vers le lieu qui a conservé cette dénomination de Mayoc.

Le barre-mer, ainsi que nous venons de le dire, fut primitivement une île dont l'extrémité opposée au Crotoy était voisine du plateau de Rue. Les eaux de la mer arrivant par le chenal de la Maye, retournaient par les fonds de Fourne et Balifour vers Mayoc, où elles se rencontraient avec celles qui montaient par la Mayette. Il est à croire, d'après cette disposition, que la première digue fut tirée de Saint-Firmin à Rue : cette partie de digue, très-courte, est encore reconnaissable.

Malbranq dit qu'au Crotoy la mer se répandait dans un lieu adhérent, appelé *Somonia,* comme on le lit dans le livre des donations de sainte Austreberte. Il est présumable que ce lieu était l'anse profonde que la mer formait en pénétrant dans la petite rivière de Mayette ; mais aucune appellation locale ne nous rappelle ce lieu de *Somonia* [1].

M. Désirée Lebœuf dit que « les Romains élevèrent à Mayoc, où ils avaient un établissement important, une forte digue à la mer [2]. »

Je ne sais trop à quoi M. Désirée Lebœuf a pu

---

[1] Selon M. H. Dusevel, le mot *Somonia* ne serait qu'une corruption du nom de la Somme.
[2] *Histoire de la ville d'Eu.*

reconnaître qu'une digue était l'œuvre des Romains. Quelques savants ont cru qu'il existait une chaussée Brunehaut ou voie romaine allant du Crotoy à Boulogne. M. Traullé dit même que cette voie partait de Paris, passait par Beauvais, Granvilliers, Airaines, Abbeville et se dirigeait le long de la mer jusqu'au Crotoy, d'où elle se portait sur Rue et Montreuil. Cette voie ne me paraît pas possible. Comment aurait elle suivi la mer d'Abbeville au Crotoy ? Longtemps encore après l'établissement des Francs, on ne pouvait aller d'Abbeville au Crotoy qu'en passant par Rue. Ce que M. le marquis Lever prend pour une voie romaine, allant du Crotoy à Boulogne, ne peut être que des restes d'anciennes digues, et sans doute, dans l'origine, quelques-unes purent servir de voie de communication entre le Crotoy et le plateau de Rue.

Nous ne voyons pas, dans les environs du Crotoy, d'autres traces qui puissent donner lieu à supposer l'existence d'une voie romaine. Il existe entre le Crotoy et Rue des vestiges nombreux d'anciennes digues; la plus ancienne, celle sans doute que M. Désirée Lebœuf attribue aux Romains, était dirigée du Crotoy sur le banc de barre-mer. Elle dut être construite après le comblement du port romain; une autre qui existe encore en partie, se dirigeait le long d'un petit beck ou ruisseau, par l'endroit nommé depuis lors Bécquerel, et se rattachait au plateau de Rue, laissant sur sa droite un vaste étang et des marais; sur la gauche elle abritait quelques milliers de journaux de terre contre la digue dont nous venons de parler, qui avait été précédemment élevée entre Saint-Firmin et Rue.

M. Désirée Lebœuf ne dit point où il a vu que cette digue avait été élevée par les Romains; mais le fait ne me paraît pas cependant invraisemblable. Une autre digue fut sans doute élevée aussi du plateau de Becquerel au banc de Favières sur lequel on a trouvé des médailles romaines. Ce serait donc à ces conquérants que l'on devrait l'origine des endiguements pour gagner des terres à la culture.

D'autres traces de digues, postérieures à celles-là, existent en se rapprochant du Crotoy : il est présumable qu'elles furent élevées pendant la période franque. Les abbés de Mayoc trouvaient, dans les alluvions qui se formaient devant leur monastère, le long du cours de la Mayette, le moyen de s'enrichir en arrachant ces terres neuves à la mer. Ils élevèrent une digue qui, partant du barre-mer, laissait la Mayette à droite et se rattachait au banc élevé de Favières où les Romains avaient déjà fait de premiers travaux.

D'autres vestiges de digues très-anciennes se

voient encore dans ces parages et ont sans doute également leur origine à l'époque où florissait le monastère de Mayoc. Les moines défrichaient ces riches terrains et les mettaient en culture : ces travaux changeaient la physionomie du pays et transformaient en terres productives des marais submergés où jusqu'alors il avait été impossible d'habiter. L'une de ces digues fut dirigée de Mayoc sur l'extrémité du tertre du Crotoy, englobant ainsi le terrain qui avait été autrefois la ville et le port des Romains; une autre, partit du même tertre du Crotoy et fut se rattacher à la digue de Favières. Sur les terrains de cette nouvelle encloture, les moines de Mayoc avaient déjà établi une métairie qu'ils nommèrent *Tartarus, tartra, tartran, tarteron*, fait du latin *tartarus*, dépôt de terres salées.

Voilà ce que nous avons pu reconnaître de la disposition physique du territoire du Crotoy pendant l'occupation romaine et probablement sous les rois de la première race. Le fait le plus ancien que la tradition nous ait conservé de cette époque, est celui du séjour qu'un chef romain aurait fait à Mayoc, qui, comme nous venons de l'expliquer, était la ville celto-romaine du Crotoy dont les vestiges se retrouvent sous le sable de la grève et sous les moulins.

Après la section du barre-mer opérée, la partie tronquée où vinrent se reconstruire des habitations, conserva le nom de Mayoc. L'autre partie, qui formait une butte isolée ou un *crot*, fut nommée Crotoy, sans doute à cause de ce crot, ou bien à cause des mollières ou *crétines* dont il était entouré.

II

INVASIONS BARBARES

On doit admettre que, par sa position écartée du rivage, où l'on n'abordait que par des voies difficiles, le Crotoy dut être à l'abri de bien des maux causés au IVe siècle par les invasions sans cesse renaissantes des Gépides, des Hérules, des Vandales, des Alains et autres barbares émigrant des vastes contrées de la Germanie. Les Francs, les plus féroces et les plus nombreux de ces étrangers, se firent redouter et portèrent la terreur de leur nom jusqu'aux bords de l'Océan. Le bruit se répandait qu'ils se nourrissaient de la chair des animaux féroces, qu'ils se plaisaient à verser le sang et qu'ils se considéraient comme indignes de vivre s'ils ne pouvaient combattre et vaincre pour leur nation [1].

Les Romains, tranquilles possesseurs du Crotoy, et qui avaient établi un commerce d'échange avec les îles britanniques, furent effrayés de ces invasions et des cris féroces qui arrivaient jusqu'à eux. Leurs légions, qui occupaient encore les cantons de la Morinie, ne purent résister au torrent, les aigles des Césars furent abattues, et devant le chef Clodion, ce qui restait de Romains disparut; le pays des rives de la mer retombait dans la barbarie.

Mais les Francs, en s'établissant dans nos contrées, se dépouillèrent peu à peu de leurs habitudes guerrières. « Ils prirent du goût pour la paix, dit Dom Bouquet, et l'observèrent sans y être tenus par aucun engagement. L'agriculture cessa de leur être antipathique [2]. » Ils s'appliquèrent à prendre les mœurs et à suivre les usages des populations qu'ils avaient vaincues.

Depuis longtemps déjà le christianisme s'était répandu dans les Gaules, et les Francs abandonnèrent volontiers leur culte barbare pour entendre la parole de l'Evangile; un apôtre, Furcy, vint

---

[1] *Essais historiques*. BILLARDON-SAUVIGNY, 1792, in-8°, tom. Ier, 2e partie, page 22.
[2] *Recueil des historiens de France*. Préface. DOM BOUQUET, tom. II, page 34.

prêcher au Crotoy. Comme nous l'avons dit plus haut, l'ancienne ville de Mayoc avait été détruite et il s'en était formé deux parties, l'une sur le barre-mer qui conserva le nom de Mayoc; l'autre sur le crot qui fut nommé Crotoy. M. Louandre rapporte que ce saint homme, *passant* à Mayoc, entendit de grands gémissements dans le palais du duc Haymon. Il s'enquiert et apprend que c'est le fils du duc qui vient de mourir. L'homme de Dieu s'offrit pour garder le corps pendant la nuit, dit la légende. Au point du jour, Haymon vint, avec sa femme et une foule nombreuse qui se lamentait, dans la demeure où priait le saint homme; ils trouvèrent le fils du duc vivant, chantant et priant Dieu avec le saint qui l'avait rendu à la vie; le duc se jeta aux pieds de l'apôtre, les baigna de ses larmes, et, dans sa reconnaissance, le supplia de ne jamais s'éloigner de lui [1].

La légende de Saint-Josse dit qu'il fut aussi reçu à Mayoc, où le duc Haymon le chargea de desservir sa chapelle, après quoi il lui fit construire, en 725, un monastère à l'embouchure de la Canche.

Sans doute qu'à cette époque l'abbaye existait ou bien que le duc, reconnaissant, la fit construire pour y loger le saint homme qui avait apporté la

---

[1] *Histoire d'Abbeville*. LOUANDRE, tom. Ier, page 18.

bénédiction de Dieu dans sa famille. On ignore à quel saint son église fut dédiée, mais les moines qui l'habitaient suivaient la règle de saint Benoît, et ils vécurent dans la dépendance de la maison de Saint-Riquier.

Quelques auteurs se sont demandé s'il était bien vrai qu'il y ait eu une abbaye ou un monastère à Mayoc. Ce serait douter de tout, car l'idée vient d'une tradition, puis de quelques données historiques et de l'inspection du sol. Mais ces savants, après avoir été d'une trop grande confiance, sont tombés dans le défaut opposé en affectant une incrédulité exagérée qui se refusait à tout examen et repoussait même les probabilités. Entre autres notions écrites qu'on pourrait invoquer en faveur du monastère de Mayoc, on trouve dans une vieille histoire manuscrite du Ponthieu dont parle Dom Grenier [1], qu'une abbaye nommée *Monasterium cretense* où l'abbé de Saint-Riquier exerçait des droits de suzeraineté, peut avoir été le Crotoy. Nous dirons : Pourquoi pas ? Le Crotoy et Mayoc n'ayant, dans l'origine, dû faire qu'une seule et même localité.

M. Norbert Loisel, qui a laissé des notes manuscrites sur Rue et le Crotoy, est d'avis qu'il devait

---

[1] *Topographie*. DOM GRENIER, paquet 4, art. 5.

y avoir à Mayoc une maison de Templiers, et il se fonde dans cette opinion sur ce qu'ayant fait rechercher des médailles romaines sous les murs du Crotoy, on y trouva aussi des petites médailles égales au plus à la moitié d'un centime, sur la face desquelles on distingue un équerre et des points maçonniques qui, de quelque côté qu'on puisse les envisager, présentent triangulairement le nombre *trois*. « Au revers, dit-il, on aperçoit les mêmes points, mais rangés d'une manière différente, toujours cependant offrant le nombre trois. » Une autre pièce représente une croix coupée par le milieu, ayant les trois points triangulaires à chacun de ses quatre bouts. Cette croix, ainsi coupée, offrait aussi l'équerre sous tous les points de vue.

D'après M. Loisel, l'ordre des Templiers aurait adopté plusieurs des rits de celui des francs-maçons. « Ne peut-on pas conclure, ajoute-t-il, des emblèmes maçonniques empreints sur les pièces en question, et du voisinage de l'établissement de Mayoc, que le terrain qui récelait ces pièces était une annexe de ce dernier? La croix d'une de ces pièces vient à l'appui de cette donnée, puisque l'ordre des Templiers était guerrier et religieux chrétien [1]. »

[1] Les Templiers portaient une croix sur leur manteau.

M. Loisel annonce que ces pièces sont dans son médailler; mais j'en ai moi-même trouvé, parmi les galets du Crotoy, une parfaitement semblable à la description qu'il donne ; elle est d'argent, et de l'épaisseur d'une feuille de papier ; elle porte le triangle et les points maçonniques ; sur le revers, la marque est assez irrégulière, mais on y voit aussi les points disposés par trois.

Je laisse aux plus savants à rechercher si ces pièces peuvent symboliser un établissement de Templiers, et s'il y eut au Crotoy ou à Mayoc une maison de cet ordre [1].

J'ai communiqué à M. Dusevel ces observations de feu M. Loisel et le dessin des petites médailles. Son opinion, que partagent avec lui MM. Fernand Mallet et Bazot, de la Société des Antiquaires de Picardie, est que ces pièces ne seraient que des mereaux, espèces de jetons ou de cachets qu'on distribuait aux ecclésiastiques et chanoines qui assistaient aux offices ou à quelque délibération.

Mayoc était alors (648), dit M. Devérité, une

---

[1] Dans son *Histoire des Templiers de Picardie*, ms. à laquelle la Société des Antiquaires de Picardie a décerné récemment une mention très-honorable sur le rapport fait au nom de la commission du concours de 1859, par M. H. Dusevel, M. Hyp. Cochéris, de Paris, ne fait mention d'aucune maison de Templiers qui aurait existée à Mayocq. Le *Procès des Templiers*, publié sous les auspices du ministère de l'instruction publique, par M. MAYNET, ne cite dans les environs du Crotoy, ou plutôt de *Saint-Riquier*, que la maison d'*Aymont*.

ville importante avec castel et tours, monuments dont il ne reste plus aucun vestiges. Je crois plutôt que Mayoc et Crotoy, n'ayant été pendant longtemps qu'une même localité, restèrent souvent confondus dans l'idée des anciens chroniqueurs, et que le point principal de cette localité fut toujours le Crotoy, dont l'emplacement actuel de Mayoc n'était qu'une dépendance.

L'histoire ne dit pas si Deotrich et Walbert, successeurs d'Haymon, continuèrent d'habiter Mayoc, et c'est à croire, puisque Régnacaire, autre comte de Ponthieu, qui vint après ceux-ci et qui vivait au temps de Clovis, avait aussi une habitation de campagne à Mayoc, que Malbranq a placé à tort sur l'Authie.

La résidence princière de Mayoc fut aussi occupée par un comte de Boulogne, Leogdegar ou Leger, fils de Lingomir et de Zingamia, princesse de Galles. Mais ces séjours n'étaient que momentanés, car la contrée était encore en proie aux attaques de nouveaux barbares qui venaient disputer aux premiers venus la dépouille de l'empire romain; il s'en présentait et par mer et par terre, et des combats terribles se livrèrent sur les rives de la Somme. Leger ayant été tué, ainsi que son frère Lucinius et ses deux fils Théodore et Thierry, dans une rencontre avec les Saxons, qui étaient débarqués sur les côtes de la Somme, ils furent enterrés à Mayoc ou au Crotoy. On prétend que ce tombeau, indiqué par une inscription, était placé dans l'enceinte même de l'abbaye de Mayoc. Voici cette épitaphe :

« Cy gist Leger, premier comte de Boulogne,
» neveu du grand Arthur et fils de sa sœur, issus
» tous deux de la noble race de Pendragon, pro-
» tecteur puissant du noble peuple britannique. »

Sur une autre pierre trouvée au même lieu, il y avait cette inscription :

« Cy gist une famille bretonne, vouée à Dieu de
» cœur et d'esprit. Ce tombeau ne renferme pas
» un seul, mais plusieurs de ses membres. Ils ne
» proviennent pas d'une basse origine, mais d'un
» sang illustre ; ils ne se sont pas souillés par le
» crime, mais distingués par la vertu ; ils ne sont
» pas morts de repos et de langueur, mais par
» amour de la justice, alors qu'ils combattaient
» pour punir les Huns de leur perversité et les
» Vandales de leurs fureurs. Mais apprenez qui je
» suis, et en même temps priez, afin que Celui
» pour l'amour de qui j'ai péri daigne m'accorder
» la vie éternelle. Je suis Leger, fils du grand Le-
» ger, prince de Galles, et de dame *Gamia;* je suis
» neveu du grand Arthur, et par l'un comme par
» l'autre petit-fils du Pendragon. Si vous deman-

» dez quel est celui qui m'accompagne dans ce
» tombeau, c'est mon frère, nommé Lucinius. Si
» ce que vous désirez connaître est la cause de ma
» mort, ce fut la défense de la vraie foi; si c'est
» l'âge auquel j'ai cessé de vivre, ce fut dans ma
» quarante-huitième année [1]. »

M. H. Dusevel regarde cette longue épitaphe comme *modernisée*, c'est-à-dire ne datant pas de l'an 457, époque à laquelle certains auteurs l'ont fait remonter.

On ignore ce que devinrent ces pierres, très-curieuses à conserver : aucun musée ne les a récélées. Le savant bénédictin qui recueillit les inscriptions ne put sans doute sauver ces monuments de la destruction.

Mayoc continua longtemps encore d'être le Saint-Denis des grands de cette époque, car Flaudebert,

---

[1] Hic situs Leodegarius, primus Bononiensum comes, nepos Arthurii Magni, ejusque sororis filius, ex nobili stirpe uter Pendragon britannici populi protectoris excellentis.
Britannia gens, corde animoque in Deum fervens, hic jacet : non unica quidem, sed multa; non sanguine infirma, sed proclara; non crimine vitiosa, sed virtute summa; non torpore, sed amore justitiæ occisa, Hannorum perversitatem ac vandalorum vecordiam vendicare curens. At quis sim audi, dumque audieris ora ut ille pro cujus amore cecidi et huc positus sum, mihi parcat vitamque sempiternam concedat. *Leodegarius*, magni Leodegarii Walliæ principis et dominæ Ganiæ filius sum, Magni Arthurii nepos, ac uter Pendragon abnepos. Si socii quæris nomen, utique *fratrem*, agnoscas *Lucinum* nomine. Si causam necis meæ hic positæ scire cupis, fidei orthodoxæ defensio; si temporis mortis : anno quadragesimo octavo. (*Mémoires de la Société d'Emulation d'Abbeville*, année 1836-37, page 215.)

chef des Atrebates, ayant été tué à Châlons, dans une bataille livrée par Mérowée et Aétius à Attila; son corps fut rapporté à Mayoc par les soins de Cararic, son fils, et déposé dans la tombe de sa femme, qui y avait été précédemment enterrée [1].

Beaucoup de pierres tumulaires furent trouvées dans des fouilles faites au Crotoy, et il en est parmi elles de très-curieuses, ce qui confirmerait ma supposition que Crotoy fut souvent confondu avec Mayoc et que peut-être l'abbaye se trouvait-elle sur le *crot*.

Quelques-unes de ces pierres, qui ont été partagées entre le musée d'Abbeville et celui de la Société des Antiquaires de Picardie, à Amiens, représentent, au trait, des personnages en pied dont on a cru devoir reporter l'origine au xive siècle. Or, d'après M. Labourt, qui a examiné attentivement ces pierres, les dessins et les vêtements auraient beaucoup d'analogie avec des dessins et des vêtements représentant les principaux miracles de la vie de Saint-Remi, évêque de Reims, au milieu du vi[e] siècle, époque où vivait Leger. D'autres pierres ne portent que de simples inscriptions entourées de bordures au trait dessinant des rameaux ou des feuillages [2].

---

[1] *De Morinis.* MALBRANQ, liv. II, chap. 36.
[2] M. Labourt qui donne une description de ces pierres, dit qu'elles représentent au trait des personnages du xive siècle. Deux des fragments rapprochés représentent, dit-il, la tête et une partie de la

Ces pierres, par leur dimension, les personnages qu'elles représentent et le soin de leur exécution, indiquent une origine qui se rattache à l'inhumation de personnages d'une qualité élevée qui n'ont pu être inhumés que dans un monastère ou une abbaye de premier ordre. Quelques-unes ont été trouvées au Crotoy, dans la butte du moulin Bizet, d'autres sur le terrain de l'ancienne église de Saint-Pierre qui existait sur l'extrémité tronquée du barre-mer. L'établissement religieux qui a dû exister là, soit au moulin Saint-Pierre, soit à la ferme de Mayoc, devait avoir une certaine importance, et peut-être, si des fouilles étaient pratiquées en grand, retrouverait-on d'autres pierres qui pourraient fixer le fait historique dont il est ici question, celle de l'inhumation au Crotoy ou à Mayoc des premiers

---

poitrine d'un individu qu'au premier abord on prendrait pour une femme, mais qu'un examen plus réfléchi fait bientôt reconnaître pour un personnage religieux. Il est vu de face, ses cheveux sont courts, la tête est entourée d'un limbe ou auréole. L'ensemble de la composition porte l'empreinte de la décadence de l'art. Le corps est dans une attitude raide, la tête a quelque chose de bizarre, elle est sans barbe et les cheveux qui l'entourent entièrement, ressemblent plutôt à une première auréole; mais on ne peut s'y méprendre, vu que cette sorte de disque s'élargit sur le front qu'il couvre en partie, en s'avançant sur ce point en demi-cercle. Ce que l'on peut distinguer du vêtement indique une *penula* qui est l'antique *casula* du Bas-Empire, et qui est devenue la chasuble des prêtres catholiques. Ce vêtement était peu ample, fermé comme un sac, il descendait jusqu'aux genoux et n'avait qu'une ouverture pour laisser passer la tête. Or, à quelle époque, un pareil costume appartient-il ? (*Mémoires de la Société d'Emulation d'Abbeville*, année 1838 à 1846, page 564.)

comtes de Boulogne et du chef des Atrebates.

On lit dans la *Description historique du département de la Somme,* que dans la chapelle Saint-Pierre, qui existait sur la pointe de la falaise du barre-mer, il y avait d'anciennes inscriptions gravées sur de belles pierres tumulaires que les autorités locales laissèrent détruire, ne connaissant ni le sens ni le prix des inscriptions [1].

Ces tombes durent être ravagées par les invasions normandes dont le Crotoy porta longtemps les rudes traces; mais devant le silence de l'histoire, il nous est impossible de rien préciser, et nous ne pouvons qu'abréger.

Ce fut surtout à partir du règne de Charlemagne que les attaques par mer des Normands devinrent plus fréquentes. Les côtes de l'embouchure de la Somme, par leur disposition, se prêtaient facilement aux débarquements, et nous savons en effet qu'elles furent souvent ravagées.

---

[1] Ces pierres ont été déchiffrées et dessinées par M. Adolphe Bizet du Crotoy, qui en donna le détail au *Pilote de la Somme.*

On lit sur la première :

CHI : GIST : MAROIE : JADIS : FEME : ROBERT : MOLE : FOUACHE : PRIES : POR : LANE.

On lit sur la seconde :

CHI : GIST : EMELNE : ROUTISTE DE CAYEU ET HULOME : ...... S : AME : PATER NOSTER.

On lit sur une troisième :

CHI : G : S : JAKES : PAUMELE : ET : JEHANE : SE : FEME : PRIES : POUR : LEUR : AME.

(*Notices historiques, topographiques et archéologiques sur l'arrondissement d'Abbeville,* tome II, page 208.)

La vigilance du vaillant empereur sut néanmoins élever une barrière à leur fureur; il fit armer de grands navires qui étaient ancrés dans la Somme et dans l'Authie pour en défendre les abords, puis il chargea Angilbert, abbé de Saint-Riquier, du commandement militaire des côtes du Ponthieu : il n'était pas rare alors de voir des moines et des abbés transformés en capitaines, et beaucoup d'évêques abandonnant leur diocèse pour prendre l'épée et guerroyer; Angilbert, qui était un savant homme, fut un bon capitaine, et pendant tout le temps de son commandement, les côtes de la Somme furent préservées des insultes des ravageurs normands.

C'est de cette époque que datent plusieurs châteaux-forts à l'embouchure des rivières et sur les rivages maritimes accessibles. On doit y reporter la première fondation du château du Crotoy. Des signaux télégraphiques furent placés sur les hauteurs, sur les tours, sur les châteaux pour éclairer les mouvements militaires. La butte de Mayoc dut supporter un monument de ce genre, ou bien peut-être fût-ce un des phares que Charlemagne fit construire à l'embouchure des rivières pour éclairer la marche de la navigation; sur ce point il servait admirablement aux deux rivières de la Somme et de la Maye.

Angilbert mourut en 814. On ne dit pas si Héric, son successeur dans la charge d'abbé de Saint-Riquier, lui succéda également dans le commandement militaire des côtes. Celui-ci fit faire, en 831, le dénombrement des biens de son monastère, et Mayoc se trouve compté parmi les lieux qui lui payaient alors des redevances. Le Crotoy y est aussi compris. On voit, d'après cet acte, que, à cette époque, le Crotoy et Mayoc faisaient deux églises distinctes. « Les moines de Mayoc, dit M. Ravin, à qui nous empruntons ce détail, étaient les seigneurs du pays : ils avaient juridiction sur la contrée et les causes se plaidaient chez eux. Il est certain que longtemps encore après la domination des moines, des procès se jugeaient à Mayoc [1]. »

La faiblesse des successeurs de Charlemagne rendit inutiles les précautions prises par cet empereur pour éloigner les Normands des côtes de ses domaines. Les Normands, instruits des discussions qui divisaient ses fils, reparurent en grand nombre ; les châteaux furent attaqués et renversés, les monastères pillés et brûlés. En 845 ils envahissent tout le pays et pénètrent dans l'intérieur. Paris faillit tomber entre leurs mains, et Charles-

[1] *Mémoires de la Société d'Emulation d'Abbeville.* Notice sur l'ancienne abbaye de Mayoc. RAVIN, année 1836-37, page 207.

le-Chauve ne s'en défait qu'à prix d'argent; mais ce moyen n'était propre qu'à les attirer davantage, et presque chaque année, on signale leur apparition dans la Somme, où le Crotoy, placé en première ligne, dut plusieurs fois être en butte à leurs attaques. Ils s'établissent même dans une île de la Somme qui ne peut être supposée qu'à Abbeville, car alors l'exhaussement des terres alluviales du Marquenterre avaient rattaché les îles de la baie à la terre ferme.

En 859, Nithard, l'un des successeurs d'Angilbert comme abbé et comme commandant militaire, périt dans un combat où les Normands eurent le dessus. Dès ce moment, le torrent ne fut plus retenu, et les invasions à main armée dans l'embouchure de la Somme se renouvelèrent périodiquement pendant plus de vingt ans.

En 880, les Normands, sous les ordres de Garamond, débarquent en troupes nombreuses dans la baie de la Somme, et rasant tout sur leur passage, vont établir leur camp sur les hauteurs de Laviers, près d'Abbeville. Mais, peu de jours après, ils furent entièrement défaits par Louis III, dans une rencontre à Saucourt, en Vimeu [1].

Depuis cette époque mémorable, les Normands

---

[1] *Histoire de Saint-Valery-sur-Somme.* Fl. Lefils, page 56.

reparurent encore sur les rives de la Somme; ils s'y installèrent encore dans l'île de la Somme, que je suppose toujours avoir été l'emplacement actuel d'Abbeville. Alors se montra Rollon, un des plus vaillants chefs qu'ils eurent à leur tête; ils ne venaient plus, comme dans l'origine, dans de simples carabes d'osier recouvertes de peaux suiffées : c'étaient des navires solides, à fond plat, avec lesquels ils pénétraient très-avant dans les rivières. Les mâts de ces navires étaient munis de voiles et décorés de bannières brillantes.

> Maint enseigne, maint penuncel
> Et maint escu d'or et vermeil
> I resplent contre le soleil !...
> Ses cenz enseignes de colours
> Parent ès nefs sus ès châteaux [1].

Ces apparitions fréquentes d'hommes qui se jouaient contre les périls de la mer, la vue de leurs navires, inspira aux habitants du rivage le goût de la navigation. Les Normands représentaient la marine à une époque où elle avait entièrement disparu de la Manche et où la pêche même n'était point pratiquée. Cette marine n'était, il est vrai, que de la piraterie, des courses avantureuses; mais elle donnait l'idée de ce qu'on pouvait faire sur mer; les Normands déposèrent sur les côtes de la Somme, comme sur celles de la Manche, le germe

[1] BENOIT DE SAINT-MAURE.

du génie maritime; les riverains du Ponthieu s'adonnèrent au commerce et à la pêche, que l'invasion franque, en ramenant la barbarie dans les Gaules, avait détruite avec l'instinct même de la navigation.

Les habitants du Crotoy étaient trop bien placés pour ne point profiter des ressources que leur offrait la mer, dans les instants de calme que leur laissaient les brigandages à main armée; ils essayaient à faire de la navigation et de la pêche dans la baie; plus tard, ils s'écartèrent des côtes et s'avanturèrent au large.

Les invasions par mer des barbares du Nord, eurent donc cette conséquence, en quelque sorte heureuse, qu'elles inspirèrent le goût de la marine. Charles-le-Simple, fatigué de ces invasions incessantes et redoutant de perdre sa capitale et son royaume, parlementa avec eux, et, par un traité en date de 895, il obligea ceux de la Somme à s'éloigner. Peu de temps après, il traita avec Rollon, leur chef, à qui il donna sa fille Gisèle en mariage, ainsi que la province qui, du nom de ces barbares, fut appelée la Normandie.

Depuis cette époque, les invasions devinrent plus rares sur les côtes de la Somme, puis enfin elles cessèrent tout-à-fait.

III

PREMIERS AGES HISTORIQUES DU CROTOY

L'imprévoyance politique des successeurs de Charlemagne avait détruit ce que le règne de ce monarque avait édifié pour la consolidation de l'empire; le pouvoir souverain perdit de son prestige, et les seigneurs, grandissant au préjudice de la royauté, devinrent maîtres indépendants de leur domaine. C'est vers cette époque que les Bretons, se donnant un maître de leur choix, se séparèrent violemment de la grande tribu franque; les seigneurs se firent alors la guerre pour empiéter réciproquement sur leurs terres, et l'anarchie féodale causa autant de maux que les invasions normandes.

Il nous a été impossible de suivre la trace de ce

que fut le territoire du Crotoy pendant les premiers siècles de notre ère ; si ce n'étaient les témoignages du sol, dont nous avons parlé, un voile ténébreux serait entièrement jeté sur les premiers âges de cette cité. L'histoire ne commence à en faire positivement mention que vers le xe siècle.

Arnould, comte de Flandre, fut un des petits tyrans féodaux dont nous venons de parler ; profitant de la faiblesse de ses voisins, les comtes de Boulogne et de Ponthieu, il leur fit une guerre acharnée et étendit, en peu de temps, ses Etats jusqu'aux rives de la Somme. En 930, il s'empara de la ville du Crotoy ; cette occupation ne fut que passagère, le comte Herluin tenait à reconquérir son domaine ; il s'adressa au roi de France, Louis d'Outre-Mer, qui lui promit de l'aider ; mais étant retenu ailleurs, il négligeait de remplir sa promesse envers son vassal. Celui-ci, fatigué d'attendre le concours promis, réclama l'assistance de Guillaume-longue-Epée, duc de Normandie, qui se mit à sa disposition pour reprendre les villes du Crotoy et de Montreuil qu'il lui restitua ensuite, ainsi que les autres parties de son comté. Cette restauration eut lieu en 965.

Les comtes de Ponthieu, qui, dans ces premiers temps de la monarchie, avaient établi leur résidence à Montreuil, étaient très-jaloux de leurs possessions de la Somme; les ports de Rue et du Crotoy leur servaient admirablement pour s'assurer les avantages du droit de lagan qu'ils exerçaient non seulement sur les épaves de la côte, mais aussi sur les navires de passage qu'ils pouvaient atteindre [1]. Les courants qui dérivaient en baie y entraînaient des débris de toutes sortes que les agents du comte accaparaient à son profit. Il y venait aussi des baleines qui, alors, étaient très-communes dans la Manche; elles échouaient fréquemment dans la baie, et c'était, dit-on, un poisson dont les comtes se réservaient également la propriété exclusive [2].

Les côtes n'étaient d'ailleurs point encore entièrement à l'abri des invasions dont elles avaient tant souffert, et les mesures de précaution et de

---

[1] Anciennement un navire battu par la tempête venait-il se briser sur les bancs voisins du Crotoy, il était bientôt entouré de riverains accourus de toutes parts et plus dangereux pour les naufragés que les flots auxquels ils avaient eu le bonheur d'échapper, tout ce que renfermait le bâtiment disparaissait sous les mains de ces hommes avides de pillage. Les cadavres eux-mêmes n'étaient pas respectés : ils les dépouillaient inhumainement. (*Description historique et pittoresque du département de la Somme*, par MM. H. DUSEVEL et P. A. SCRIBE, tome Ier, page 29.)

[2] De nos jours, les baleines sont plus rares dans nos parages, mais cependant il y en vient encore quelquefois. Le 31 janvier 1849, un de ces cétacés s'est échoué vivant sous la falaise Saint-Pierre; il mesurait 7 mètres 30 centimètres de longueur sur 4 mètres de circonférence; il appartenait au genre *hétérodon* de Blainville, que les Anglais désignent sous le nom de *Finback* et nos baleiniers sous celui de *Souffleur*. Le 2 février suivant l'épave fut adjugée au sieur Blondel, meunier, pour la somme de 320 francs. Les marins disent que c'est la troisième baleine qui vint échouer dans la baie depuis quarante ans.

(*Note de M. Ad. Bizet.*)

défense mises en œuvre par Charlemagne, n'étaient pas tellement oubliées que les comtes de Ponthieu les négligeassent. De grandes barques armées étaient ancrées sur tous les passages, afin de s'opposer aux invasions dont on était encore menacé.

Le Crotoy avait été tant de fois ravagé, que ses habitants s'en étaient éloignés pour chercher un asile plus tranquille; en 1075, ils désertèrent en masse pour habiter Abbeville, que Hugues-Capet avait fait fortifier un siècle auparavant. Mais son gendre, Hugues Ier, qui était pourvu du commandement militaire de la côte, et qui tenait au port du Crotoy à cause de l'avantage qu'il présentait pour la défense des côtes, les engagea à y retourner et fit fortifier leur ville afin de la mettre à l'abri des attaques ennemies.

La baie de Somme était, à cette époque, beaucoup plus large et plus profonde qu'elle n'est aujourd'hui; elle montait jusqu'à Rue, couvrait une grande partie du Marquenterre depuis l'Authie qui passait à Villers, jusqu'à Ponthoile, devant lequel s'étendaient les bancs et les mollières de Favières et de Morlay. « Il y avait, du temps des Romains, dit M. Traullé, dix fois plus d'eau qu'aujourd'hui [1]. »

---

[1] *Abrégé des annales du commerce de mer d'Abbeville.* TRAULLÉ, page 3.

J'ai décrit ailleurs ces anciens rivages, qui sont du reste très-appréciables à la vue.

En 1110, le territoire du Crotoy, ou du moins celui de son château, étaient encore sous la pleine-mer, *sub pleno maris*, ce qui nous confirme que c'était une alluvion, une *crétine*, ou banc de sable comme l'a dit M. de la Vallée en 1690. Sa banlieue devait s'étendre depuis le château jusqu'au vieux moulin, *in quantum plenum mare se extendit in partibus illis*, autant que la mer s'étend dans ces parties là. Cette banlieue allait alors jusqu'au delà de Saint-Firmin, de Berteaucourt, où l'on voyait *la croix, le perroy de Bahamier*. Le village de Saint-Firmin en faisait même vraisemblablement partie, comme le montre le catalogue des rôles gascons, normands et français conservé dans les archives de la tour de Londres et autres monuments [1]. « La mer, dit Malbranq, se répandait dans un lieu adhérent nommé *Somonia*, comme on le lit dans le livre des donations de sainte Austreberthe, sans qu'on sache précisément quel était le terrain nommé ainsi. »

Guillaume-le-Conquérant ne pouvait donc trouver un endroit plus favorable pour réunir la flotte

---

[1] Voyez la consultation des avocats Fleury et Cailleau, imprimée pour les propriétaires de Rue, en 1781.
(*Note manuscrite de M.* Devérité.)

qu'il destinait à la conquête de l'Angleterre. Etant parti de Dives avec une grande partie de ses navires, le vent le contraria et il vint se ravitailler à Saint-Valery-sur-Somme. Guy, qui était alors comte de Ponthieu, s'empressa de se mettre à sa disposition pour lui fournir tout ce dont il pourrait avoir besoin et pour l'aider même de son concours. Il est présumable que cette immense flotte, de onze cents voiles, dut être disséminée sur tous les points accessibles de la baie, et que le Crotoy en eut une bonne part.

Le comte Bernard était alors seigneur de Saint-Valery, il s'empressa de faire alliance avec ce voisin puissant, qui allait conquérir un royaume. Cette circonstance contribua sans doute à entretenir plus tard, entre lui et le comte de Ponthieu, une sorte de dissentiment qui se manifesta dans plusieurs occasions. Tous deux semblèrent vouloir rivaliser de puissance. Le seigneur de Saint-Valery, pour montrer qu'il était maître chez lui et que le port de cette ville lui appartenait en propre, fit entourer la ville de murailles sans en prévenir le comte de Ponthieu, son suzerain, et il imposa tous les navires passant dans la Somme pour monter à Abbeville, qui devenait une ville importante.

Jean, comte de Ponthieu, qui, par esprit de concurrence, estimait le port du Crotoy à l'égal de celui de Saint-Valery, y établit aussi un péage ; il fit fortifier la ville, qui n'avait encore qu'une simple muraille, et obligea tous les navires qui entreraient dans la Somme à y venir faire leur déclaration. Une guerre entre les deux seigneurs était imminente ; mais cédant à la médiation de leurs amis et du roi Louis VII, ils convinrent de s'en rapporter au sort d'un combat judiciaire, qu'on proposa de livrer dans l'abbaye de Corbie. Ce lieu avait été choisi à dessein dans l'espoir d'amener une réconciliation [1]. En effet, les deux champions étant prêts et le jour fixé, l'abbé et le comte de Chartres, Théobald, juges du combat, s'interposèrent d'une manière prudente et parvinrent à obtenir qu'un traité serait stipulé, d'après lequel les navires destinés pour Abbeville acquitteraient les droits au Crotoy, mais que ceux à destination de Saint-Valery les paieraient au bureau de ce port [2].

La date de cet incident, que M. Traullé porte à l'année 1150, a donné lieu à une lettre écrite par M. le marquis Le Ver, en 1819, d'après laquelle il

---

[1] Ce fut, d'après M. H. Dusevel, l'abbé de Corbie qui sollicita et obtint du roi que le duel aurait lieu dans la cour de son abbaye. (Voy. ce qu'il dit sur ce duel. *Description du département de la Somme*, tome I•r, page 140.)

[2] *Cartulaire de Corbie.*

serait de beaucoup postérieur[1]. Dom Grenier cite l'année 1174, qui, d'après certains indices, paraît être la plus vraisemblable.

C'est de ce moment que date la concurrence qui exista toujours entre les ports de Saint-Valery et du Crotoy, concurrence dans laquelle la ville de Saint-Valery l'emporta constamment, à cause de son importance, due à l'étendue et à la bonté de son territoire, à l'abri que sa côte donnait aux navires qui y relâchaient, à la profondeur de ses eaux, à son personnel maritime et à tous les avantages qui en faisaient un excellent port de commerce. Le Crotoy était dans une situation non moins favorable pour l'arrivée des navires, mais c'était alors une plage nue, entourée de marais impraticables et d'une importance plus militaire que commerciale, au point de vue du commandement de la navigation dans la Somme.

Il paraît néanmoins que, dès ce temps, il se faisait déjà un commerce assez suivi par ce port, soit comme relâche pour les navires à destination d'Abbeville, soit pour suppléer le port de Rue, dont les abords commençaient à devenir très-difficiles. Nous voyons qu'à cette époque les seigneurs de Ponthieu garantissaient, moyennant une redevance, la sécurité aux marchands qui allaient du Crotoy à Rue,

---

[1] Voir à l'appendice la note n° 2.

et *vice versa*[1]. Cette route était celle de Mayoc et de Saint-Firmin, qui communiquait de ce dernier point avec le plateau de Rue au moyen d'une digue dont nous retrouvons encore les éléments.

Nous voyons dans les notes manuscrites de M. Devérité, que les habitants de Rue s'étaient procuré l'avantage d'amener du Crotoy à leur ville leurs marchandises venant par mer, *sans payer aucuns droits*. Donc, dès le douzième siècle, le port de Rue était d'un difficile accès, et celui du Crotoy lui était substitué.

M. Louandre dit néanmoins que le trafic qui se faisait par ce havre était des plus considérables : c'était un port d'embarquement pour l'Angleterre et pour tous les autres pays d'outremer. Le 24 octobre 1253, Jeanne de Dammartin, veuve de Ferdinand III, roi de Castille et de Léon, y arriva d'Espagne avec une cour nombreuse ; elle se rendit du Crotoy à Rue, où elle fit ses dévotions à la chapelle du Saint-Esprit[2]. Preuve nouvelle que le Crotoy était devenu le port de Rue.

Les Castillans venaient au Crotoy apporter les produits de leur pays. Jeanne, en considération du temps qu'elle avait passé chez eux et de l'affection qu'elle leur portait, leur accorda l'exemption

---

[1] Voir à l'appendice la note n° 3.
[2] *Histoire d'Abbeville*. LOUANDRE, tom. I, page 163.

des droits qui se payaient ordinairement au Crotoy et dans les autres ports de sa domination.

« Il ressort d'une charte de 1210 environ, dit M. Prarond, charte conservée par Dom Grenier, que le Crotoy pouvait être considéré plus spécialement comme le port du comte de Ponthieu, le port de Saint-Valery étant plus particulièrement celui des seigneurs de Saint-Valery. » Le port était au Crotoy, ajoute-t-il plus loin, et les droits se payaient au Crotoy[1], ce qui ne veut pas dire que des marchandises n'étaient débarquées à Saint-Valery; cette note ne regarde que les droits de port[2].

M. Devérité rapporte que les moines bénédictins du Crotoy, de leur côté, avaient eu la précaution de taxer tous les vaisseaux qui entraient ou sortaient du port; le comte de Ponthieu voulait, au contraire, qu'ils fussent libres pour les attirer davantage de ce côté de la Somme plutôt que de celui de Saint-Valery. Enfin, après la médiation du roi et celle de Thibaut, évêque d'Amiens, on s'arrangea en partageant, entre le comte et l'abbé, la dépouille générale des bourgeois du Crotoy. Plus tard, en 1249, Guillaume III conclut avec Robert de Dreux, seigneur de Saint-Valery, un traité par

---

[1] Dom Grenier, 4e paquet, art. 9.
[2] *Notices historiques sur l'arrondissement d'Abbeville*. Prarond, tom. II, page 153.

lequel on laisserait aborder librement, soit au Crotoy, soit à Saint-Valery, les navires venant de la mer, et surtout qu'on n'inquiéterait point et ne ferait point payer de nouveaux droits sur les marchandises qui seraient conduites à *sous-marée*, par terre, ou par la grève, du Crotoy vers le Ponthieu [1].

La pêche maritime se faisait aussi par le port du Crotoy, comme nous le voyons par une ordonnance du comte de Ponthieu, Edouard Ier, en date de 1289, qui fixe un droit par chaque marée sur tout bateau de pêche entrant dans le port. Le même prince accorda un droit annuel sur chaque navire, et un autre droit sur tous les allèges allant décharger les navires chargés de vin.

On s'étonne qu'au milieu de ces guerres incessantes où le château du Crotoy se trouvait tout-à-coup changer de maître, on pût encore faire du commerce par son port, et cependant nous voyons, par les notes de Dom Grenier et par d'autres documents de l'époque, qu'il s'y faisait un mouvement considérable de navires chargés de diverses marchandises. « En 1376, dit M. Traullé, lettres royaux
» qui permettent aux maire et échevins d'Abbeville
» d'imposer chaque tonnel de vin venant de la mer
» à Abbeville ou *pris au Crotoy* à un florin d'or
» par tonnel pour réparer les fortifications. » Tout

---

[1] Notes manuscrites de M. DEVÉRITÉ.

le commerce de vin se faisait alors par le Crotoy, et point du tout par Saint-Valery, dit le même M. Traullé.

Dom Grenier dit que l'aide d'un denier par tonneau de vin venant de la mer, vendu en gros et en détail au Crotoy, accordé au roi pour cette ville, ne devait porter aucun préjudice à ses privilèges.

Charles VI, suffisamment renseigné sur l'importance de la place du Crotoy, rendit, au mois de mars 1397, une ordonnance prescrivant le rétablissement de la ville, du port et du havre, *pour l'honneur et le profit du royaume et mesmement du pays de Picardie et des marchands*. Des entrepôts y furent créés pour le dépôt des guèdes cauchées et mises en tonneaux, destinées au transport hors de la Picardie, par la mer ou par la rivière de Somme. Il défendit aux marchands de la Picardie de vendre de la guède à des étrangers et de la faire sortir du pays par un autre point que par le Crotoy. Il commit dans cette ville un prudhomme pour connaître, seul et sommairement, toutes les contestations qui pourraient naître de ce commerce. Il arrêta à quatre le nombre des courtiers de cette marchandise au Crotoy, et fixa leurs droits ainsi que ceux des routiers et déchargeurs [1].

---

[1] *Recueil des ordonnances et chambre des comptes,* cités par M. PRAROND.

Ces règlements prouvent que, malgré l'état de guerre permanent dans lequel on se trouvait à cette époque, le commerce du Crotoy n'avait point cessé d'être considérable.

Les titres anciens du Crotoy, comme port de mer et de commerce, sont donc bien établis; on en retrouve des traces à chaque page de notre histoire, comme dans le sol de formation moderne qui entoure cette butte depuis l'Est jusqu'à l'Ouest en passant par le Nord.

IV

COUTUMES, USAGES LOCAUX

Ces dissensions, entre le comte de Ponthieu et le seigneur de Saint-Valery, étaient le fruit du gouvernement féodal. Les rois étaient impuissants à empêcher ces luttes sanguinaires qui tuaient la nationalité française et poussaient la monarchie à sa perte. Louis-le-Gros vit le mal, et il essaya d'y porter remède en mettant le peuple de son parti. Dans ce but, il commença à vendre à quelques uns de ses serfs le droit d'élire leurs magistrats, de s'administrer et de se garder eux-mêmes : ce fut l'origine de la commune qui, peu à peu, brisa la chaîne féodale sous laquelle le royaume gémissait depuis plusieurs siècles.

Son exemple fut suivi par les grands vassaux qui

désiraient se procurer de l'argent : dès 1170, on voit Jean Ier, comte de Ponthieu, qui voulait faire le voyage de Terre-Sainte, pour la conquête du Saint-Sépulchre, vendre aux habitants de Rue le droit de commune. Ceux du Crotoy désirèrent s'organiser de même, et, en 1177, le comte Jean leur donnait des lettres d'affranchissement ainsi qu'aux habitants de Mayoc.

Ces chartes furent confirmées, en 1208 et 1209, par Guillaume, comte de Ponthieu, à la prière de l'abbé de Saint-Riquier, « pour l'âme de son père et de ses ayeux et pour son propre salut. » Cet acte fut rédigé à Saint-Riquier et expédié par la main du chancelier au Gard (Gard-les-Rue)[1]. Il est dit que, du consentement d'Alice, épouse de Guillaume comte de Ponthieu, de Simon de Boulogne, comte de Dammartin, et Marie, son épouse, fille de Guillaume, cette charte porte élection de la commune de Mayoc en 1209. Il est à remarquer qu'il n'y est pas fait mention du Crotoy, circonstance qui vient à l'appui de l'opinion que nous avons exprimée plus haut.

Cette charte, qui a été brûlée en 1346 par les Anglais, était presque entièrement conforme à celle d'Abbeville.

---

[1] *Chroniques de Saint-Riquier*. par dom COTRON, page 261.

Il était dit que, dans le cas d'un différend entre le comte et ses habitants, ce différend serait terminé par la charte de commune d'Abbeville, et que les habitants devaient au comte des redevances annuelles et entre autres une pour le petit vicomté. Les bornes de la banlieue de Crotoy et Mayoc y sont marquées.

Cependant les abbés de Saint-Riquier, comme seigneurs suzerains de Mayoc, conservèrent pendant longtemps encore des droits au Crotoy; ils étaient seigneurs du pays, ils avaient juridiction sur la contrée et les causes se plaidaient chez eux; leurs titres remontaient au-delà de 1177. En maintes circonstances on les voit exercer leurs pouvoirs. Une contestation s'étant élevée entre l'abbé de Saint-Riquier et Jean de Ponthieu, à propos des prérogatives à exercer sur le château du Crotoy, Théobald, évêque d'Amiens, fut pris comme arbitre et régla leur différend par un accord daté de l'an de l'incarnation 1177.

La réunion de Mayoc et de Berteaucourt au Crotoy comme commune, paraît avoir eu lieu sous la domination anglaise. Le mayeur devint alors commun aux trois localités. Le dimanche de l'Epiphanie, jour désigné pour l'élection, les habitants se réunissaient au *mont de Mayoc* (sans doute la butte qu'on y voit encore), chaque localité fournissait son candidat; puis le *commun peuple* et les magistrats sortant de charge choisissaient un maire entre les trois candidats [1]. Quels que fussent les débats et les difficultés de l'élection, dit M. Louandre, il fallait que le maire fût nommé le jour même.

« Les mayeurs, échevins et communauté du Crotoy, cite encore M. Louandre [2], furent fondés et ordonnés principalement en la ville de Mayoc, comme chef principal d'icelle commune et de plus grant prééminence pour lors que ladite ville du Crotoy.

» *Item*, depuis que, par succession de temps, la ville du Crotoy a été murée et enfortée tant que elle est meilleure que laditte ville de Mayoc, et pour ce laditte commune a pris sa dénomination Mayoc.

» *Item*, ès assemblées qui se font pour les besognes de laditte commune, sont appelés et présents, et ont accoustumés d'être ensemble, de conseiller et de délibérer les bourgeois d'icelle ville, tant du Crotoy, comme de Mayoc.

» *Item*, qu'il est usé et accoutumé que ès offices d'icelle commune soient toujours deux échevins de laditte ville de Mayoc gouvernans et gardans les

---

[1] *Registre du bureau des finances d'Amiens.* Dom GRENIER, 15ᵉ paquet, n° 2.
[2] *Histoire d'Abbeville.* M. LOUANDRE, tome 1ᵉʳ, page 188.

droits d'icelle commune avec les autres officiers, tant du Crotoy comme de Mayoc.

» *Item*, que les mayeurs et échevins sont en possession d'exercer toute juridiction et justice haute, moyenne et basse ; en possession d'avoir connaissance et exécution de tous crimes commis par quelque personne que ce soit, tant par ceux demeurant ès-domaines des religieux de Saint-Riquier, comme par ceux qui demeurent ailleurs. »

Quand le maire du Crotoy était impuissant à faire reconnaître son autorité, il en appelait au comte de Ponthieu ou au mayeur d'Abbeville. En 1309, Hue Brokette étant mayeur, il fut accordé, sur la demande du comte de Ponthieu, que *uns kevaus serait prins en chele ville du Crotoy pour bailler ses gens le seigneur de Ponthieu qui le requereraient*. On envoie un sergent chercher le cheval d'un échevin. Ce cheval est demandé par le sergent, au nom des officiers municipaux. L'échevin deux fois sommé, refuse constamment de livrer sa bête, et frappe le sergent. Le maire va à son tour demander le cheval, il essuie le même refus. On demande conseil à Abbeville, et l'avis du mayeur et des officiers municipaux de cette ville est que la maison de l'échevin récalcitrant soit détruite, ce qui fut exécuté [1].

[1] *Registre des coutumes du Ponthieu.*

Les biens et immeubles des condamnés étaient confisqués au profit des mayeur et échevins sans que le comte de Ponthieu y eût aucun droit, excepté le cas de crime de lèze-majesté, alors la confiscation appartenait au comte de Ponthieu [1].

Ces usages créèrent la coutume qui fit loi et qui plus tard fut écrite en trente-un articles.

Quiconque exploitait en la juridiction des mayeurs et échevins sans y avoir été autorisé par eux, était passible d'une amende de soixante livres et pouvait y être contraint par corps.

Il n'appartenait qu'au mayeur et échevins de faire lever le corps des personnes trouvées mortes sur la voie publique ou autre lieu de la ville et de sa banlieue, et de les faire enterrer.

Aux mayeur et échevins appartenait la connaissance de tous les crimes et délits qui se commettaient dans leur juridiction. « Les voies de fait sont punis de 60 sous et sy c'est de bâton non émoulu, aussi 60 sous, et si c'est de bâton émoulu, il y a 6 livres, la maison de celui qui a commis le délit peut être abattue, à moins de la racheter cent sous. »

« Pour toute chose vendue, donnée, cédée ou transportée, il était dû au seigneur douze pots de vin pour ses droits seigneuriaux, tant en granage

---

[1] *Livre rouge.* Dom GRENIER.

qu'en bourgage, savoir, six sous du meilleur, six sous du moindre de ce vin dont on célèbre la messe. Desquels droits en cas de vente ou transport, l'acheteur devait la moitié et le vendeur l'autre. »

Ces coutumes avaient beaucoup de rapport avec celles de Rue et du Marquenterre, elles n'en différaient que sur quelques parties du droit civil. Nous en donnerons ci-dessous quelques extraits :

Les termes de paiement pour le cens ou la rente d'une maison étaient Pâques, Saint-Jean et Saint-Remy. Celui qui omettait de payer, par connaissance ou non, était puni, pour chaque terme, en deux sous d'amende. Le seigneur pouvait, en outre, aller, par voie d'exécution, et en la présence d'un des sergents à verge, des mayeurs et échevins, faire dépendre les portes et fenêtres de la maison et les faire déposer en l'échevinage, où elles restaient jusqu'à parfait paiement.

« Si le locataire ne paie point au jour et temps que son loyer estoit, le propriétaire peut, en présence d'un sergent à verge, prendre et enlever les meubles appartenant audit louager et soit nantis par voie d'exécution de la somme qui lui est due et les fait vendre s'il n'y a opposition [1]. »

[1] Quand tenant une maison du seigneur, on néglige de payer, le seigneur peut obtenir du mayeur de lui donner congé, et, accompa-

Quiconque devait des censives ou arrérages au seigneur, pour locations de biens situés dans la ville ou dans la banlieue et ne les payait point au terme, était passible d'une amende nommée *loy*.

Le locataire n'était d'ailleurs tenu de payer ce fermage qu'à la maison par lui occupée, et il ne devait l'amende que lorsque son seigneur s'étant présenté ou ayant envoyé son commis, il ne s'était point trouvé en mesure de le payer et de s'acquitter entièrement.

Les mayeurs et échevins pouvaient recevoir toutes déclarations et en donner acte; ils pouvaient acheter et vendre pour le compte de leurs clients et faisaient ainsi office de notaire; pour la vente d'une terre provenant d'une succession il fallait sa présence et l'attestation de deux échevins. Le mayeur et les échevins étaient tenus de signer les minutes des actes passés devant eux et ils n'avaient aucun droit d'exiger un salaire quelconque [1].

L'acquéreur d'un bien foncier ou de tout autre

---

gné d'un sergent à verge, il peut faire dépendre les huis et fenestres pendant sur la rue et les porter à l'échevinage jusqu'à ce que le tenant ait acquitté la somme due.

Le tenant ne peut faire remettre aucune autre porte ni fenêtre durant le temps que la question est en suspens, sous peine d'amende de 60 tournois au profit des maire et échevins.

Le seigneur ne peut procéder autrement qu'en faisant ajourner son homme et tenant pardevant les mayeurs et échevins. (*Art. 6 à 10 de la coutume.*)

[1] *Coutumes du Ponthieu.* Crotoy.

immeuble le devait en garantie à la ville, pour le cas où celle-ci aurait eu à réclamer quelque droit, redevance ou condition d'héritage.

L'acquéreur n'était légalement propriétaire que lorsqu'il était quitte entièrement envers la ville.

La femme ne pouvait avoir un douaire coutumier sur les immeubles et biens de son mari situés dans la ville du Crotoy et dans sa banlieue, à moins de conventions expresses et préalables : pour que la femme pût réclamer ce douaire, il fallait qu'il fût porté par contrat de mariage.

Il était expressément réservé que le propriétaire pouvait louer sa propriété à un seul ou à plusieurs locataires à sa convenance, sans être obligé d'avoir l'autorisation du seigneur.

Si une femme venait à mourir sans avoir fait de testament, ses héritiers avaient droit à la moitié de la succession, toutefois qu'ils payaient les frais d'inhumation et de funérailles.

La fausse déclaration était punie d'une amende fixe; pour une dénégation cinq sols, pour une rétractation cinq sols, pour un défaut douze deniers.

Celui qui abattait des bornes, arbres, hayures ou tout autre objet formant séparations et limitations de terres, était puni de six livres d'amende et obligé de remettre les choses en état.

Aucun habitant n'avait le droit de faire paître des bêtes à laine sur les *tours* de la ville et de sa banlieue.

Si ces mêmes bêtes étaient trouvées pâturant avant le lever et après le soleil couché sur les terres d'autrui et de la ville et banlieue, le propriétaire était tenu de payer une amende pour chaque tête de bétail, au profit de la ville.

Quand deux maisons contiguës avaient un *noc* commun, si l'une des deux maisons était démolie, le noc devait être conservé intact au profit de la maison qui restait debout.

Les biens d'un criminel de lèze-majesté exécuté étaient acquis et confisqués au profit du roi et de son domaine de Ponthieu.

L'art. 25 de la coutume établit une espèce de garde des enfants mineurs en faveur des père et mère.

Ce ne fut pas le dernier accord entre les comtes et les abbés, continue M. Praroud, à qui nous empruntons beaucoup de ces détails :

On voit, par une convention passée en 1248 entre Gauthier, abbé de Saint-Riquier, et Mathieu, comte de Ponthieu, et Marie, sa femme; « que ces derniers peuvent faire moulins à vent en leur fief au Crotoy, et l'abbé de Saint-Riquier dans le sien au même lieu.

» En outre les garennes du Crotoy et de Mayoc seront au comte et à ses hoirs tout partout, et nul autre qu'eux ne pourra y chasser, à moins qu'ils n'en aient donné la permission. On ne pourra non plus y prendre ni perdrix, ni oiseaux de rivière.

» Les bêtes de l'abbé et du couvent et de leurs hommes de Mayoc pour aller en pâture par toutes les terres guagnables et en estentes et ailleurs sans faire dommage à autrui d'ablais ni de wagneges; mais si bêtes étaient prinses dans les dunes, le comte aurait l'amende; personne ne pourra faucher l'herbe sans le congé du comte, mais il est convenu qu'on *cherquemanera* lesdites dunes.

» Les amendes de la ville du Crotoy, montant à sept sous six deniers et au-dessous provenant des hôtes du Crotoy, seront également partagées entre les moines et le comte. Les vicomtés et la haute justice appartiendront au comte seulement

» Le *corratage* du Crotoy appartient au maire et aux échevins de cette ville; mais s'il y avait aucune coutume ou impression mise de nouvel, les moines en auraient la moitié. Le droit de poids et de balanchage du Crotoy et banlieue sera partagé entre le comte et les religieux. Les hommes de Mayoc ne peuvent être reçus pour manoir au Crotoy sans congé et licence des moines.

» L'abbé et le couvent peuvent pêcher *escanons dans sac*.

» On ne pourra prendre tourbes dans les marais des moines sans leur licence et sans celle du comte dans la banlieue de Rue.

» Les tennements du fief de Saint-Riquier, dans la banlieue de la commune, doivent être cherquemanés par les maire et échevins, en appelant le sergent de l'abbaye pour qu'il soit présent.

» Nul ne peut prendre galets sans le congé du comte; mais touchant les *hanonnières et les loges*, ni le comte, ni les moines n'en auront aucune coutume.

» Si on fait étaux à pain ou à chair au Crotoy ou fours, on y doit appeler le sergent de l'abbaye pour prendre sa part pour les moines, et le gagnage doit être commun au comte et aux moines... Cet accord fut fait par avis et conseil des bonnes gens. »

Un autre droit, dont parle M. Devérité dans ses notes manuscrites, est celui appelé de *frisenga*, c'est-à-dire celui de prendre vingt porcs sur le village de Mayoc que le comte de Ponthieu donne à l'abbaye de Saint-Riquier.

Pour tous les autres cas, la règle du Crotoy rentrait dans les coutumes générales du Ponthieu et on retrouvait les similaires à Rue, à Waben et dans le Marquenterre.

Ces coutumes informes et parfois ridicules n'étaient qu'un premier pas vers la civilisation ; mais l'impulsion était donnée et les habitants, affranchis, avaient recouvré la libre disposition de leurs personnes, de leurs biens et des produits de leur industrie. Les chartes furent confirmées par les rois, de nouvelles concessions leur furent faites, et malgré l'arbitraire qui pesait encore sur eux, les bourgeois pouvaient se réclamer de leurs droits et obtenir par fois justice.

V

DOMINATION ANGLAISE

L'alliance d'un des fils du roi d'Angleterre, Henri III, avec Aliénor, fille de la reine Jeanne de Castille, comtesse de Ponthieu, plaça, par la mort de celle-ci, la ville du Crotoy et tout le comté de Ponthieu au pouvoir des Anglais. Ceux-ci prirent possession du château et les habitants de la ville changèrent de nationalité.

Un des premiers soins du nouveau comte, Edouard Ier, fut de faire réparer les tours et les murailles du château qui étaient en mauvais état, afin qu'elles pussent résister à une attaque si le roi de France, dont il se méfiait, tentait de reprendre cette forteresse.

Il s'occupa aussi de règlementer la forme de

l'élection du maire du Crotoy, et on lui doit plusieurs ordonnances sur l'administration de la ville, qui furent pendant assez longtemps en vigueur.

Entre autres créations, il voulut que les habitants eussent un octroi pour en appliquer le produit aux besoins de leur ville; il taxa d'une obole chaque broc de vin vendu à la broque, et de six deniers chaque baril de vin vendu en gros. Cependant, voulant particulièrement favoriser ses sujets anglais, il exempta les étrangers de ce dernier impôt. Il accorda aussi un denier par semaine sur chaque feu, à l'exception des pauvres qu'il ne veut pas, dit-il, surcharger par cette concession [1]. Il accorda aussi un denier par semaine sur chaque cheval traînant charrette. Il s'occupa enfin de règlementer la navigation et taxa différents droits sur les navires de commerce et de pêche.

Nous voyons, dans ces dispositions du roi d'Angleterre, les preuves de l'importance du Crotoy comme ville, comme port de mer et comme position militaire. Au Crotoy, Edouard était maître de tout le pays ainsi que des passages de la Somme; il s'assurait des approvisionnements pour ses troupes, dans le cas où elles lui feraient défaut du côté du continent, il gênait le commerce de Saint-

---

[1] *Bibliothèque impériale.* BRÉTIGNY, 56. Picardie, 1.

Valery et interceptait celui d'Abbeville, sans que ceux-ci pussent lui nuire.

Une chaîne de dunes s'était formée sur l'espace qui séparait le Crotoy du barre-mer ; c'est ce qu'on appela les dunes ou la garenne du Crotoy. Edouard Ier en accorda la jouissance aux maire et échevins, pour y faire pâturer leurs chevaux et bestiaux, moyennant un écu, à l'exception du droit de chasse qu'il se réservait [1]. Par une note conservée aux archives de la couronne, on voit que « toutes les dunes du Crotoy, si avant qu'elles s'étendoient en long et en large, du castel du Crotoy dusques à la croix de *bahamier*, avoient été abandonnées par la mer, puisque Edouard II, roi d'Angleterre, les donna comme comte de Ponthieu, pour 16 liv. tournois, par an, aux habitants pour y mener leurs bêtes paître. »

Ces dunes sont bien amoindries de ce qu'elles étaient à cette époque ; elles entouraient la forteresse du Crotoy à l'ouest et au nord et s'étendaient jusqu'au barre-mer ou *bahamier*, sur l'emplacement de l'ancienne ville et du port romain.

Il est souvent parlé dans les *Olims* [2] d'une forêt du Crotoy (*Foresta de Crotoy*), notamment dans les

---

[1] *Registre du bureau des finances.* Dom Grenier, 15e paquet, n° 2.
[2] Tome I, page 680 et tome II, page 70.

années 1267 et 1275. Cette forêt aurait appartenu, dit M. Dusevel, au comte de Dammartin. Nous ne voyons nulle part, sur le territoire du Crotoy, de traces d'une forêt. Tous les bas champs étaient au xiiie siècle des marais et mollières; la forêt aurait donc existé sur le banc de barre-mer, vers Mayoc? Sauf les quelques arbres qui entourent la croix, il n'y a, en cet endroit, non plus qu'ailleurs, aucune trace de végétation sylvestre. Dans la baie de la Maye, à partir du barre-mer jusqu'à la pointe de Saint-Quentin et même dans les dunes, on trouve à peu de profondeur sous le sable des masses de terre végétale dans laquelle sont encore des souches d'arbres sans racines et des branches rompues et renversées sur le sol où elles pourirent; mais ces vestiges de forêt sous-marines, qu'on retrouve sur plusieurs points de la Manche, remontent à une très-haute antiquité et ne peuvent provenir de la prétendue forêt du Crotoy. Donc nous croyons qu'il y a eu erreur dans la citation d'une forêt du Crotoy au xiiie siècle.

Edouard II avait succédé, en 1307, à son père comme roi d'Angleterre et comme comte de Ponthieu; il épousa Isabelle, fille de Philippe-le-Bel, roi de France, à qui il vint rendre hommage pour le comté de Ponthieu, dont le revenu fut assigné à cette princesse, pour l'entretien de sa toilette, ses joyaux et *les autres choses nécessaires à sa chambre*[1].

Edouard II aimait beaucoup le pays de Ponthieu ; il y résidait souvent et avait établi un passage régulier du Crotoy aux côtes anglaises.

Mais il s'acquittait mal de ses devoirs de vassal, et le roi de France, qui ne cherchait que les occasions de reprendre ce comté, n'en était que plus exigeant ; le Ponthieu fut confisqué deux fois de suite, ce qui entraîna des désordres dans les principales villes entre les Français et les Anglais. Edouard II, à qui il répugnait de s'abaisser à rendre hommage, céda ce fief à son fils aîné, le comte de Chester, qui n'avait encore que 12 ans, et qui seul alors était tenu de faire cet acte de soumission. Le jeune prince vint habiter Abbeville avec la reine Isabelle, sa mère.

Cette séparation de la reine d'avec son mari s'était faite volontairement, parce que Edouard II se laissait conduire par des favoris et que la dignité de sa femme s'en trouvait offensée ; elle se concerta avec son frère, Charles IV, qui avait succédé au trône de France à Philippe-le-Bel, leur père ; puis elle appela à elle les nombreux mécontents d'Angleterre qui voulaient renverser son

---

[1] Rymer, tome I, parag. iv, p. 118, coll. 2.

mari du trône. Elle se forma ainsi un parti assez considérable, dans lequel on voyait figurer quelques nobles du Ponthieu, les sires de Boubers, de Houdan, de Nouvion et de Vismes, qui promirent de l'aider à placer son jeune fils sur le trône que son père se montrait si peu digne d'occuper.

Ces seigneurs, la reine Isabelle, le jeune comte de Chester et cinq cents hommes de troupes s'embarquèrent au Crotoy en 1326 et passèrent en Hollande, où Isabelle venait de trouver un protecteur dans le comte Guillaume III, qui lui prêta des vaisseaux et trois mille hommes de débarquement. La noblesse anglaise se joignit à elle, et le roi, contraint de fuir, fut pris avec son favori de Spencer, que l'on fit mourir d'un supplice honteux. Edouard fut retenu prisonnier, tandis que son fils fut proclamé roi sous le nom d'Edouard III. Bientôt après ce roi mourut assassiné par ordre d'Isabelle.

Edouard III, élevé à Abbeville, fils d'une princesse française, fut néanmoins l'ennemi le plus acharné de la France; il vint prendre possession du comté de Ponthieu, dont il affecta les revenus à la pension de sa mère, qu'il fit enfermer dans le château de Rising, près de Londres. Puis, Charles-le-Bel, son oncle, étant mort, il éleva des prétentions à la couronne de France, que Philippe de Valois se fit donner par jugement des pairs.

Cette circonstance fut l'origine des guerres désastreuses dont le Ponthieu devint le théâtre.

Edouard, qui connaissait l'importance du Crotoy pour la possession du Ponthieu, y fit construire, en 1340, une forteresse pour remplacer celle que les guerres précédentes avaient ruinée. C'était, disent les mémoires du temps, un donjon flanqué d'une grosse tour ronde aux quatre angles, et entouré d'un fossé que la marée emplissait[1].

Edouard vint à Amiens rendre hommage du comté de Ponthieu; mais, humilié de cette démarche, il jura de se venger[2]. Il fit à cet effet plusieurs voyages en Flandre, par où il avait l'intention de pénétrer en France. Philippe, qui épiait tous ses mouvements, résolut de le faire enlever sur mer, et, à cet effet, il assembla une flotte considérable à laquelle contribuèrent tous les ports de l'Océan. Le Crotoy y fournit un navire monté de soixante-six hommes, « tous mariniers, » conduits par Bernart Lequièvre et Pierre Pevil-» lon, sergents d'armes[3]. » Il parait cependant que toute la flotte n'était pas ainsi composée, et que la faute des amiraux fut de n'avoir point assez

---

[1] Ce château ressemblait, dit-on, à la Bastille de Paris.
(*Note de M. Dusevel.*)
[2] Sur cet hommage voyez l'*Histoire de la ville d'Amiens*, par M. H. Dusevel, 2ᵉ édition, in-8. Amiens 1848, page 151.
[3] *Abrégé des annales du commerce de mer d'Abbeville*, page 37.

bien choisi leurs hommes. « Behuchet ne voulut
» oncques souffrir gentil-homme ou bon sergent,
» parce qu'il lui semblait qu'ils vouloient avoir
» trop grands gages, et pour avoir bon marché,
» prit pauvres poissonniers et pauvres mariniers,
» et de tels gens fit son armée. »

La flotte était composée de quatre cents navires, dont une partie de Gênes, aux ordres de Barbavère; le commandement général était donné à Hugues Quieret, amiral de France, et sire Nicolas Behuchet, conseiller du roi. Cette flotte passa le détroit du Pas-de-Calais sans rencontrer les Anglais, qui devaient sortir de la Tamise. Ce fut à la hauteur du port de l'écluse que les deux flottes eurent connaissance l'une de l'autre : Edouard, qui commandait lui-même la flotte anglaise, eut le soin de mettre le cap au plus près pour gagner l'avantage du vent, et arriva ensuite sur les Français. Un combat furieux s'engagea, qui dura depuis huit heures du matin jusqu'à sept heures du soir. Les vaisseaux étant venus à l'abordage, on se battit d'homme à homme avec une furie incroyable. Pendant un instant l'avantage sembla être du côté des Français, mais les trois amiraux ne s'entendaient pas et leur mésintelligence causait des fautes préjudiciables. Les archers anglais, tombant au milieu de cette flotte désorganisée, firent un carnage horrible des Français et des Génois. La première ligne était défaite, et les Français, reconnaissant trop tard leur faute, se défendaient néanmoins avec un courage qui pouvait encore rétablir l'avantage de leur côté, lorsque les Flamands, qui n'avaient pas encore donné, arrivèrent inopinément, tombèrent sur les vaisseaux français et mirent le comble au désordre; deux amiraux français furent tués avec plus de 20,000 hommes, dit un historien anglais [1]. On prit deux cent trente de leurs plus gros vaisseaux; le troisième amiral sauva le reste de la flotte, qui regagna les ports de France « et furent les Normands et tous les autres Français déconfits, morts et noyés, et oncques n'en échappa que tous ne fussent mis à mort [2]. »

On ne dit pas si le navire du Crotoy périt dans le combat ou s'il revint au port.

Edouard, enflé de sa victoire, crut devoir poursuivre son succès en descendant à la tête d'un corps considérable, sur les côtes de la Normandie. Après la prise de quelques châteaux dans le Vimeu et un ou deux combats avec les troupes de France, une trève fut conclue entre les deux rois, et tous deux la mirent à profit pour se faire de

---

[1] Villani, étranger et contemporain, ne fit monter la perte qu'à dix mille hommes, ce qui paraît encore exagéré.
[2] *Grandes chroniques de France.* FROISSART.

plus belle une guerre acharnée. Philippe avait l'intention de reprendre le Ponthieu ; au commencement de la campagne de 1345, il débuta par la prise de quelques villes du comté et par le siège du château du Crotoy, dont la garnison capitula.

Le roi Edouard, irrité, se mit en mesure de reprendre les possessions qui lui étaient ravies. Après avoir ravagé la Normandie il arriva dans le Vimeu, mais poursuivi par l'armée de Philippe qui avait sur lui l'avantage du nombre et de la position. Un paysan de Monsboubers, nommé Gobin Agache, indiqua aux Anglais le passage du gué de Blanquetaque, à deux lieues au-dessus du Crotoy. Un corps de troupes était campé sur la rive droite, et parmi eux quelques gens du Crotoy, dit Froissart. Le passage fut vivement disputé[1] ; mais les Anglais, qui devaient passer sous peine d'être détruits par l'armée du roi de France qui marchait sur eux, redoublèrent de courage comme des gens désespérés ; ils firent reculer les troupes qui s'opposaient à leur passage, et, victorieux, ils se rallièrent sur les côtes de Noyelles, et marchèrent sur Crécy,

---

[1] Le continuateur de la *Chronique de Nangis* n'est pas de cette opinion, il insinue, au contraire, que Godemard du Fay, qui commandait ce corps de troupes, n'aurait opposé qu'une faible résistance et aurait pris la fuite presque aussitôt qu'il aurait vu l'ennemi (*continuatis chronici Guillelmi de Nangiaco*. Edition H. GIRAUD, tome II, page 200). (*Note de M. Dusevel.*)

où Philippe de Valois fut vaincu deux jours après[1].

Suivant le continuateur de la *Chronique de Nangis*, le Crotoy aurait été brûlé par les soldats d'Edouard, immédiatement après le passage du gué de Blanquetaque, et non, comme le dit Froissart, après la bataille de Crécy seulement[2]. Mais il n'est pas probable que les Anglais, harassés et sous l'impression de l'inquiétude que leur causait l'approche d'une armée considérable, se seraient dérangés de leur route, ou même se fussent divisés pour aller piller le Crotoy et les communes situées dans les marais impraticables de la baie de Somme. Edouard conserva toutes ses forces pour aller prendre une position où il lui serait possible de se défendre contre des forces bien supérieures en nombre.

Edouard III, triomphant dans une bataille qui venait de détruire l'armée française, n'eut plus rien à craindre ; ses soldats ravagèrent tout le pays. Suivant la lettre de Northbury, le capitaine Hugues Spenser se porta jusqu'au Crotoy, qui n'était défendu que par quatre cents Français, et il s'en empara. « Ses généraux chevauchèrent jusques au » Crotoy, qui sied sur la mer, dit Froissart[3], et

---

[1] Voir *Histoire de Rue*. Fl. Lefils, page 180.
[2] Sic Sommam fluviam libere transeuntes per villam quæ *Courtoy* dicitur eam crema verunt, etc. (*continuatio chronici Guillelmi Nangiaco*, tome II, page 200).
[3] *Grandes chroniques de France*. Froissart, tom. II, page 355.

» prirent la ville et l'ardirent toute; Mgr Hughe-
» le-de-Spenser et ses gens tuèrent illesques 400
» hommes d'armes et tiendrent la ville et treovèrent
» graunt plenté de victuailles. » Le port était en effet garni de navires chargés de vins du Poitou et de Saintonge, que les Anglais firent transporter à leur camp, ainsi que des bestiaux et autres approvisionnements, ressources nécessaires pour l'armée ennemie qui était dénuée de tout.

On comprend difficilement néanmoins comment, dans ces temps de luttes incessantes et de brigandages, le commerce pouvait avoir au Crotoy, place forte disputée par les deux partis, des navires chargés de tant de marchandises. A qui appartenaient ces vins? était-ce à des négociants du Ponthieu où bien les marchands de la Saintonge les envoyaient-ils au hasard pour être vendus? Il n'y a cependant point de doutes sur ces prises, puisque tous les mémoires du temps en font mention.

Les vainqueurs mirent le feu à la ville et au pays environnant, et, dans cet incendie, qui éclaira tout le Marquenterre d'une lueur funèbre, les chartes constitutives des privilèges de la ville furent brûlées. Cette circonstance déplorable a privé le Crotoy de documents importants sur les premiers temps de son histoire.

Après le départ des Anglais, les habitants du

Crotoy réclamèrent auprès du roi Philippe-de-Valois pour que leurs privilèges fussent renouvelés. Ce monarque ayant ouï ces plaintes, donna ordre à Jean Duchange de faire visiter les registres du comté. On trouva dans ces registres la charte de commune, qui avait été octroyée en 1209 aux villes du Crotoy et Mayoc, par Guillaume III, comte de Ponthieu et de Montreuil-sur-Mer, du consentement et par le conseil de ses barons [1].

Philippe de Valois se rendit à ces vœux légitimes et, par lettres de décembre 1346, il confirma la charte de commune accordée depuis plus d'un siècle aux villes du Crotoy et de Mayoc [2] « qui avaient été arses et perdues par la venue du roy d'Angleterre, au mois d'août de la même année. »

Le port du Crotoy méritait d'ailleurs toute l'attention et la sollicitude du roi de France, à cause des prétentions du roi d'Angleterre sur le Ponthieu, et parce que c'était la clé du commerce des villes de la Somme. Le port de Rue, dont nous avons signalé la décadence, n'existait plus, sa baie s'était comblée de dépôts terreux que le faible cours de la Maye était impuissant à repousser et des bancs considérables se formaient à l'embouchure de la

---

[1] *Notices sur l'arrondissement d'Abbeville.* E. Prarond, tom. II, page 157.
[2] *Ordonnances des rois de France,* tome V, pages 160 et 180.

Somme; il restait pour cette rivière un chenal praticable pour les navires jusqu'à Abbeville, mais pour la conduite desquels il fallait être pratique de ces parages.

Malgré sa victoire, Edouard III avait continué son mouvement de retraite jusqu'à Calais qu'il assiégea avec l'intention de s'en rendre maître. Philippe de Valois, revenu de la rude secousse qu'il avait éprouvée, s'occupa des moyens de conserver cette place importante; il fit partir par mer, du Crotoy et de Saint-Valery, des secours en hommes et en argent qui ravitaillèrent la ville; le lendemain de la Saint-Jean 1347, un nouveau convoi de quarante-quatre navires de transport escortés par dix galères gênoises appareilla de la Somme; mais, à peine était-il au pied des bancs, qu'il fut assailli par une flotte anglaise de quatre-vingt navires; les galères gênoises prirent le large, abandonnant le convoi qui n'eut d'autre ressource que d'essayer à rentrer dans la baie de la Somme; mais déjà la mer baissait, les marins ne connaissaient pas tous les passages de la rivière; plusieurs d'entre eux s'échouèrent sur les bancs où ils périrent; les autres parvinrent à se sauver au Crotoy [1].

Ces flottes étaient nécessaires pour garantir la

---

[1] *Grandes Chroniques de France*. FROISSART, tome II, page 445.

côte des tentatives de l'ennemi ; des bâtiments anglais étaient constamment en observation sur les points accessibles à un débarquement. Froissart signale qu'en 1358, la flotte du comte d'Arundel errait sur la mer, côtoyant les côtes depuis la bonne ville de Dieppe jusqu'à l'entrée de Saint-Valery et du Crotoy, et ne sachant à quel lieu attérir [1].

Le roi de France renforça ces places de bonnes gens d'armes et d'arbalétriers exercés.

La mort de Philippe-de-Valois replongea le Ponthieu dans les tourments de la guerre ; son fils Jean, qui lui succéda, ne put arrêter les maux qui menaçaient la France, tant de l'intérieur que de la part de ses constants ennemis les Anglais. L'autorité royale, qui avait perdu toute force, avait laissé aux seigneurs un pouvoir qui pesait rudement sur le peuple accablé d'exactions, d'avanies, d'insultes et de traitements barbares. C'est alors que s'éleva une guerre cruelle des paysans contre leurs seigneurs. Après avoir pris naissance dans le Beauvaisis, sous le nom de *Jacquerie*, cette insurrection se propagea dans la basse Picardie et y causa d'affreux ravages. Sans doute que le Crotoy, comme Rue et Abbeville, en éprouva les rudes atteintes et que la forteresse fut l'objet de plus d'une tentative de la part de l'un et de l'autre parti.

[1] *Grandes Chroniques de France*, tome II, page 259.

La bataille de Poitiers, dans laquelle le roi Jean fut fait prisonnier, ajouta encore à ces calamités. Charles-le-Mauvais, roi de Navarre, se déclara contre le dauphin, depuis Charles V, et régent du royaume pendant la captivité du roi son père. Charles-le-Mauvais, qui s'était allié avec les Anglais, avait en Picardie des partisans nombreux qui y fomentèrent la guerre civile : tout le pays de Ponthieu, depuis le Crotoy jusqu'à Amiens fut dans la désolation et la terreur.

Les Etats de France, qui savaient que le prince de Galles avait fait embarquer le roi Jean à Bordeaux, sous une forte escorte, fit armer deux flottes, l'une dans un port de Normandie et l'autre *à l'extrémité de la rivière de Somme et à l'embouchure de la mer, près de la ville du Crotoy en Ponthieu*[1], mais on ne dit point si elles se mirent en mer pour joindre la flotte anglaise.

Ces faits témoignent du moins de l'accroissement d'importance maritime du Crotoy. Le roi Jean y avait des navires en permanence et, par lettre de 1355, il autorise les habitants d'Abbeville à s'en servir au besoin, pour la garde et la défense de leur ville[2].

---

[1] *Histoire chronologique des mayeurs d'Abbeville*, page 350.
[2] .... Et aussi faites amener en cette ville tout le navire qui est au Crotoy et environ, tant pour icelle sauver et garder, comme pour ce que nos dits ennemis ne s'en puissent ayder, desquelles choses

Il y avait des rapports continuels de commerce par mer, entre le Crotoy et Abbeville, et M. Traullé cite, d'après les originaux de la ville, « que le procureur » du roi voulut obliger les Abbevillois de payer les » droits établis au Crotoy pour sa fortification sur » les vaisseaux d'Abbeville qui y relâchent et qui » viennent des parties d'Aquitaine, Angleterre, » Flandre, Ecosse, Bretagne, etc.; sentence de » Gerard-de-Bautressen, sénéchal, qui le dé- » boute [1]. »

Les Etats de France, considérant le parti qu'on pouvait tirer de cette place, ordonnèrent, en 1359, que ses fortifications fussent tenues en état; puis, d'après Dom Grenier, l'année suivante il fut fait vente au roi de la moitié de quelques héritages au Crotoy pour servir à construire un château au dit lieu [2]. Sans doute qu'il s'agissait de la reconstruction, puisque nous avons vu, plus haut, que déjà le roi Edouard II en avait fait construire un en 1346.

Au sujet de cette vente, M. Louandre observe

---

faire et chacune d'icelles nous vous donnons pouvoir et autorité et mandement à tous nos justiciers que à vous et vos députés en ce faisant obéissent, etc.

Fait à Amiens, ce 8ᵉ jour de novembre, l'an de grâce 1355, par le roi en son conseil. Signé *Cuiret*.

(*Extrait des manus. de la bibl. imp.*)

[1] *Abrégé des annales du commerce de mer d'Abbeville*. TRAULLÉ, page 9.

[2] DOM GRENIER, paquet 4, art. 3.

que les moines de Saint-Riquier avaient, à cette époque, la moitié des cens, rentes et revenus de la ville du Crotoy, mais qu'ils se refusaient à payer aucune part d'imposition pour les travaux de défense de la ville [1]. Les officiers municipaux ayant réclamé à ce sujet, et n'ayant point été écoutés, ils firent saisir l'argent et les divers objets en nature que pouvaient réclamer les moines; mais ceux-ci obtinrent de Jacques de Bourbon, comte de La Marche, des lettres témoignant que l'abbaye de Saint-Riquier ne pouvait être tenue à contribuer aux réfections et entretiens de la ville du Crotoy, et il y eut restitution.

Ces droits des abbés de Saint-Riquier provenaient sans doute de ceux qu'ils avaient eu sur le monastère de Mayoc qui, après avoir été détruit par le feu, n'avait point été reconstruit et dont les moines avaient été reçus à Saint-Riquier, leur maison centrale.

Dans ce temps, le sieur Nicolas, bourgeois du Crotoy, était mayeur. Sous sa gestion encore, en 1362, le sir Jean Vadicoq, bourgeois, fonda un hôpital pour les pauvres malades.

Le Crotoy était heureux de se retrouver sous la domination de la France, lorsque le roi Jean, captif

---

[1] *Histoire d'Abbeville.* LOUANDRE, tome II, page 344.

à Londres, signa le traité de Brétigny qui lui rendait la liberté et replaçait la ville du Crotoy et tout le Ponthieu sous la main de l'Angleterre. Cette nouvelle fut apprise avec la plus grande douleur, car elle faisait entrevoir les nouveaux malheurs qui allaient fondre sur le pays. Afin de se rendre, autant que possible, les habitants du Crotoy favorables, Edouard III accorda, par lettres du 1er mai 1361, des priviléges aux échevins et habitants du Crotoy et de Mayoc. Le même prince permit aussi aux maire et échevins du Crotoy de faire paver cette ville l'année d'après (1362)[1].

Les habitants du Ponthieu ne subirent qu'avec regret le joug de l'Angleterre qu'ils avaient appris à détester. M. Louandre dit que, pour ôter à ces insulaires tout moyen de s'établir dans le comté, ils avaient démoli les châteaux-forts où ils pouvaient se réfugier. Sans doute que le Crotoy fut du nombre, car nous voyons que ce château, qui avait été restauré et reconstruit en 1359 et 1360 par les Etats de France, est ensuite encore reconstruit en 1366 par le roi Edouard, sans doute

---

[1] Il les autorisa, pour subvenir à la dépense que ce pavage devait occasionner, de prendre pendant huit ans huit deniers de Ponthieu sur les chariots de passage qui transporteront les vins par cette ville, et six deniers parisis sur les charrettes. (Voyez *Lettres des rois, reines et autres personnages des cours de France et d'Angleterre*, publiées par M. CHAMPALLION-FIGEAC, in-4°. Paris, 1847, tome II, page 150.)

sur les mêmes plans que l'ancien, puisque M. Louandre dit qu'il était composé de quatre grosses tours de grès et d'un donjon, que la mer entourait.

Pierre Leprêtre disait de cette époque que « le Crotoy étoit comme place imprenable. »

Edouard y porta la même attention que Philippe-de-Valois : il fit non seulement reconstruire le château, mais il fit restaurer le havre de cette ville, et à cet effet il imposa de dix gros de flandres chaque tonneau de vin d'Aquitaine, d'Espagne, etc., qui y abordait pour le compte des habitants du Crotoy [1].

Il faut supposer, d'après cela, que la ville du Crotoy devait être plus considérable, plus peuplée et plus riche qu'aujourd'hui pour que les droits qui s'y percevaient sur les vins destinés aux habitants pussent être considérés comme un revenu digne d'un roi.

Mais un orage s'était soulevé à Abbeville contre la domination anglaise; Charles V, qui avait succédé au roi Jean son père, seconda ces intentions d'affranchissement; il envoya un corps de troupes destiné à reprendre Abbeville et les autres parties du Ponthieu. Hugues de Châtillon, grand maître

[1] Dom GRENIER, paquet 4, art. 3.

des arbalétriers de France, et le comte de Saint-Pol, en avaient le commandement. Leur action fut suivie de succès, ils remirent la capitale du Ponthieu à l'obéissance du roi; les Anglais ne quittèrent pourtant pas de sitôt le pays, et leur résistance le plongea de nouveau dans toutes les horreurs de la guerre. A la nouvelle cependant des succès que remportaient les troupes de France, les habitants du Crotoy s'insurgent, attaquent les Anglais du château; ceux-ci se défendent, mais ayant appris que Châtillon venait en personne au secours des Crotelois, ils s'embarquèrent sur les navires qu'ils avaient dans le port, et les habitans s'empressèrent d'ouvrir leurs portes au grand maître des arbalétriers qui y mit une garnison pour le roi de France.

Charles V, satisfait des résultats de cette campagne et de la fidélité courageuse des habitants du Crotoy, s'empressa de ratifier la confirmation des privilèges, donnés à eux par Philippe-de-Valois, puis il ajouta qu'on ne pourrait, à l'avenir, lever de nouvelles impositions sur ces habitants sans son consentement, et qu'ils n'auraient à payer aucunes nouvelles impositions pour les marchandises qu'ils achèteraient dans le royaume, et ne seraient point tenus de rendre compte des deniers reçus par eux pour être employés aux fortifications. Il décida enfin que les villes, château et châtellenie du Crotoy et de Mayoc, qui l'avaient reconnu pour leur souverain et venaient de se soumettre à lui si héroïquement, seraient unies inséparablement au domaine de la couronne sans pouvoir en être séparées par frérage, partage, apanage, constatation de dot, inféodations, etc. Dans ces lettres, du mois de mai 1369, les maire, échevins et toute la commune y sont dits *tanquem boni veri et fideles et involuntate per facta persistentes* [1].

En un mot, dit M. Prarond, le roi Charles V accordait, par ces lettres, aux mayeur et échevins de la ville du Crotoy, volontairement rendue à son obéissance, une véritable exemption d'impôts, aucune contribution ne pouvant être établie désormais que du consentement des habitants ou pour l'utilité de la ville.

Ils reçurent en même temps l'octroi d'une franche fête, ayant trois jours de durée, à commencer par le samedi après Quasimodo *la franque feste* [2].

Mais tout n'était pas dit avec les Anglais. Edouard, qui n'avait point abandonné Calais, où il s'était retiré, envoya Lancastre à la tête d'un corps de troupes dans le Marquenterre; le Crotoy fut assiégé, et malgré la résistance vigoureuse de ses

---

[1] *Recueil des Ordonnances*, tome V, page 160, 183 et 188.
[2] *Trésor des chartres*. Reg. C, p. 60.

habitants, la place fut emportée, et les Anglais après s'être horriblement vengés de leur précédente défaite, la fortifièrent de manière à en faire de nouveau le centre de leurs opérations.

Philippe d'Estrelée, qui était mayeur, prêta serment de fidélité au roi d'Angleterre.

Les Français, sous les ordres de Hugues de Châtillon, après avoir pris Saint-Valery, assiégèrent le Crotoy et ne purent le prendre; ils se dirigèrent alors sur Rue, qu'ils emportèrent d'assaut; mais peu de temps après, en 1370, tout le Ponthieu étant revenu aux Français, le Crotoy fut repris, ce qui causa un profond chagrin au roi d'Angleterre [1].

Il paraît néanmoins qu'après avoir été chassés du Crotoy, les Anglais ne quittèrent point le pays; mais l'histoire ne nous dit point où ils se réfugièrent. En 1372, Enguerrand d'Eudin, chevalier, seigneur de Château-Vilain et gouverneur du Ponthieu, était en même temps capitaine et châtelain du Crotoy, avec gages de 1200 livres, pour la garde de ce château. Il fut remplacé dans cette charge par Jean, sire de Nielles, chevalier, maître des requêtes de l'hôtel du roi, gouverneur du Ponthieu [2]

---

[1] *Chroniques de France.* FROISSART, page 38.
[2] *Chroniques de Ponthieu.* DUCANGE.

A cette époque de 1372, une armée anglaise, aux ordres de Robert Knolles, envahit encore le Ponthieu et vint brûler la ville du Crotoy avant de traverser la Somme au gué de Blanquetaque. Lancastre vint peu de temps après et mit une garnison dans le château, sous les ordres de Nicolas de Louvain. Maîtres de ce point important, qu'ils tenaient tant à occuper, les Anglais firent des excursions dans les pays environnants, brûlant les fermes, pillant les villages et empêchant que les habitants revinssent les habiter. Ils allaient guerroyer ainsi jusque dans le Vimeu et aux alentours d'Abbeville. Dans une de ces excursions, Nicolas de Louvain parvint à s'emparer de Hugues de Châtillon, gouverneur d'Abbeville, qui s'était aventuré dans le faubourg de Rouvroy, sans autre escorte qu'une dixaine d'hommes. Châtillon fut amené au duc de Lancastre, qui le fit embarquer au Crotoy comme prisonnier de guerre, et l'envoya en Angleterre.

Sans doute que les troupes du roi Charles V reprirent ensuite cette ville, car bien qu'il n'en soit fait nulle mention, nous voyons qu'en 1376, le roi de France reconnaît que les aydes volontairement consenties par les maire et habitants du Crotoy, ne porteront aucun préjudice à leurs anciens privilèges dans lesquels il les confirme.

C'est vers cette époque qu'une contestation s'éleva entre les moines de Saint-Riquier et les officiers municipaux du Crotoy, à propos des fortifications de la ville, les moines refusant de contribuer à la réparation des murs, et les maire et échevins ayant fait saisir l'argent et les différents objets en nature dus aux moines. Jacques de Bourbon, comte de Ponthieu, devant qui l'affaire fut portée, donna pleinement raison aux moines. Une contestation à peu près semblable s'était déjà élevée entre l'abbé de Saint-Riquier et Jean de Ponthieu, à propos de quelques droits sur le château. Théobald, évêque d'Amiens, fut alors le médiateur, et une transaction amiable termina le différend.

Ces courses désastreuses des Anglais durèrent jusqu'en 1385, époque à laquelle Charles VI, aidé des troupes communales d'Abbeville et de Saint-Valery, vint investir la place et la prendre par famine. Jean de Hangest, seigneur de Hucqueville, conseiller et chambellan du roi, fut alors pourvu du commandement militaire du Crotoy pour le roi de France.

VI

GUERRES CIVILES

La place du Crotoy rentrait au pouvoir de la France après un siècle de luttes pendant lesquelles la ville avait été presque constamment occupée par les Anglais. Aussi se trouvait-elle dans un triste état de délabrement lorsque son nouveau gouverneur, le seigneur de Hucqueville, vint en prendre possession.

Le roi Charles VI demanda qu'on lui fît un rapport sur l'importance de cette ville et l'utilité de son château. Il lui fut répondu que la ville, ruinée par différents siéges successifs, était dans *un très piteux état* [1], mais qu'elle méritait d'être conservée et entretenue pour la sûreté du pays dans cette partie des côtes, voisine de l'Angleterre.

[1] *Histoire de Bourgogne*. DUFFEY.

Le château fut réparé ainsi que les murailles de la ville et pourvu d'une bonne garnison ; pour la première fois on y mit de l'artillerie.

On entrait au xve siècle, de grandes luttes se préparaient entre les principaux vassaux et la royauté. Toutes les pages de cette honteuse partie de notre histoire sont écrites en caractères de sang. Des princes français, les ducs de Bourgogne, s'alliaient avec les ennemis de la France pour porter le fer et la flamme dans leur patrie et achever sa perte.

Le duc de Bourgogne, Jean, surnommé Sans-Peur, vivait en haine avec le duc d'Orléans dont il se croyait l'offensé dans son honneur d'époux. Un soir le duc d'Orléans est assassiné dans les rues de Paris par les sicaires de Jean-sans-Peur. Il se forme, dès ce moment, en France deux partis, une espèce de *vendetta ;* d'un côté les Armagnacs représentent le parti d'Orléans vers lequel penche le roi ; de l'autre sont les Bourguignons, puissants et pleins d'audace. La France fut sillonnée de bandes de brigands, sans frein, sans foi, passant d'un parti à l'autre, marquant partout leur passage par les incendies, les meurtres, les viols et la dévastation, et renfermant ensuite leur butin et leurs victimes dans les châteaux-forts de leurs chefs [1].

---

[1] *Péronne durant les guerres de l'invasion anglaise.* DE LA FONS MELICOQ.

Pour comble de malheur, la guerre se rallume avec l'Angleterre dont Henri V occupait le trône; les Anglais reparaissent de nouveau dans le Ponthieu. Ils durent s'emparer du Crotoy dans les premières années du xve siècle, car M. de la Fons Mélicoq a trouvé dans les archives de l'hôtel-de-ville de Péronne, de l'an 1403, des lettres du comte de Saint-Pol, qui sollicite de la ville, un secours de quinze arbalétriers, destinés au siége du Crotoy contre les Anglais [1].

La place était retombée au pouvoir des Français. Henri V débarque alors lui-même en Normandie à la tête d'un corps d'armée de 30,000 hommes; il se présente au gué de Blanquetaque pour y passer, ainsi qu'avait fait son prédécesseur Edouard III; mais les milices du Crotoy et des autres villes du Ponthieu s'y étaient portées; expérimentées par la défaite des précédents, Godemard du Fay, soixante ans auparavant, elles savent empêcher le passage, et Henri V est obligé de chercher une autre voie vers les sources de la rivière, préliminaire de la funeste bataille d'Azincourt, qui fut le triste pendant de Crécy.

Mécontent de la cour et surtout du roi Charles VI, Jean-sans-Peur, qui avait formé une armée pour

---

[1] *Péronne durant les guerres de l'invasion anglaise.* DE LA FONS MELICOQ

combattre les Anglais, se lie avec eux et signe en
1416 un traité qui le rend traitre à sa patrie. Désireux avant tout de se rendre maître de la place
du Crotoy, il impose pour y parvenir de nouvelles
tailles aux villes de ses domaines; la ville d'Arras
est à elle seule imposée de mille livres tournois [1];
le siège est mis devant le Crotoy par un corps
considérable d'Anglais et de Bourguignons, et la ville
est emportée en moins de huit jours; Péronne et Béthune ne résistent pas davantage; la terreur est
dans le parti du roi. Cette monstrueuse alliance ne
pouvait durer. Jean eut regret de sa trahison; à la
suite d'une entrevue avec le dauphin de France à
Melun, il demanda son pardon, mais ce fut pour
être assassiné peu de jours après, le 26 août 1419,
sur le pont de Montereau, en présence et par les
ordres du dauphin.

Philippe-le-Bon, fils de Jean-sans-Peur, jura de
venger la mort de son père; il resta dans l'alliance
anglaise et recommença la guerre par l'invasion du
Ponthieu. Jacques d'Harcourt, qui commandait au
Crotoy [2], ne voulut point suivre cette défection; res-

---

[1] *Péronne durant les guerres de l'invasion anglaise.* DE LA FONS MELICOQ.

[2] Jacques de Harcourt n'avait pas vu avec plaisir l'alliance entre les Anglais et le duc de Bourgogne, quoiqu'il eût été nourry avec ce duc. (Note de M. H. DUSEVEL.)

Fenin explique très-bien la cause de l'animosité de Jacques de Harcourt contre le roi d'Angleterre; ce monarque retenait les terres

tant fidèle au dauphin, fils de France, il donna l'exemple d'une résistance héroïque en combattant les forces réunies des Anglais et des Bourguignons. Jean de Harseleim, Gauvain et Louis Bournel, et *moult aultres gentils-hommes* de Vimeu, de Ponthieu et d'ailleurs, y étaient avec lui comme lieutenants commandant sous ses ordres. Non content de défendre la position du Crotoy, ils faisaient des sorties, se portaient sur les points où s'étaient établis les alliés et leur faisaient un tort considérable[1].

« La prise d'un navire chargé de blé, dit M. Louan-
» dre[2], dont d'Harcourt s'était emparé dans le port
» d'Etaples et qu'il refusait de rendre, vint bientôt
» envenimer la lutte. Le propriétaire de ce navire,
» Hemon de Bouber, alla se plaindre au lieute-
» nant de Calais, et cet officier, on l'appelait Guil-
» laume Valledo, vint au Crotoy avec une flotte et
» des soldats brûler tous les bâtiments qui se
» trouvaient dans la rade. D'Harcourt, par repré-
» sailles, ravagea les villes soumises au comman-
» dement d'Hemon de Bouber, et rapporta son
» butin dans les forteresses de Noyelles et du
» Crotoy.

du comté d'Ancarville (sic) qui appartenaient à la femme de Jacques de Harcourt, et *comme il ne voulait les rendre à ce dernier, il se tourna du parti du dauphin*. (Mémoires de PIERRE DE FENIN, édition de Mlle Dupont. Un volume in 8°, Paris, 1837, page 152.)
[1] *Nobiliaire de Picardie*. HAUDICQUER, page 5.
[2] *Histoire d'Abbeville*. LOUANDRE, tome Ier, page 329.

» Aussi, peu de temps après, par représailles
» contraires, le roi d'Angleterre et le duc de Bour-
» gogne, réunis en personne pour soumettre le
» pays, brûlèrent-ils, à Maintenay, la tour, la mai-
» son et le moulin de l'intrépide maraudeur. »

Le duc de Bourgogne et le roi d'Angleterre, tourmentés constamment par cette petite garnison qui déjouait tous leurs projets, résolurent de la réduire. Mais d'Harcourt était un capitaine peu ordinaire, qui sut se défendre et prêter en même temps le concours de ses forces aux partisans du dauphin de France qui agissaient dans le pays. Il se rallia plusieurs nobles du Vimeu et du Ponthieu, Louis de Vaucourt, Abon de Saveuse, Philippe de Neufville, Perceval de Houdent, Pierre Quierel, le sire de Rambures, etc. Les sires Poton de Xaintrailles et d'Offemont lui amenèrent 1,200 chevaux, et tous réunis pesèrent rudement sur les possessions des Anglais et des Bourguignons qui étaient aux abois. L'armée française était en marche, elle s'avançait par le Vimeu. D'Harcourt se porta à sa rencontre jusqu'au gué de Blanquetaque, afin de garder le passage [1] ; quelques compagnies de Dauphinois étaient déjà passées, lorsque l'arrivée du flot de mer vint interrompre la marche; le gros de l'ar-

---

[1] Voy. Chastelain, édition Buchon, grand in-8e. Paris, 1837, p. 80.

mée dut rétrograder sur Monsboubers, où, rejointe bientôt après par le corps du duc de Bourgogne, elle perdit la bataille après un combat qui dura six heures. Un grand nombre de fuyards échappés au désastre, vinrent rejoindre d'Harcourt et renforcer sa garnison.

Les Dauphinois, malgré cet échec, n'en continuèrent pas moins la guerre dans le Ponthieu, et d'Harcourt recommença ses courses du côté de l'Authie jusqu'à Auxi-le-Château, d'où il ramena des prisonniers et du butin. Il retenait les navires à destination d'Abbeville. Les Abbevillois jugeant qu'ils n'étaient point de prise, lui députèrent Pierre de la Cauchie, doyen de chrétienté, Jean Duflos et Williaume de Mautort afin d'en obtenir les restitutions. Nous ignorons quelles suites furent données à ces réclamations [1].

Abbeville, quoiqu'elle fût soumise au duc de Bourgogne, n'avait pas moins de nombreux partisans du côté du dauphin. Une émeute eut lieu dans le cours de l'année 1421, plusieurs bourguignons furent blessés et entre autres le capitaine commandant la garnison; les émeutiers parvinrent à s'échapper et à gagner le Crotoy qui était la seule place qui pût tenir au milieu d'un pays entièrement au pouvoir des Anglais.

[1] *Comptes de la ville d'Abbeville.* (Notes de M. TRAULLÉ.)

Les ennemis avaient beaucoup de souci du tort que leur faisait cette place; ils cherchaient tous les moyens de la surprendre; on trouve aux archives de la ville de Péronne une récompense de deux écus d'or donnée à une femme envoyée au Crotoy pour *savoir et enquérir secrètement* ce que projetait la garnison. Ils redoutaient surtout que d'Harcourt n'enlevât la place d'Abbeville [1].

Saint-Valery, sur l'autre rive, tenait aussi pour le parti du dauphin, Henri V résolut de s'en emparer, et le comte de Warvick investit la place. Mais n'ayant point de navires, le côté de la mer se trouvait libre, et la garnison du Crotoy y faisait constamment passer des vivres et des renforts. Cette circonstance détermina le roi d'Angleterre à faire venir des navires des ports de la Normandie. Saint-Valery se trouva ainsi assiégée par mer et par terre « pourquoy les assiégés furent moult troublés et » assimplés et se rendirent le 4 septembre. »

D'Harcourt ne pouvant plus tenir la campagne,

---

[1] A mess Boort Quieret, seigneur de Heuchin, chevalier, conseiller et chambellan du prince, le receveur remettait cinq cents escus d'or, avec ordre de les distribuer à plusieurs gens d'armes et de trait, que Mgr lui avait ordonné mettre sus pour conduire vivres, et autres avitaillements et marchandises en la ville d'Abbeville, affin que ceulx de ladite ville, par famine ou nécessité, ne fussent contraints de rendre obéissance aux ennemis du roy et de mondit seigneur, estans es garnisons de Saint-Riquier, du Crotoy, et ailleurs yllec environ. (*Archives de l'hôtel-de-ville de Péronne.* DE LA FONS MELICOQ.)

se renferma dans son château du Crotoy qui, avec Noyelles-sur-Mer qu'il tenait également, était la seule place qui restât au roi, depuis Paris jusqu'à Boulogne. D'Harcourt, qui avait pris le titre de lieutenant-général du roi en Picardie, n'en continuait pas moins de garder obstinément le Crotoy. On lui envoya, pour l'engager à se rendre, Jean d'Harcourt, évêque d'Amiens, son frère, et l'évêque de Beauvais, Pierre Cauchon, qu'on retrouve ainsi mêlé à toutes les affaires honteuses de cette époque; messire Hue de Lannoy, maître des arbalétriers et un héraut, de par le roi Henri, pour lui faire sommation de rendre la ville et châtel en les mains du roi d'Angleterre et du duc de Bourgogne, mais quoiqu'ils pussent dire, ils s'en retournèrent sans avoir traité [1]. D'Harcourt, renforcé de nouveaux partisans du dauphin qui s'étaient ralliés à lui, recommença ses courses dans le Vimeu, le Ponthieu et notamment l'Artois; il n'y avait nulle part de culture; les gens de la campagne en étaient réduits à se nourrir de racines sauvages.

D'Harcourt, assiégé de tous les côtés, s'approvisionnait par mer, et néanmoins ce n'était pas sans de grands dangers pour ses navires d'être pris et coulés. Par un acte daté du camp de Rouen, le 2 mai

---

[1] *Histoire d'Abbeville*. LOUANDRE, tome, I, page 343.

1421 [1], il est donné pouvoir au bailli de Caux, au lieutenant de Harfleur, au capitaine de Lillebonne, etc., « de s'occuper de la recherche de plusieurs » navires, chargés de vins et autres marchandises, » qui se dirigeaient vers le Crotoy, pour porter des » provisions aux ennemis du roi, *euntibus versùs* » *villam de Crotoye in substentationem et relevamen* » *inimicorum regis.* » Ces navires, en butte à une tempête, furent jetés dans les ports de Harfleur, de Honfleur, de Fécamp et ailleurs, *et alibi*, en partie brisés. Ils avaient été pris par des gens du roi qui cachèrent leur prise au lieu d'en informer ses officiers.

Jacques d'Harcourt équipait en outre des navires qui allaient au large de la Somme et s'emparaient des ennemis, quand ils en rencontraient. Un jour de décembre 1422, ils rentrèrent au port du Crotoy avec sept navires chargés de vins qui étaient destinés pour Etaples. La ville d'Abbeville, qui avait fait une trêve ou abstinence de guerre avec le Crotoy, lui députa Perrotin de Torgny, son trompette, pour demander la restitution de ces navires comme étant retenus contre les traités. Nous ne savons quelle suite fut donnée à cette injonction.

Au commencement de 1423, le duc de Bedfort,

---

[1] *Mémoires de la Société des Antiquaires de la Normandie.*

frère de Henri V, se rencontra à Amiens avec Philippe-le-Bon et le duc de Bretagne, et renouvela le traité d'alliance conclu en 1416 par Jean-sans-Peur. Avant de se séparer, les négociateurs résolurent de réduire les deux places du Crotoy et de Noyelles-sur-Mer. Ils commencèrent en effet par assiéger cette place, qui capitula à condition que la garnison serait libre de se retirer où elle voudrait.

Les anglo-bourguignons, qui étaient commandés par Raoul le Bouteiller, encouragés par ce premier succès, se rendirent sur le Crotoy, vers la fête de saint Jean-Baptiste, et investirent la place par terre et par mer. Raoul le Bouteiller « très-puissamment » et en grand' diligence, fit son ost fermer et loger » ses gens très-avantageusement. » Il fit à cet effet des retranchements pour se mettre à l'abri du mauvais temps et des terrains marécageux au milieu desquels ils étaient campés. Messire de Harcourt fit des préparatifs de défense; des canons et autres engins furent montés sur les remparts, et il attendit bravement les ennemis.

L'attaque fut énergique et la défense bien organisée. Afin d'empêcher le ravitaillement qui pourrait venir à la place par mer, une flotte anglaise, montée par cinq cents hommes de guerre, vint mouiller sur la fosse de Cayeux, et le passage se trouva intercepté. Jamais le Crotoy ne s'était trouvé dans une position plus critique.

Néanmoins d'Harcourt tenait bon, et encourageait ses gens par son exemple; malgré l'enceinte serrée que formaient les assiégeants, ils firent plusieurs sorties; mais lorsqu'ils virent que leurs vivres s'altéraient et qu'ils ne trouvaient plus de bois pour faire du feu, ils demandèrent à parlementer [1]. Les assiègeants, de leur côté, ne demandèrent pas mieux que d'entrer en accord, car les grandes pluies et l'humidité occasionnaient parmi eux des maladies. En conséquence, Jacques d'Harcourt et Raoul le Boutillier firent trêve et parlementèrent, arrêtant d'un commun accord les dispositions suivantes :

« C'est le traité fait entre Raoul le Boutillier, chevalier, et Guillaume Miners, écuyers, commis et députés de par le très-excellent prince le duc de Bedfort, régent de France, d'une part, et messire Jacques de Harcourt, chevalier, lieutenant-général en Picardie, pour le roi Charles; ledit de Harcourt, se faisant fort du clergé, des nobles et des manants et habitants en la ville et châtel du Crotoy, d'autre part.

» Premièrement, le premier jour de mars pro-

---

[1] Le siège ne dura pas moins de *quatre à cinq mois.* Voyez *Mémoires de* FENIN, page 205.

chain venant, le second et le tiers soleil levé, depuis l'heure de prime, monseigneur le régent ou ses commis, seront jusques à trois heures après-midi, chacun desdits trois jours, armés dessus les champs, entre la ville de Rue et le Crotoy; et s'ils ne sont combattus par ledit messire Jacques ou par autres tenant son parti, durant les trois jours dessus dits, si puissamment que le champ lui demeure ledit messire Jacques ou ses commis bailleront et délivreront *réaument* et de fait, à mondit seigneur le régent ou à celui qu'il y commettra, ladite ville et forteresse du Crotoy; et s'accompliront présentement à trois heures après-midi, au tiers jour dudit mois de mais.

» *Item*, ledit messire Jacques, et généralement tous ceux de sa compagnie, de quelque état ou condition qu'ils soient, se pourront partir avecque tous leurs biens dudit Crotoy, au jour de la reddition, excepté les consentants, de la mort de feu Jean de Bourgogne, qui demeureront en la volonté de mondit seigneur le régent, si aucuns en y a.

» *Item*, ledit messire Jacques sera tenu de laisser audit châtel les poudres, arbalêtres et trait, sans rien gâter ni dépécer, réservé neuf venglaires, deux cacques de poudre, vingt et trois arbalêtres et neuf coffres de trait; et tous ses gens emporteront harnois, habillements et autres biens.

» *Item*, en cas qu'aucune de ladite ville et châtel de quelque état qu'ils soient voudraient demeurer, en faisant le serment à mondit seigneur le gouverneur et régent, ou à ses commis, leurs biens, meubles et héritages leur demeureront, et de ce on leur baillera lettres suffisantes.

» *Item*, ledit messire Jacques aura du navire pour le port étant au Crotoy, c'est à savoir la grande hulque et la Barge, Colin l'anglois, Plumeterre, Balenier, Jacques et Martinet, et il sera tenu de laisser l'autre navire; et les vaisseaux des pêcheurs demeureront à ceux à qui ils sont, moyennant qu'ils feront le serment, comme dit est.

» *Item*, messire Jacques sera tenu de rendre tous les prisonniers qu'il a de présent en ladite ville et châtel du Crotoy, et on lui rendra pareillement un de ses gens que tient messire Raoul le Bouteillier.

» *Item*, durant le temps dessus dit, tous ceux de ladite ville et châtel cesseront de faire guerre en appert et en couvert, par quelque manière que ce soit, sauf que ledit messire Jacques durant ledit jour pourra faire guerre, si bon lui semble, entre Loire et Seine.

» *Item*, ne pourront lesdits monseigneur le Régent, ni nuls de ses gens, ce temps pendant, faire envahie ni entreprise sur ladite ville et châtel du

Crotoy, par quelque manière que ce soit, ni pareillement ses alliés.

» *Item,* durant ledit temps jusques au premier jour de mars, pourront, ceux du Crotoy, aller en marchandises ès ville de Rue, d'Abbeville et de Saint-Valery, moyennant qu'ils en aient congé des capitaines d'icelles villes, et non autrement. Et aussi pourront aller par mer en marchandises; et aussi pourront amener vins et toutes autres denrées pour vendre, sauf qu'ils n'en mettront rien dedans ladite ville et châtel pour le ravitailler, sinon pour la quotidienne du temps qu'ils y doivent être.

» *Item,* tous les gens de mondit seigneur le Régent, et aussi ceux tenant son parti, pourront aller en la ville du Crotoy pour besogner ce qu'ils auront à faire, par le congé du capitaine.

» *Item,* s'il advenait, durant ledit temps dessus dit, qu'aucuns vaisseaux ou gens d'armes arrivassent au Crotoy, ils n'y seront reçus, et n'auront aucun aide ou secours par les vaisseaux d'icelle ville; et ne pourra ledit messire Jacques, durant ledit temps, fortifier ni démolir ladite ville et châtel.

» *Item,* mondit seigneur le Régent, ou ses commis, bailleront sauf conduit à ceux qui seront dedans la ville et châtel au temps de la reddition, ou bon leur semblera, pour aller tenir leur parti, et à tous leurs biens; et auront quinze jours de vidance; et après auront sauf conduit autres quinze jours.

» *Item,* aura ledit messire Jacques sauf conduit pour lui, ses enfants et tous ses gens, durant ledit temps, soit par mer ou par terre, pour aller ou bon lui semblera.

» *Item,* pour accomplir toutes les choses dessus et entretenir, ledit messire Jacques baillera en pleige messire Pierre de Hergicourt, chevalier, Boort de Fiefiez, Jean Sarpe et Perceval Cambiet, écuyers, Jean d'Etampes, Giles Leroi et Jean de Gomée, bourgeois de ladite ville du Crotoy. Lesquels pleiges seront quittes après la reddition de ladite ville et châtel du Crotoy. En cas que celui qui se dit leur roi les secourrait, ou ses commis, en demeurant victorieux sur la place, seraient aussi quittes les pleiges susdits [1]. »

Le traité signé, le siège fut levé, après quoi Jacques d'Harcourt envoya ses deux frères, l'évêque d'Amiens et messire Christophe d'Harcourt, chercher ses enfants à Haverech, en Hainault, et les envoya à Montreuil-Bellay; alors, il fit vendre ses provisions et partit par mer avec une partie de ses

---

[1] *Chroniques de Monstrelet,* 5ᵉ vol., page 46.

gens, laissant au Crotoy son lieutenant-général, messire Coquart de Cambronne, chevalier ; Jean de Harselaine, et à *aulcunes autres* gens et monta un navire, emportant ses biens et bijoux provenant des pillages faits dans ses excursions et emmenant avec lui le seigneur de Harselaine et autres gentilshommes de ses amis intimes.

Vers la fin du mois de février, le duc de Bedfort arriva à Abbeville avec une suite nombreuse, afin de faire procéder à l'exécution du traité. Il avait été averti que d'Harcourt n'existait plus, ayant été tué au château de Beauvoir en voulant faire prisonnier son propre oncle, le seigneur de Partenay[1], et que par conséquent les Français ne paraîtraient point en force au rendez-vous. Il ordonna donc au sire

---

[1] Voy. Fenin, page 207.
En l'an 1423, fut le siège mis par les Englés devant le ville du Crotoy, et estoit pour lors dedens le ville ung vaillant et renomé Jaque de Harcourt, lequel deffendy moult bien le ville, et fist grand painne à ceulx de dehors, et plusieurs assaulx, et disoient les Englés conques n'avoient veu sy merveilleuse deffence, et tint par sa vaillandise contre les Englés, l'espasse de dix mois, et en la fin rendirent le ville as Englés par tel condicion : que le premier ou le second jour de may après, s'ils n'estoient combatus ils rendroient la place auxdits Englés, et de ce faire livra souffisans plaiges. Et après ce qu'il eut livré plaige, yl se party de la ville et s'en ala à Partenay et cuida avoir amblé la place et le ville sur son oncle, lequel avoit eu garde et en estoit seigneur; le quelz avoit toujours tenu as coraige le party des Bourguignons. Et quant son oncle aperchut le trahison de son nepveut, sy se deffendit tellement que ledit Jacques de Harcourt fut tué en la place avec tous ses nobles hommes et gens d'armes de sa compaignie. (*Mém. de la Société des sciences de Lille.*)

Raoul de Bouteiller de se rendre au lieu convenu entre Rue et le Crotoy, probablement aux arbres de Mayoc, sur le barre-mer [1].

Au jour dit, le 1ᵉʳ mars 1424, personne ne s'étant présenté au nom de Jacques d'Harcourt, la ville du Crotoy et son château furent rendus par Choquart de Cambronne à Bouteiller, qui lui remit ses otages et lui donna un sauf conduit pour se rendre lui et les siens vers le roi Charles, ou en quelque autre lieu qui lui conviendrait.

Raoul le Bouteiller ayant pris possession du Crotoy, reçut le serment des bourgeois et habitants de cette ville, et « ceulx qui point ne vouloient le faire, falloit quilz se partissent hors de la ville [2], » et se fit reconnaître comme général et capitaine du Crotoy pour le Régent.

Cet évènement satisfit médiocrement les gens du pays, qui prévirent que la forteresse étant en la possession des ennemis de la France, il allait en résulter de grands dommages pour leurs intérêts. Contraints de prêter serment de fidélité à leurs nouveaux maîtres ou d'abandonner leurs foyers, les habitants du Crotoy furent en outre dépouillés de la plus grande partie de ce qu'ils possédaient.

[1] Selon Fenin, le duc de Bedfort se serait rendu *de sa personne* en ce lieu, tant il tenait à la possession d'une forteresse telle que le Crotoy. *(Note de M. H. Duserel.)*

[2] Voyez FENIN, page 209.

M. Prarond rapporte, d'après Dom Grenier, que le 23 août 1423, la ville d'Amiens, alors aux Anglais, fut taxée à la somme de trois mille livres tournois pour mettre le Crotoy en l'obéissance du roi d'Angleterre et de France, Henri [1]. « Les lettres du roi d'Angleterre, ajoute-t-il, imposant la taxe ci-dessus, sont données à Paris. » Le Crotoy était donc resté à la France plus longtemps que Paris, plus longtemps qu'Amiens et les principales villes de la Picardie. La place était considérée de si grande importance, qu'elle était spécialement désignée parmi toutes dans les traités de cette époque [2].

Son commerce subsista après que les Anglais s'en furent rendus maîtres, et les navires à desti-

[1] Ce prêt n'avait pas lieu pour mettre seulement le Crotoy en l'obéissance du roi d'Angleterre, mais bien pour payer les troupes envoyées aux siéges de cette place, de celle de *Rue*, de *Noyelles* et de quelques autres châteaux voisins. On lit en effet dans le registre aux *Comptes de la ville d'Amiens de* 1425 *à* 1426, le passage suivant : « Prêt fais par les habitans d'icelle ville ès mois d'avril et may l'an mil IIIIe XXII pour aidier à paier la some de III mil livres tournois, à quoy laditte ville avoit esté imposée et assise pour *foere prest chaque* du roy nostre sire à payer les gens d'armes et de trait envoyez aux siéges devant les chasteaulx et forteresses du *Crotoy, Rue* et ailleurs du pays d'environ. »
(*Note de M. Dusevel.*)

[2] Henri, par la grâce de Dieu, roi de France et d'Angleterre, à tous ceux qui ces présentes verront, salut. Comme en faisant le traictié de mariage de feu notre oncle, Jehan Delphin de Viennois, lors appelé duc de Touraine, et de notre très chère tante Jaques de Bavière, fille de feu notre très cher seigneur et ayeul, eust donné et baillé à notre dit oncle, pour partie de son apanage, et à notre dite tante pour son douaire, *la comté de Ponthieu* avec aucunes terres réservées les villes et chastel du Crotoy, pourvu que toutefois il plairait à notre dit feu seigneur et ayeul.... reprenons, rejoignons, réunions et remettons en nos mains et couronne de France, perpétuellement, la dite comté de Ponthieu avec toutes

nation d'Abbeville continuèrent à y relâcher, comme on le voit par une réclamation que firent les marchands de cette ville près du duc de Bedfort, à Amiens, pour que les bâtiments à destination d'Abbeville ne fussent point arrêtés au Crotoy et pussent y séjourner en payant les droits accoutumés [1].

Les Anglais se gardèrent bien d'abandonner le Crotoy, dont ils avaient bonne souvenance; ils en firent **une** prison de guerre et y retinrent, entre autres, **Jean II, duc d'Alençon,** dont ils s'étaient emparés à la bataille de Verneuil. Le duc de Bedfort vint voir ce seigneur en 1425; l'ayant fait amener en sa présence, il s'efforça, par de belles paroles, de le détacher du parti du roi de France, lui promettant que s'il voulait reconnaître le jeune Henri de Lancastre pour son souverain, il lui ferait rendre tous ses biens et la liberté. Le duc refusa. Bedfort insista, ajoutant que s'il rejetait ses propositions, *il demeurerait en grand danger tous les jours de sa vie.* Mais le duc fut inflexible et déclara nettement qu'il ne reconnaîtrait jamais d'autre souverain que Charles, roi de France. Bedfort, déconcerté, le fit aussitôt reconduire dans sa prison [2].

ses appartenances pour jouïr par nous et nos officiers natifs de notre royaume de France. (Pièce donnée à Vernon, le 13e jour de juillet 1424, par le conseil tenu par le Régent duc de Bedfort. PICARDIE. Limites de Picardie. Bibl. imp., manus. 297.)

[1] *Comptes de la ville d'Abbeville.* TRAULLÉ.
[2] *Chroniques de Monstrelet,* tome V, page 129.

VII

JEANNE D'ARC

Les Anglais, maîtres du Crotoy, s'étaient bientôt étendus dans tout le Ponthieu, dans toute la Picardie, dans toute la France; partout ils portaient le ravage et la désolation, brûlant les villages et les villes après les avoir pillés, violant les femmes, égorgeant les hommes paisibles, ne faisant miséricorde nulle part. Les tourbillons de flamme et de fumée qui montaient vers les cieux, indiquaient au loin la présence et la marche de ces ennemis de la France. Le produit de leurs rapines et de leurs spoliations qui arrivait au Crotoy, était embarqué sur des navires qui cinglaient aussitôt pour l'Angleterre. Cette situation dura près d'un siècle; les populations du Ponthieu étaient devenues anglaises par le fait, et cependant elles détestaient leurs oppresseurs, qui s'étaient retranchés au Crotoy comme dans un repaire inexpugnable.

Lorsque la France fut bien épuisée, que la terre ne produisit plus de récoltes, ces farouches dévastateurs ne trouvèrent plus de quoi y vivre, et ils se virent dans l'obligation de faire revenir d'Angleterre des vivres et des vêtements pour leur propre usage. Ces villes brûlées, ces campagnes dévastées, cette terreur qui pesait partout le pays, depuis près de cent ans, engendrèrent des maux non moins terribles, la famine et la peste, qui achevèrent de dépeupler la France. A Paris seulement, plus de cent mille personnes périrent. « On mou-
» rait, dit le journal d'un bourgeois de Paris, tant
» et si vite qu'il fallait faire dans le cimetière de
» grandes fosses où on les mettait par trente et
» quarante, arrangés comme lard et à peine pou-
» drés de terre. »

La désolation n'était pas moins grande à Abbeville et au Crotoy; les campagnes n'offraient que des ruines. Seule, la forteresse du *Crot* était tenue en bon état, parce que de sa conservation dépendait la sûreté des troupes qui y tenaient garnison et les relations journalières par mer avec l'Angleterre.

Le duc de Bedfort s'était fait proclamer Régent

à Paris, et le roi de France, Charles VII, exilé de sa capitale, réduit à errer de ville en ville, sans savoir où reposer sa tête, se disposait à aller demander un asyle dans quelque cour étrangère.

A peine quelques places arrêtaient-elles encore pour un moment les progrès de l'ennemi; à peine soutenue sur le penchant de sa ruine, par la vaillance de quelques preux tels que Dunois, Lahire et Xaintrailles, la France, semblait ne plus devoir se relever. En vain, ces braves faisaient de nouveau un appel à la bravoure et au courage de leurs compatriotes, il n'y était point répondu, car les dissensions civiles, auxiliaires et complices des vainqueurs, avaient jeté la terreur et le découragement dans les âmes les mieux trempées.

Les conseillers du roi, ceux qui désiraient lui voir reprendre courage, essayaient en vain de lui faire entrevoir un avenir plus heureux, des circonstances plus favorables; ils lui rappelaient une vieille prophétie qui annonçait qu'une jeune fille, venue des environs du Bois-Chenu, délivrerait le royaume; le roi souriait d'incrédulité et continuait sa marche pour quitter son royaume.

C'est alors que la Providence inspira réellement une jeune fille, simple campagnarde, née dans un village de la Champagne; Jeanne d'Arc parut[1].

[1] Voir l'appendice n° 5.

Cette jeune fille, âgée de seize à dix-sept ans, était douée de qualités précieuses pour ce temps et pour l'accomplissement de sa mission. « Elle était, dit Charles Nodier, d'une taille noble et élevée, d'une physionomie douce, mais fière, d'un caractère remarquable par un mélange de candeur et de force, de modestie et d'autorité, qui ne s'est jamais trouvé au même degré dans aucune créature; d'une conduite, enfin, qui fait l'admiration de toutes les personnes qui l'ont connue. Les mères ne désirent point de fille plus parfaite, les hommes n'ambitionnent pas le cœur d'une femme plus digne d'être aimée; mais, dès l'enfance elle a renoncé au bonheur d'être épouse et mère. Appelée à une vie d'héroïsme et de sacrifice par la voix même des anges, elle a voué sa virginité à Dieu dès l'âge de treize ans. On ne sait rien autre chose de ce temps là, sinon qu'elle a mené une vie toute pastorale dans le hameau qui l'a vue naître, conduisant les troupeaux de son père ou s'occupant à coudre et à filer le chanvre et la laine, exercice dans lequel elle surpassait toutes ses compagnes. Seulement, à certains jours de fêtes, on la voyait prosternée à l'ermitage de Bermont, devant la sainte image de la vierge, ou bien elle se réunissait aux jeunes filles de son âge pour chanter et pour danser sous *l'arbre des Fées*. C'était un hêtre magnifique où, pendant toute la belle saison, les bergères allaient suspendre les chapeaux de fleurs et les guirlandes qu'elles avaient tressées dans la prairie. »

Jeanne d'Arc attristée par les malheurs de son pays, se sent inspirée de Dieu ; elle demande l'honneur d'être présentée au roi ; aucun obstacle ne la rebute, et bien que séparée de la cour par une distance de cent-cinquante lieues, elle entreprend la route, traversant les pays occupés par les ennemis, dans une saison rigoureuse, sans éprouver ni fatigue, ni ennui, ni découragement.

« Conduite dans l'appartement du roi, continue Charles Nodier, elle le distingue du premier coup-d'œil parmi les grands de sa cour, quoi qu'il ne diffère d'eux par aucun attribut particulier ; elle se fait reconnaître de lui à un signe ou à une confidence qui ne laisse point de doute à Charles sur sa mission. »

Le bruit se répand partout qu'une jeune fille envoyée du ciel a été reçue par le roi, qu'elle a mission de chasser les Anglais de la France ; aussi la confiance renaît, l'espoir revient au cœur des plus incrédules ; elle marche elle-même au combat, et comme si elle était depuis longtemps versée dans la science des armes, elle déploie tous les talents d'un véritable capitaine et procède par la prise d'Orléans ; chacun de ses pas est ensuite une victoire. Dunois, Xaintrailles, Lahire se joignent à elle et la secondent ; l'Anglais fuit, et Jeanne d'Arc triomphante conduit Charles à Rheims pour y être sacré. A partir de ce moment, la puissance des Anglais, ébranlée, chancelante, prête à s'écrouler, ne compte plus que quelques villes en France, et entre autres le Crotoy, dont les murailles de pierre et les marais sont toujours une garantie de défense.

La mission de Jeanne d'Arc était finie, elle voulait déposer son épée, rejoindre son village ; mais on la prie de continuer son œuvre ; après quelques nouveaux prodiges de valeur, elle tombe par trahison, assure-t-on, entre les mains des Anglais qui l'assiégeaient dans Compiègne ; conduite d'abord au château de Drugy, elle fut de là transférée dans la forteresse du Crotoy, qui était considérée comme plus sûre [1].

Nicolas de Quenville, chancelier de l'église d'Amiens, docteur en droit civil, était également détenu dans le château du Crotoy, sans qu'on en disc le motif ; Jeanne, toujours pieuse, allait à confesse à lui et entendait la messe. Cet ecclésiastique dit à plusieurs personnes qu'elle était bonne chrétienne,

---

[1] Monstrelet dit : on la transporta à Arras et ensuite au Crotoy, citadelle très-forte à l'embouchure de la Somme. (*Grandes chroniques de France*, tome IX, préf. page 36.)

et très dévote. Les dames d'Abbeville, touchées de son malheur, allaient aussi la visiter. Vivement émue des marques d'intérêt qu'elle recevait chaque jour, on l'entendit s'écrier plusieurs fois : Ah ! plaise à Dieu que ma liberté me soit rendue, et je reviendrai finir mes jours dans ce pays [1] !

Les vœux de la célèbre jeune fille ne furent point exaucés. Un détachement anglais vint la chercher dans cette forteresse du Crotoy où elle avait pu supporter ses fers, et, l'ayant mis dans une barque, sous l'escorte de plusieurs gardes, on lui fit traverser la baie de Somme pour la transférer à Rouen, enfermée dans une cage de fer. M. Louandre ajoute que, parmi les soixante assesseurs choisis à dessein pour la condamner, on trouve maistre Geoffroy du Crotoy.

« On assure, dit Charles Nodier, qu'à l'instant où les flammes qui l'entouraient étouffèrent le nom de Jésus dans sa bouche innocente, une colombe s'éleva du bûcher aux yeux épouvantés des Anglais, et prit son vol vers le ciel. Telle fut du moins l'illusion du remords pour les misérables qui l'avaient condamnée. »

Le Père Ignace avance que, de son temps, le châ-

---

[1] *Histoire d'Abbeville.* LOUANDRE, tome I, page 355. — *Description du département de la Somme*, par M. H. DUSEVEL, tome I**er**. page 27.

teau du Crotoy existait encore; on allait visiter la chambre où avait couché l'héroïne. « On se sentait » saisi d'un saint respect lorsqu'on y entrait, dit- » il. » De nos jours encore on ne peut, à la vue des ruines du château, retenir un soupir en souvenir de ce noble et pur dévouement, le plus beau, le plus merveilleux et le plus touchant que nous ait conservé l'histoire.

Une statue devait, de nos jours, rappeler à la postérité le séjour et la captivité de Jeanne d'Arc au Crotoy; une partie de souscriptions avait été versée, un modèle avait été fait par un statuaire de Paris. Nous regrettons qu'on n'ait pas donné suite à cette pieuse intention.

VIII

LA FORTERESSE

Jeanne d'Arc n'était plus : elle avait chassé l'ennemi de la plupart des provinces qu'ils tenaient et rétabli la monarchie française sur ses bases, mais la guerre n'était point finie; l'héroïne avait relevé le courage abattu, rendu la confiance à nos armes, mais il restait à combattre et à vaincre. Les Anglais tenaient le Crotoy, et ils n'étaient point disposés à l'abandonner; ils restaurèrent les fortifications pendant que les autres villes du Ponthieu rentraient sous la domination française.

Le pays de Ponthieu, livré tour à tour aux Français et aux Anglais, et traité en ennemi, par l'un comme par l'autre, était dans le plus triste état. La licence des camps et le manque de numéraire ayant débauché les troupes, il se forma des bandes indisciplinées qui coururent le pays pour leur compte, faisant aussi bien la guerre aux Français qu'aux Anglais, et commettant les plus affreux désordres au préjudice des gens inoffensifs; on les appela les *écorcheurs*, « ils écorchaient et éventraient les pau- » vres gens, dit Mezerai, afin d'en tirer de l'ar- » gent. » Les paysans se sauvèrent dans les villes, le labourage fut délaissé; il en résulta une grande famine et une peste non moins terrible qui fit périr le tiers de la population de France. Olivier de la Marche dépeint ainsi cet épisode déplorable de notre histoire : « Tout le tournoyement du royaume » estoit plein de places et de forteresses dont les » gardes vivoient de rapines et de proie; et par le » milieu du royaume et des pays voisins s'assem- » blèrent toute manière de gens de compaignies » que l'on nommoit escorcheurs; et chevauchoient » et alloient de pays en pays et de marche en mar- » che, querant victuailles et aventures, pour vivre » et pour gagner, sans regarder n'espargner les » pays du roy de France, du duc de Bourgogne, » ne d'autres princes du royaume. »

Saint-Valery et Rue furent pris par ces écorcheurs et une partie de leurs habitants périt dans les supplices; ces brigands se mirent ensuite à courir la campagne où ils *firent innumérables maux par dommages, par feu et par épée*[1]. Il est à remarquer que ces aventuriers étaient, la pluplart, des gens de noble famille et qu'ils étaient commandés par des officiers qui s'étaient fait remarquer dans les armées du roi. En 1435, les seigneurs de Bressai, de Braquemont et de Longueval, vinrent à la tête d'une de ces bandes ravager le Marquenterre et assiéger le Crotoy; les Bourguignons se joignirent à eux pour cette expédition, comme nous le voyons par une note[2] d'un serviteur de Philippe-le-Bon qui réclame 14 sous pour les déboursés par lui faits en chierges et chandelles employés au Saint-Esperit de Rue pour le bon succès de l'attaque du Crotoy[3].

Le Crotoy résista encore. Charles Desmarets, capitaine de Rue, se joignit alors aux aventuriers pour surprendre Crécy, occupé par les Anglais; le bourg est pris, réduit en cendres et les habitants, aussi bien que la garnison, sont passés au fil de l'épée.

Philippe-le-Bon, à l'exemple de son père Jean-sans-Peur, se détacha enfin du parti des Anglais et

---

[1] *Chroniques de Monstrelet*, tome VI, page 147.
[2] *Archives générales du Nord.*
[3] Une procession générale fut faite le jour de sainte Catherine, à Notre-Dame de Douai, à cause du siège du Crotoy et une autre le 10 décembre. Les chanoines eurent droit à 4 livres 10 sous. (*Registres aux comptes de Saint-Amé, à Douai.*)

fit sa paix avec Charles VII, qui consentait à lui céder les villes situées sur les deux rives de la Somme, y compris la forteresse du Crotoy.

Mais les Anglais paraissaient ne point vouloir abandonner cette place; la garnison redouble ses bravades en se portant dans les campagnes environnantes qu'elle pille et qu'elle dévaste. Néanmoins cette garnison fut un jour surprise près de Forêt-Montiers par Richard-Richeaume, capitaine de Rue, qui lui tua beaucoup de monde et fit périr le reste dans les marais.

Florimond de Brimeu, sénéchal de Ponthieu [1], Richard-Richeaume et Robert Duquesnoy, capitaine de Saint-Valery, résolurent de mettre un terme à ces brigandages. Florimond de Brimeu et quatre cents hommes vinrent nuitamment s'embusquer dans les dunes du Crotoy. Quand le jour parut, Robert Duquesnoy partit de Saint-Valery dans une barque montée par une trentaine d'hommes; la mer baissait et la barque passant au-dessous du Crotoy, s'échoua sous le cap Saint-Pierre, en vue des Anglais qui observaient du haut de leurs murailles. Aussitôt les hommes de la barque se jetèrent à l'eau comme pour la remettre à flot sans pouvoir y parvenir. Les Anglais voyant ce manège

---

[1] Il est appelé Jehan d'Ally (Ailly), dans les Registres de l'échevinage d'Amiens.

sortirent à la hâte et coururent au bateau pour s'en emparer. Mais Florimond de Brimeu, Richard-Richeaume et leurs hommes, qui s'étaient cachés dans les dunes, sortirent pour se mettre entre eux et le château; ils les attaquèrent vigoureusement et en laissèrent soixante-quatre [1] sur le terrain, le reste étant fait prisonnier. Les Français ne perdirent que quelques hommes.

Le sénéchal sachant par ses prisonniers qu'il y avait peu de monde au Crotoy et qu'il leur restait insuffisamment de provisions, dépêcha un exprès à pour Rue faire connaître le résultat de l'attaque et demander des renforts pour investir la ville, ce qui lui fut accordé, Trois jours après, il l'attaqua, la prit d'assaut sans presque perdre des siens. Les Anglais se retranchèrent dans le château [2].

Le sénéchal fit alors organiser des machines de

---

[1] Ou *quarante-quatre* seulement, d'après une délibération de l'échevinage d'Amiens du 3 juillet 1436, qui est fort curieuse. On y voit, en effet, que sur la demande faite par le mayeur et les échevins d'Abbeville, afin que les habitants d'Amiens leur envoyassent aide et secours d'arbalétriers et archers pour attaquer le château du Crotoy, encore retenu par les Anglais. La ville décida, de concert avec l'évêque, « de faire et envoier aide audit lieu d'Abbeville, » pour delà aller au Crotoy, de xx arbalestriers pavoisiers, garnis » de traits et abillemens, et xx archiers pour eux partir par le » rivière le plus hastivement que faire se pourroit, et ce aux despens de ladite ville d'Amiens. »
(*Note de M. H. Dusevel.*)

[2] Dans les comptes de 1437-38, figure maître André Parent, maistre mineur, et ses compaignons mineurs, demeurant au comté de Namur, qui ont besoignié en *fait de mine*, en la bastille naguère faicte devant le Crotoy. DE LA FONS MÉLICOQ.

guerre qu'il dressa contre le château; mais la maçonnerie était tellement solide qu'elle résistait à tous les coups. D'habiles mineurs du comté de Namur y pratiquèrent plusieurs mines. Après un certain temps d'attaques vaines, les assiégeants voyant qu'ils n'arriveraient point à bout de leur entreprise, abandonnèrent le château et se bornèrent à détruire les fortifications de la ville, qu'ils pillèrent avant de s'éloigner[1].

Les Anglais recommencèrent leurs courses vagabondes dans les environs; ils avaient deux gribannes sur lesquelles ils mettaient des soldats et à l'aide desquelles ils gênaient le commerce d'Abbeville et surtout leurs pêcheries. Le duc de Bourgogne fit alors armer un bâtiment pour protéger

---

[1] Voici comment cette affaire est racontée dans les *Archives générales du Nord*, recueillies par M. de la Fons Melicoq :

« En cette mesme saison que le siège estoit devant Calais, les sieurs de Picquardie, comme le sieur de Brimeu, M. de Rambures avec M. de Lille, firent une grande et honnourable emprinse devant le Crotoy; car, par soubtil moyen, firent issir le garnison de la ville, et avoient par nuit emplis les celiers de fourbons plains de gens d'armes, et lendemain se mirent aucuns en habits de marchans, et faisaient le signe de passer le bras de mer pour aler à Abbeville. Et quand les Englès virent lesdits marchans, s'y saillirent hors de la ville après eulx. Et les Picquars, qui estoient dedans les celiers, quand yl virent les Englès vidier, yl entrèrent dedens la ville avec le garnison, qui se renforchoit d'y entrer, quand yl perchurent le traison, et là se portèrent sy vaillamment les Picquars, que tous les Englès furent pris entiers, et fut la ville démollie et les murs abattus es fossés, réservé une tour qui siet sur la mer, moult bien enclose de yanes et de bruyères, in laquelle estoient plusieurs Englès retrais, lesquelz ne cessoient di coure le païs d'Artoiz.

les bateaux de pêche dans les alentours du Crotoy[1].

Les Abbevillois, fatigués du tort que leur causaient les Anglais du Crotoy avec ces deux gribannes, résolurent de s'en emparer « si envoyèrent
» ces susdits d'Abbeville de nuict aucuns de leur
» gens à tout un bastel assez près du Crotoy et y
» en eut aucuns qui, en nageant, allèrent attacher
» agrappes de fer par dedans l'eaue aux basteaux
» dessus dits; auxquelles agrappes y avait de bien
» longues cordelles, par lesquelles cordelles iceux
» navires furent tirez deshors et emmenez audit
» lieu d'Abbeville, dont les Anglais furent male-
» ment troublés[2]. »

Ce succès les détermina à faire une entreprise contre cette forteresse. Sur la proposition de Jehan de Brimeu, bailly d'Amiens, on délibéra de lui donner la somme de 3,000 liv. pour aller abattre ce nid de maraudeurs; on promit de s'employer avec lui le mieux qu'on pourra et la ville fournit à cet effet 200 hommes gagés; mais l'attaque n'eut point de succès et Abbeville en fut pour ses frais.

Vers la fin de 1437, Philippe-le-Bon résolut de réduire enfin cette place inquiétante, mais ayant

---

[1] Le portugaloix Jehan Alphons, obtenait 26 livres 8 sous pour avoir armé une caroelle qu'il avait nagaires faicte affin de tenir seurs les pêcheurs de la mer en tour le Crotoy. (*Archives générales du Nord*. DE LA FONS MELICOQ.)

[2] *Chroniques de Monstrelet*.

demandé encore 2,000 livres à la ville d'Abbeville, celle-ci s'excusa sur ses précédents sacrifices, sur sa pauvreté et la cherté du temps [1], et l'expédition se trouva ajournée. Philippe-le-Bon n'en persista pas moins dans son intention, il donna l'ordre au seigneur d'Auxy de rassembler des troupes pour s'en emparer. Il envoya nuitamment Contay, héraut d'armes, à Rue, devers Harpin de Ricaumez, qui en était capitaine, pour qu'il s'informât des provisions que les Anglais pouvaient avoir dans la place. On lui répondit qu'il n'y en avait pas pour un mois [2]. Il comptait beaucoup sur cet avis qui était faux, dit M. Louandre, car ce n'était pas chose facile que de réduire cette forteresse.

---

[1] Ce ne fut pas seulement Abbeville qui s'excusa. La ville d'Amiens, invitée par le maire et les échevins d'Abbeville de contribuer de cent hommes d'armes à la réduction du Crotoy, fit assembler le peuple, et les Amiénois décidèrent, le 10 octobre 1437, qu'il ne serait accordé aucun aide à ceux d'Abbeville « à cause de la quierté du temps, et que le plus grant partie d'eulx n'avoient blé ne pain que de jour à aultre et à grant paine ; que n'avoient aucunes marchandises courant, ne labeurs qui les feissent gaigner ensemble et outre que lesdits d'Abbeville à leur emprinse n'avoient point de chief. » — Ce dernier motif était une excuse peu rationnelle, puisqu'on voit, par ce qui précède, que c'étaient Philippe-le-Bon et le seigneur d'Auxi qui devaient réunir les troupes et probablement les conduire à l'attaque du Crotoy. — H. DUSEVEL, *Etudes ms. sur l'histoire de Picardie.*

[2] En ce temps là vindrent nouvelles
Que les Anglois dedens Crotoy
N'avoient à menger deux prunelles,
Et qu'on les prendroit à réquoy.

Poésies de MARTIAL DE PARIS. — *Vigiles de Charles VII.* Paris 1724, tome I, page 161)

Les assiégeants reconnurent bientôt l'insuffisance de leurs moyens d'attaque, et ils s'adressèrent au duc de Bourgogne, pour requérir son aide et lui demander des vaisseaux, afin de bloquer entièrement la place, et de s'en emparer par la famine. Philippe-le-Bon donna ordre aux marins de Dieppe, de Saint-Valery et de toute la côte de se rendre avec leurs navires dans le port du Crotoy, pour en fermer l'entrée aux Anglais. Il envoya aussi quelques renforts sous le commandement du sire de Croi, et tout fut disposé pour un siège en règle. Beaudouin de Noyelles, l'un des plus habiles officiers bourguignons, fit construire autour de la ville, suivant l'usage du temps, une enceinte de bois, garnie de bastilles, sur lesquelles on disposa des batteries [1]. Les Anglais mirent tout en œuvre afin de conserver cette forteresse importante pour leur domination dans le pays et ils s'empressèrent de demander des secours.

Philippe-le-Bon, qui se trouvait lui-même au Crotoy pour veiller aux succès de l'entreprise, prévit que les secours pourraient leur arriver par mer et par le gué de Blanquetaque; il fit passer des navires entre les pointes du Hourdel et de Saint-Quentin, et il fit planter dans le gué de Blanqueta-

---

[1] *Histoire d'Abbeville.* LOUANDRE, tome I, page 359.

que « *des fèves de fer esmanchées en bois*[1] qui, par certain espace de temps, ouvrèrent continuellement sur ledit passaige, à y faire et planter grant nombre d'*estegins*, afin de empêcher et rompre ledit passaige aux Angloiz. »

Les Anglais accoururent à Saint-Valery et de là firent expédier au travers la baie un convoi de vivre aux assiégés du château, qui le reçurent malgré la garde qui était faite autour de la place.

Lorsque le duc de Bourgogne fut informé de ces dispositions des ennemis et surtout que le célèbre Talbot marchait avec un corps de troupes pour aller renforcer le Crotoy, il laissa devant cette place une partie de ses troupes, et alla se poster avec le reste sur le bord de la Somme, pour en disputer le passage à un corps d'Anglais qui lui était signalé. *Talbot lui-même, ung capitaine fort renomé, vaillant* les commandait. Philippe-le-Bon comptait sur les défenses dont il avait garni le passage ; mais Talbot s'élança dans le fleuve le premier, ayant de l'eau jusqu'à la ceinture ; puis, aidé des siens qui le suivirent, il arracha les obstacles, et se précipitant sur les Bourguignons il les força à lâcher pied. Les assiégeants du Crotoy, effrayés par cette défaite et voyant arri-

---

[1] Ces fèves de fer furent livrées par Dupont, maréchal à Abbeville, moyennant dix sous le cent ; elles furent emmanchées par Aubelet. DE LA FONS MELICOQ.

ver Talbot, n'eurent pas le courage de l'attendre, *s'y enfuirent et abandonnèrent le siège,* aux grandes huées de la garnison anglaise, qui les poursuivit en les chargeant d'injures sur leur lâcheté. Le duc lui-même s'était enfui jusqu'à Abbeville, après avoir couru le plus grand danger.

Talbot, et lord Falcombridge qui l'accompagnait, entrèrent dans le Crotoy, dont ils firent réparer les moyens de défense et brûlèrent les bastilles élevées par les Bourguignons; puis ils renforcèrent la garnison qui continua, comme par le passé, à se faire redouter de tout le pays environnant, et surtout de la ville d'Abbeville, dont toute l'industrie maritime était détruite.

Les Anglais établirent un poste au gué de Blanquetaque, afin de commander ce passage qui leur permettait de se rendre du Crotoy dans le Vimeu, où il y avait toujours quelque butin à faire. Cependant il paraît que le duc de Bourgogne revint à la charge pour attaquer cette forteresse, et à plusieurs reprises différentes[1], car en 1449 la ville d'Abbeville lui fournit à cet effet un détachement d'arbalétriers, de charpentiers et de pavoiseurs aux ordres du comte d'Eu. Cette tentative ayant échoué, Philippe-le-Bon la renouvela l'année suivante. et

[1] Dom Grenier, page 4, art. 3.

il demanda à la ville 1200 livres, promettant de réduire enfin cette place désagréable pour Abbeville. M⁰ Postel, mayeur, représenta encore la pauvreté de la ville et de la taxe payée nouvellement pour le roi. Le duc de Bourgogne insista et obtint enfin 200 livres ; il se présenta alors devant le Crotoy, et, plus heureux que les fois précédentes, il enleva la place sans que les détails de cette opération nous aient été conservés. Nous savons seulement que les arbalétriers d'Abbeville, qui revenaient du siège de Neufchâtel, furent dirigés sur le Crotoy. On lit, dit M. Dusevel, dans une délibération de l'hôtel-de-ville d'Amiens, du 18 juin 1450, qu'il y eut en ce jour une assemblée en la halle de cette ville, « assavoir comment on porroit
» trouver manière de payer la somme de mille
» francs, en quoy ladite ville avoist esté nouvelle-
» ment imposée par monseigneur le duc de Bour-
» gogne, pour le recouvrement de la place du
» Crotoy, qui depuis naguères avoit esté réduite
» de la part des Anglois à notre dit très redouté
» monseigneur le duc[1]. » Les notes manuscrites de M. Devérité disent aussi que le duc de Bourgogne demandait 1200 livres à la ville d'Abbeville pour la réduction du Crotoy.

[1] *Registre aux délibérations de la ville d'Amiens*, (côté VI T.)

M. De la Fons Melicoq cite de son côté le passage suivant recueilli dans les archives générales du Nord : « Pour plusieurs voyages faits par Guichard Bour-
» nel, escuier, conseillier, chambellan de monsei-
» gneur le duc de Bourgogne et capitaine de sa
» ville d'Ardres, en 1449, mois de septembre,
» octobre et novembre, pour le fait de la reddicion
» et délivrance faite à mondit seigneur de la forte-
» resse du Crotoy, où il dit avoir vacquié par in-
» tervalles, lui sixième à cheval, par l'espace de
» vingt-huit jours entiers qui, au prix de 40 sols
» par jour, font 50 livres. Pour être allez par trois
» fois de ladite ville d'Ardre audit lieu du Crotoy,
» devant le capitaine angloix, qui y estoit, les deux
» premières fois au nombre de dix personnes à
» cheval, par douze jours au prix de 59 sols par
» jour. Et, la tierce fois, au nombre de trente per-
» sonnes à cheval, pour aller querir les ottages,
» pour seureté de la reddicion d'icelle place, et les
» mener audit lieu d'Ardre. En quoy, pour ce
» qu'il trouva le siège devant laditte place, de par
» le comte d'Eu, Charles d'Artois, il vacqua par
» l'espace de huit jours à six livres par jour, 48
» livres. »

Pour les hommes de guerre, ajoutés à la garnison du Crotoy, pendant cet arrangement, on dépensa d'abord 404 livres pour trente hommes de *creue* à cheval, durant treize jours ; puis 544 livres pour vingt hommes de *creue* à cheval durant quatre-vingt-six jours.

Les finances de Philippe-le-Bon se trouvaient néanmoins dans un bien triste état, tellement qu'il se trouva contraint d'établir un aide « sur le grain qui serait chargié en mer pour les deniers convertir à la réédiffication de la ville du Crotoy. »

M. de Rubempré fut établi gouverneur du Crotoy, avec 219 livres 13 s. 7 deniers par an, tant pour lui que pour certain nombre de gens de sa suite.

La famine durait depuis plusieurs années. Le premier soin de M. de Rubempré fut de demander du blé pour le Crotoy.

IX

DOMINATION BOURGUIGNONE

Louis XI, en montant sur le trône, s'occupa aussitôt du rachat des villes de la Somme qui avaient été cédées au duc de Bourgogne, par le traité d'Arras, avec faculté de rachat, moyennant le paiement de quatre cent mille écus d'or (4,730,000 fr. environ de notre monnaie actuelle). Le Crotoy revint donc à la couronne de France, et ce fut avec grande joie, ainsi que dans toutes les autres villes de la Picardie qui faisaient partie du traité, c'est-à-dire Amiens, Abbeville, Doullens, Rue, Montreuil, Saint-Riquier, Saint-Valery, Roye, Montdidier, Péronne, etc.

Tous les combats livrés dans le Marquenterre avaient privé le pays de ses ressources; les cultivateurs n'avaient pu récolter le moindre grain; tout avait été arraché, brûlé. On ne savait où se procurer de quoi manger, et on assouvissait sa faim avec des racines arrachées à la terre, avec la chair d'animaux immondes. Le blé devint extrêmement rare, et les habitants du Crotoy étant réduits à la plus grande misère, le seigneur de Rubempré demanda, en 1260, à la ville d'Abbeville, qu'on lui en envoyât la moindre provision pour empêcher la garnison et les habitants de mourir de faim.

Mais la satisfaction des habitants du Crotoy d'être rendus à la paix ne fut pas de longue durée. Le comte de Charolais, fils de Philippe-le-Bon, avait vu avec déplaisir son père accéder aux conditions du traité d'Arras; les villes de la Sommelui convenaient, il songeait aux moyens de les replacer sous sa domination. Louis XI soupçonna ses intentions et se mit en mesure de les déjouer si elles venaient à éclater. Il vint visiter les villes des bords de la Somme et s'arrêta au Crotoy, où, au mois de décembre 1464, il confirma les privilèges de la ville d'Abbeville [1]. C'est alors que se dévoila une prétendue conspiration d'après laquelle un frère de Rubempré, gouverneur du Crotoy, devait aller assassiner le comte de Charolais, en Hollande. Plusieurs historiens ont dit que Rubempré s'était

---

[1] *Recueil des ordonnances des rois de France.* Tome XVI.

embarqué à Dieppe pour Gorcum, et que le mauvais temps l'avait forcé de relâcher au Crotoy; mais la version de Jacques Duclerq, est plus vraisemblable[1]. Le bâtard de Rubempré ayant son frère gouverneur au Crotoy, tous deux auraient trempé dans le complot fomenté par Louis XI, qui se trouvait dans le pays; on aurait équipé un navire, dont l'équipage aurait été formé de pêcheurs d'Abbeville, et le navire serait parti directement du Crotoy pour Gorcum, en Hollande. On sait qu'aussitôt arrivé à destination il fut arrêté : le complot ayant été découvert.

Bien que Louis XI niât avoir eu connaissance de ce complot, Philippe-le-Bon, soupçonneux, s'écarta de lui, et entra dans une coalition qui se forma sous le nom de *Ligue du bien public*, avec l'intention de déposséder ce roi parjure et de donner la couronne à son frère Charles, duc de Berry.

Le comte de Charolais s'étant emparé de Saint-Denis, menaçait la capitale. Louis se trouva bientôt obligé de signer le traité de Conflans, qui rendait au duc de Bourgogne le Crotoy et les autres villes de la Somme avec faculté de rachat, au moyen de deux cent mille écus d'or.

Le duc de Bourgogne commit la garde du châ-

---

[1] *Mémoires de Jacques Duclerq.* Liv. V, chap. XII et XIV.

teau, ville et hâvre du Crotoy à Philippe de Crèvecœur, qui remplaça le bâtard de Rubempré.

Cette nouvelle fut reçue avec stupéfaction, car elle faisait prévoir de nouvelles guerres : on savait que Louis XI ne laisserait pas le duc de Bourgogne tranquille possesseur d'un pays auquel il tenait considérablement, et que par ruse ou de vive force il tenterait de le recouvrer. En effet, lorsque, à la mort de Philippe-le-Bon, le comte de Charollais lui succéda sous le nom de Charles-le-Téméraire, Louis XI fit proposer le rachat, qui fut refusé. C'était une déclaration de guerre. « Le roi s'y prépara de longue main, dit M. Louandre, il signa un traité qui avait pour base ceux d'Arras et de Conflans. Le duc de Bourgogne obtint la seigneurie pleine et entière, avec le droit de lever des aides et d'assembler les vassaux dans le Vimeu, dans les villes de la Somme et autres territoires. Mais après la rupture du traité de Péronne, Louis XI fit déclarer à son terrible ennemi la saisie de la seigneurie de Vimeu et la guerre se ralluma [1].

A cette époque (1469), Hue de Raincheval était *escuyer*, huissier d'armes du roi et *chastelain* du Crotoy; il fut remplacé l'année suivante par le seigneur de Querdes.

---

[1] *Histoire d'Abbeville*. LOUANDRE, tome I, page 385

C'étaient de bien malheureux temps que ceux où le peuple était dans la crainte continuelle d'une mésintelligence entre les souverains et entre les seigneurs. Louis XI et le duc de Bourgogne se détestaient et c'étaient les malheureux sujets qui en supportaient la peine : on tombait sur eux, on les pillait, on détruisait leurs récoltes, on déshonorait leurs filles, on brûlait leurs maisons, parce qu'on était en guerre avec leur seigneur qui usait de représailles dans les domaines de son adversaire. Charles-le-Téméraire désola la Picardie et le Vimeu et Louis XI en faisait autant dans les villes de sa possession dont il put s'emparer. Le premier ayant pris Saint-Valery, le roi de France lui proposa la paix. Des négociations furent entamées dans le château du Crotoy, et on y conclut le 3 octobre 1471, un traité par lequel le roi Louis cédait au duc de Bourgogne, les villes d'Amiens, Saint-Quentin et la prévôté du Vimeu. Mais ce n'était là qu'un semblant de paix; Louis XI en la proposant n'avait voulu que gagner du temps, et il refusa nettement de ratifier ces conventions.

Le duc de Bourgogne était au Crotoy lorsqu'il apprit cette nouvelle. Indigné d'avoir été pris pour dupe, il jura de se venger, et il marcha sur Beauvais qui était resté fidèle au roi de France. Pendant ce temps Louis XI envoie des troupes dans le Ponthieu. La ville du Crotoy qui n'avait qu'une faible garnison est attaquée, et les Bourguignons capitulent. Charles-le-Téméraire apprend cette nouvelle en même temps qu'il échouait devant Beauvais. Furieux, il revient dans le Ponthieu et met tout le pays à feu et à sang. Après plusieurs mois de ravages, fatigué de tuer et de brûler, affaibli par les combats, les désertions, la famine et la maladie, il consentit à une trève dont il avait grand besoin ainsi que son ennemi le roi de France.

M. Louandre rapporte une anecdote qui trouvera aussi sa place ici : Pierre Leprêtre, abbé de Saint-Riquier, voulant profiter de la trève, partit dans la nuit de la Toussaint de 1472, de Hesdin où il se trouvait, pour se rendre dans la seigneurie que le monastère de Saint-Riquier possédait au Crotoy. Il s'acheminait vers ce port, traîné sur un chariot, lorsqu'il aperçut, en approchant de Domvast, environ trois cents soldats des garnisons des villes d'Eu, de Saint-Valery et du château de Rambures qui s'en allaient en Flandre, en longeant la forêt de Crécy. Les habitants des villages voisins se sauvaient en criant : Au bos! au bos! A ce cri les Bourguignons s'imaginèrent que les Français étaient à leur poursuite, et ils s'enfuirent aussi dans la forêt. Pierre Leprêtre s'était sauvé comme les autres; mais bientôt, profitant de la terreur des Bourguignons, il regagna son chariot, qui était resté au milieu de la route, sans que ces derniers eussent songé à piller ses bagages, ce qui fut, dit le pieux abbé, une grande grâce de Dieu '.

Charles-le-Téméraire regrettait surtout le Crotoy, parce que avec le Crotoy il était maître de la Somme et dominait le pays. Il assembla près d'Abbeville un corps de troupes, un matériel de guerre, et, aidé par quelques seigneurs du Ponthieu dévoués à son parti, il fut mettre le siége devant la place du Crotoy qui, dépourvue de vivres, se rendit.

Le pays fut de nouveau plongé dans les plus grands malheurs; plus de culture dans la campagne, plus de pêche à la mer, plus de navigation dans les ports; on ne voyait que traces d'incendies; on n'entendait que cris de douleur et de désespoir. Cette lettre écrite par Louis XI au lieutenant-général de Picardie, dépeint cette situation : « Il me
» semble que pour parvenir à rompre le propos
» qu'ont les Anglais de venir en Normandie, je
» devais envoyer mes gens courir en Picardie, afin
» de détruire tout le pays d'où les vivres auraient
» pu leur venir. Je les ai envoyés par le Pont-
» Remy, parce que le passage de la Blanquetaque
» n'est pas sûr pour une grande compagnie. Ils

' *Histoire d'Abbeville*. LOUANDRE, tome I, page 383.

» ont tout brûlé depuis la Somme jusqu'à Hesdin,
» et de là sont venus faisant toujours leur métier
» jusqu'à Arras [1]. »

Charles-le-Téméraire devait suivre l'exemple de Philippe-le-Bon et de Jean-sans-Peur, son père et son aïeul; il s'allia aux Anglais par haine de Louis XI, Edouard IV débarqua en Normandie et vint prêter ses forces au duc de Bourgogne. Eu et Saint-Valery furent pris et brûlés. Louis XI, qui avait peur de la guerre, eut à Picquigny une entrevue avec Edouard et acheta honteusement une trêve au prix de cinquante mille écus d'or. Charles, abandonné des Anglais, fit à son tour une trêve avec le roi qui lui restitua le Crotoy et les autres villes de la Somme. Le duc de Bourgogne mourut peu de temps après et le roi s'empressa de reprendre possession du Crotoy et des autres villes du Ponthieu et de l'Artois.

[1] *Histoire d'Abbeville*. LOUANDRE, tome I, page 385.

X

IMPORTANCE MARITIME AVANT LE XV° SIÈCLE

La domination des Anglais sur le Ponthieu avait fait ressortir l'importance du Crotoy comme port de mer, aussi firent-ils tous leurs efforts pour en conserver la possession. Au Crotoy ils étaient maîtres des passages de la Somme et correspondaient directement par mer avec l'Angleterre, d'où ils tiraient leurs renforts, et des vivres quand ils n'en trouvaient plus à piller.

Ce qui étonne c'est que dans ces temps de brigandage armé et de terreur, il y ait eu un commerce de mer dont le Crotoy paraît avoir été l'entrepôt. Nous voyons, dans les différentes histoires du Ponthieu, que sous quelque régime que le Crotoy ait été placé, ce port était souvent rempli de navires chargés de vins dont les différents partis s'emparaient lorsque le succès de leurs armes les rendait maîtres du Crotoy.

Les vins de Bordeaux, à cette époque, étaient déjà très-recherchés dans le nord de l'Europe; les navires des villes anséatiques en étaient ordinairement les commissionnaires. La hanse était une association des principales villes commerciales qui fournissaient à la construction et à l'entretien de navires qui se prêtaient un mutuel appui contre les pirates dont les mers étaient infestées. Nous ne sachons pas que le Crotoy ait fait partie de cette association : le Crotoy était plutôt une forteresse qu'une ville; mais au XIVe siècle la hanse teutonique comprenait soixante-quatre villes, parmi lesquelles Rouen et sans doute Abbeville. Il n'est donc pas étonnant que le commerce qui se faisait par le port du Crotoy ait été aux mains de l'association anséatique.

Les vins et les autres marchandises débarqués au Crotoy étaient dirigés sur Rue, Saint-Riquier, Crécy, Hesdin; les transports se faisaient par Charrois, sous la protection du comte de Ponthieu; beaucoup de navires étaient à la destination d'Abbeville; ils relâchaient au Crotoy pour y attendre les vives eaux, ou bien de là ils appareillaient pour différentes destinations.

Cette importance maritime et commerciale est confirmée par la position exceptionnelle du Crotoy qui, alors plus qu'à présent, était à l'extrémité d'une pointe très-avancée dans la baie, ce qui lui donnait l'avantage de profiter du mouvement des eaux qui, au flux comme au jusant, venait le toucher et lui former un chenal des plus profonds et des plus commodes.

Les négociants de cette époque, dans une localité comme le Crotoy, avaient sans doute une condition bien précaire : ce devaient être des espèces de courtiers ou de commissionnaires dont les opérations se bornaient à un transbordement ou à un emmagasinement de marchandises : aussi y voit-on encore des caves et des souterrains vastes, profonds et nombreux dont la destination paraît avoir été l'emmagasinement de marchandises considérables. Ces substructions semblent appartenir aux quinzième et seizième siècles. On dit aussi qu'un bassin existait derrière la maison de commerce de M. Victor Pelletier : il se serait étendu le long des murailles orientales de la ville et aurait été garanti des vents du Sud par les constructions du château. La tradition prétend aussi qu'à cette époque, il y avait une seconde issue vers la mer et qu'elle serait encore marquée par le chemin dit la *Voie des Vaches.*

Du reste, cette époque se marquait par un goût prononcé pour la navigation et le commerce. L'Amérique venait d'être découverte et elle portait toutes les idées vers la marine et le trafic. Avant cette époque, la science de l'hydrographie se bornait à quelques observations transmises à leurs enfants par les premiers navigateurs : on s'avertissait de la rencontre des courants et des écueils; mais on perdait rarement la côte de vue. Alors commença à paraître le premier livre de pilotage, vers 1586, attribué à Jean de Bruges, pilote au Havre[1].

On conçoit d'après cette absence de documents précis sur la navigation, que l'entreprise de Christophe Colomb, un siècle auparavant, avait dû être extrêmement audacieuse; mais à partir de cette brillante découverte, l'art de naviguer avait fait un pas immense; la construction des navires avait été

---

[1] Depuis le Pas-de-Calais, la route est fort bonne, si le vent n'est trop impétueux et pouvez allez insguir à Bouloigne et Monstreuil, laissant la rivière de Somme à gauche. (*Le grand insulaire et pilotage* 1586.)

Dehors Antiffer jusques au bas de Some, la lune en l'Est-Nord-Est, basse-mer et au susouroist plaine mer.

Farle et Some gisent Nord-Ouest et Ouest; entre Some et Farle trouverez vingt-cinq brasses d'eau. Et est parmi la coste, tout près Picardie que d'Angleterre, devers Picardie trouverez assez près de lui 27 brasses et devers Angleterre 30 ou 35 brasses.

Si vous voulez gesir au bas de Sôme, gisez hors le banc, et gardez que l'église de Cayeux vous demeure en l'Est-Nord-Ouest, et mettez l'ancre à cinq ou six brasses. (*Routier et jugements des cours et marées, département du soleil et de la lune.* Manus. 1695, 3, au 1520. JEAN DE BRUGES.)

l'objet de plus de soins; les bâtiments furent classés par ordre de structure, de grandeur et de tirant d'eau; la voile prévalut comme moteur sur le système de rames des galères vénitiennes.

On dressa des cartes maritimes, et quelque imparfaites qu'elles fussent, elles aidaient déjà à connaître le gisement des côtes et à orienter le navigateur; les plus anciennes cartes que nous ayons de la baie de Somme, appartiennent aux commencements du xvie siècle.

On inventa en même temps des instruments d'optique, d'astronomie et de physique, tels que les octants, les cadrans, les sextants, les télescopes, les chronomètres, les réflecteurs pour la mesure du temps, des longitudes, des latitudes et des hauteurs; puis successivement les astrolabes, les météoroscopes, les tables de déclinaison, le nouveau mode de construction de la boussole, tous les moyens auxiliaires de la navigation empruntés à l'astronomie et aux mathématiques [1].

Ces découvertes et leur application avaient un autre mérite, celui de former des marins par l'habitude du rude métier de la mer. Dom Grenier parle de l'aptitude des marins du Crotoy pour la pêche de l'esturgeon, qui se pratiquait surtout au

[1] *Histoire du commerce de toutes les nations*, par Henri SCHERER

milieu du xvi⁰ siècle; la pêche du cabillaud et de la morue se faisait aussi au pied des bancs de Somme, et il n'y a pas de doute que les pêcheurs du Crotoy y contribuaient pour une large part.

C'est de la fin du xvi⁰ siècle que date la création des pilotes lamaneurs au Crotoy : *quasi manuum labor;* mais cette profession était toute facultative; il appartint à Richelieu de les règlementer plus tard.

Quelque temps après, François Ier, qui était venu au Crotoy, y entendit les réclamations des marins sur les droits de course, et à son retour à Abbeville, il signa un édit portant règlement sur la course maritime et la juridiction de l'amiral.

XII

VICISSITUDES DU CROTOY

L'avènement de Charles VIII au trône de France avait procuré un peu de tranquillité aux habitants de la côte de Picardie; mais cette tranquillité semblait être l'accablement qui suit une longue lutte; elle n'était que momentanée et devait cesser bientôt devant de nouveaux malheurs.

Charles VIII ne régna pas de longues années, il avait eu le temps néanmoins d'accorder des privilèges à la ville du Crotoy [1]. Louis XII, son successeur, qui ne fit que passer, confirma ces privilèges par lettres de juin et juillet 1498. La réunion du Crotoy, Mayoc et Berteaucourt ne formait dès-

---

[1] *Chroniques du Ponthieu*, page 284.

lors qu'une même communauté sous la domination du Crotoy.

Ces deux rois étaient venus dans le Ponthieu et avaient paru vouloir s'intéresser au sort de cette province si souvent ravagée par des fléaux de toutes les sortes. Mais les circonstances furent plus fortes que leurs intentions; Louis XII ne put accomplir le bien qu'il projetait; son successeur, François Ier, se rejeta dans la voie fâcheuse des querelles avec ses voisins, qui ramenèrent les armées ennemies sur les côtes de la Somme.

Le nouveau roi confirma, comme ses prédécesseurs et successeurs, par lettres patentes, les privilèges des Crotelois [1], leurs coutumes furent révisées. Le 26 juin de l'année 1517, ce monarque, accompagné de la reine, vint lui-même visiter la forteresse du Crotoy qui, alors encore, était considérée comme une des clés de son royaume sur la mer et du côté des frontières de l'Artois [2].

A peine monté sur le trône, François Ier n'avait

---

[1] Ces lettres patentes sont celles de Louis XII, données à Paris au mois de juillet 1498; — de François Ier, du mois de janvier 1514; — d'Henri II, du mois de juin 1547; — de Charles IX, du mois d'avril 1565, etc.

[2] C'est ici le lieu de rapporter les vers de M. Delegorgue-Cordier, sur le Crotoy qui alors était considéré comme une belle ville :

Min beudet en trottant sur l'herbe
L' long de l' Somme m' mène au Croutoué,
L'eune des pus bel'ls vil'ls du roué,
A c' qu' nous dit l'anchien prouverbe.

point perdu de temps pour aller signaler ses goûts belliqueux. Il avait contre lui l'empereur d'Allemagne qui possédait nos frontières sur la Canche, à quelques lieues du Crotoy; les Suisses qui, alors, étaient aveuglement soumis au Saint-Siège et l'astucieux pape Léon X : c'était une ligue formidable, mais elle n'effraya point le jeune roi de France qui s'apprêta à tenir tête de tous les côtés à ses ennemis.

Le Crotoy avait réparé ses fortifications, et le roi avait commis M. Jean de Saveuse, chevalier, seigneur de Bauchy, comme capitaine commandant de la ville en même temps qu'il avait le gouvernement de la ville de Rue. Chaque jour était signalé par des escarmouches qui avaient lieu dans les campagnes voisines, depuis Noyelles jusqu'à Montreuil, entre les Flamands et les troupes françaises. En 1524 un corps considérable d'Impériaux se présente devant le Crotoy; aussitôt la garnison est sous les armes, tout le monde est aux murailles pour faire bonne défense. L'ennemi qui comptait s'emparer de la place sans coup férir, est repoussé; il juge à propos de ne point perdre son temps, il rétrograde et se rejette sur Rue dont il s'empare après quelques jours de siège.

Cependant le Crotoy manquait de tout et ne tenait que par l'espoir d'être bientôt secouru; on s'attendait à tout moment à voir apparaître les troupes promises par le roi, lorsqu'on apprit qu'il venait d'être fait prisonnier à Pavie. La consternation se répandit dans la petite garnison du Crotoy qui ne se sentait plus la force de résister à une attaque si elle était de nouveau dirigée contre leurs murs.

On s'attendait que Charles-Quint allait profiter de la circonstance pour s'emparer de toute la Picardie, mais fort heureusement, on fut trompé, il ne bougea pas et François Ier, ayant payé sa rançon, revint à la hâte dans le Ponthieu pour visiter les forteresses qu'il considérait comme la garantie de son royaume du côté du Nord. Il fit réparer les murs de Montreuil, de Rue et du Crotoy, et mit dans chacune une garnison respectable.

Peu d'années après, en 1544, les armées réunies de Charles-Quint et du roi d'Angleterre pénétrèrent en Picardie et furent assiéger Montreuil et Boulogne; après trois mois de siège, Montreuil n'ayant pu être pris, les Flamands qui l'assiégeaient se retirèrent pour renforcer l'armée anglaise devant Boulogne; mais, après un long siège, et malgré les efforts du seigneur de Saint-Blimond qui y commandait, cette place fut évacuée par la garnison et ceux des habitants qui se refusèrent à faire serment de fidélité au roi d'Angleterre.

Ces malheureux émigrants obtinrent des sauf-conduits pour se rendre dans différentes villes du Ponthieu, il en vint quelques-uns au Crotoy; mais ce fut pour raconter que, trahis par les Anglais, qui promettaient de leur laisser la vie sauve, ils avaient été poursuivis et attaqués près d'Etaples, où beaucoup des leurs avaient péri dans la Canche.

Les Anglais et les Wallons, qui s'étaient mis à la poursuite des infortunés Boulonnais, vinrent jusque sous les murs du Crotoy, après avoir ravagé tout le Marquenterre. Ils firent d'inutiles bravades devant les murailles; mais le seigneur de Saveuse, leur ayant répondu par quelques coups de canon chargés de galets, ils s'éloignèrent au plus vite dans la direction de Hesdin.

L'état des campagnes du Marquenterre et de tout le pays, depuis Montreuil jusqu'à Abbeville, était des plus tristes : c'était une ruine complète; le feu avait tout détruit; il ne restait pas un brin de récolte sur la terre. La garnison du Crotoy tirait ses vivres par mer, mais de cette désolation il résulta une famine qui fit périr beaucoup de monde dans les campagnes. C'est à peine si les malheureux paysans, exténués de fatigues et de besoin, avaient la force d'enterrer leurs proches; la peste vint ajouter à ces tristes calamités; le pays fut dépeuplé.

Ce n'était pas tout, Charles-Quint projetait une nouvelle excursion dans le Ponthieu, et il n'était point de semaine où quelques-unes de ses compagnies de cavaliers ne s'avançât jusqu'à Rue. Henri II, qui avait succédé à François 1er, vint voir l'état des forteresses, et il fut terrifié à la vue du désordre que la guerre avait causé dans ce pays naturellement si riche.

En 1553, Emmanuel-Philibert, duc de Savoie, ouvre la campagne pour Charles-Quint, en commençant par le siège de Hesdin; ses troupes se répandirent dans la campagne jusqu'aux environs d'Abbeville et le long de la Somme jusque dans le Marquenterre. Le duc de Vendôme leur donna la chasse, mais tout le mal qui en résultait était au préjudice des malheureux habitants du pays, qui n'avaient point le temps de réparer leurs pertes. Cependant les Français gagnaient du terrain, ils avaient battu un corps considérable d'Impériaux près de Rue, et ils parvenaient peu à peu à les refouler au-delà de l'Authie.

Mais ce succès fut de peu de durée, et le duc de Savoie reprit bientôt l'avantage; les ennemis repassèrent la Canche et l'Authie et s'avancèrent de nouveau de la place de Rue et du château de Noyelles. Nos annales parlent d'une conspiration qui aurait été ourdie à cette époque dans le château du Crotoy.

en faveur du duc de Savoie : moyennant le paiement d'une somme de trente-cinq mille livres, le gouverneur devait livrer la place. Nous n'avons pu trouver de plus amples détails sur cette affaire. M. Louandre, dans son *Histoire d'Abbeville,* ajoute seulement que les auteurs de la conspiration furent découverts et perdus; les démonstrations des Espagnols contre la ville restèrent sans résultat.

Les malheurs du pays n'étaient pas terminés, et si nous manquons de renseignements sur les faits qui désolèrent alors le pays du Crotoy, c'est que le feu et la mort jetèrent leur triste voile sur ces scènes déplorables. M. Louandre en termine le récit pour les villes du Ponthieu, en disant :

« C'étaient d'impitoyables ravages, des combats continuels sans résultat décisif; des surprises tentées contre les places peu sûrement gardées; mais la mémoire de tous ces évènements militaires s'est perdue dans l'histoire générale, comme dans le pays même, et Rabutin, qui en a conservé quelque souvenir, n'essaie pas même de les raconter : cela, dit-il, me serait impossible, d'autant que ces entreprises se dressaient en divers endroits et en divers lieux [1].

Sans doute l'importante forteresse du Crotoy eut

---

[1] *Histoire d'Abbeville.* M. LOUANDRE, tome II, page 40.

aussi, à cette époque, ses traverses sur lesquelles l'histoire a dû rester muette. Ces malheurs nous sont attestés par les débris sans nombre que la mer retourne sans cesse sur son rivage; les ferrures, les morceaux de cuivre, les poteries en fragments de toutes les époques se retrouvent parmi les galets et sous le sable; des traces d'incendie se font remarquer sous diverses parties du sol.

Une particularité remarquable aussi et dont la constatation est due à M. Adolphe Bizet, c'est l'exhaussement considérable qu'à subi le Crotoy, tellement qu'on retrouve sous le sol actuel, des habitations entières qui ont dû être ensevelies sous le sable. « Il est probable, dit M. Bizet, que dans ses
» diverses vicissitudes, la ville du Crotoy, prise et
» reprise, saccagée, incendiée et démantelée de ses
» hautes murailles, le sable sera entré par les
» brèches et aura recouvert ce qui restait debout
» des habitations détruites; qu'ensuite, lorsque
» des habitants se décidèrent à venir y construire
» une demeure, ils les édifièrent sur le nouveau
» sol qui recouvrait l'ancienne ville. »

Ainsi s'expliquerait la découverte faite en 1829, dans un jardin de la rue Porte-du-Pont, d'une chapelle en contre-bas du sol que l'on prit pour une crypte, mais qui n'était probablement qu'un édifice englouti sous le sable. Cette construction, aujourd'hui recomblée, a dix-neuf mètres de long sur six de large, la voûte en pierres est soutenue par des arcades en pierres de taille s'appuyant sur des pilliers adossés. A l'extrémité opposée à la rue, l'abside en hémycicle était parfaitement conservé, ainsi qu'un entablement qui avait pu servir d'autel et qui était accompagné de deux colonnes tronquées, disposées probablement pour supporter des statues.

En revenant vers la porte qui se trouve en contre-bas de la rue, on remarquait dans la muraille de gauche cinq arcades entièrement closes par une maçonnerie. Le propriétaire, M. Polène, eut la curiosité d'en faire ouvrir une, et il constata que c'était un caveau funéraire dans lequel se trouvaient des ossements; il en retira un fer de lance enfoncé dans un crâne humain[1], ainsi qu'une pierre sur laquelle était gravée un double M.

Trois marches en pierres très-larges conduisaient de la nef à la porte, qui devait probablement donner accès à une rue ayant la même direction que celle actuelle.

En face de ce temple, de l'autre côté de la rue, des fouilles pratiquées pour le percement d'un puits, firent reconnaître, sous un amas de cinq mètres de sable blanc, l'ancien sol au niveau de

---

[1] Ce fer de lance a été remis par le propriétaire à M. Ravin, de Saint-Valery.

celui de la chapelle; pour y parvenir, on dut couper un pan de maçonnerie ayant un mètre quinze centimètres d'épaisseur. L'aire était parsemé de fragments de poteries, on y trouva des fourchettes, des férailles, puis une certaine quantité de blé noirci et grillé comme par le feu; au-dessous se trouvait un banc de galets.

Derrière le chevet de la chapelle se trouve la cour et les bâtiments d'exploitation de M. Bizet, meunier. En 1848, ayant fait réédifier cette habitation, dont l'aire était en contre-bas de la rue, il trouva, en faisant creuser le sol pour y faire une cave, une muraille épaisse, qui avait servi de fondation à sa maison, et qui était un des côtés d'une véritable maison souterraine avec ses portes et ses fenêtres.

Près de là, MM. Lheureux et Cuvelard faisant creuser un puits, rencontrèrent une traînée de terre paraissant avoir appartenue au faîte d'un chaume; puis, un peu au-dessous, ils mirent à jour un four parfaitement conservé.

M. Bos, capitaine au long cours, ayant fait reconstruire une maison en face de celle qu'il occupe, trouva également, à quatre ou cinq pieds en contre-bas du sol, un appartement avec cheminée, portes, fenêtres, qui avait été ensablé.

En 1831 déjà, on avait mis à jour, à la porte du

pont, plusieurs arches d'un magnifique pont en pierres de taille enseveli depuis longtemps sous quelques mètres de sables, ainsi que les fossés de la ville qui en sont comblés. Les débris de ce pont ont été employés à la construction du mur du cimetière.

Ainsi donc, une partie de la ville actuelle du Crotoy paraît être posée sur une ville plus ancienne engloutie sous le sable de la mer, comme Herculanum le fut par la lave du Vésuve. Les puits creusés sur divers points accusent de 4 à 5 mètres de sable blanc, puis une terre végétale recouvrant un banc de vase et de galets. Sur quelque endroit de la ville que l'on fasse fouiller, on rencontre des maçonneries épaisses puis des pavés de briques et de galets. En fouillant, en 1848, sur l'emplacement de l'*Hôtel des Bains*, on y trouva des boulets en fonte et en grès, de la poudre, des pièces de monnaie, de grands chandeliers de fer.

Nous sommes entrés dans cette disgression pour prouver que, par les faits de guerre dont les détails ont peut-être échappé à l'histoire, la ville du Crotoy a dû être renversée et brûlée plusieurs fois; que les vents de mer ont dû recouvrir ces désastres causés par la fureur des guerres étrangères, qu'ensuite la ville fut plusieurs fois réédifiée jusqu'au moment où elle resta ce que nous la voyons.

XIII

LE CROTOY SOUS LA LIGUE

Après la guerre de la succession qui, en amenant les Anglais dans le Ponthieu, fit tant de mal à la France, et en particulier à nos villes de la Somme, vinrent les guerres religieuses occasionnées par la réforme de Calvin. Henri II et François II venaient de mourir, laissant à peine le souvenir de leur passage sur le trône; leur faiblesse avait laissé préparer les maux qui allaient de nouveau affliger la France.

Les Guise, appuyés par le pape et par le roi d'Espagne, devinant la disposition des esprits en France, cherchaient à se faire un parti qui pouvait les mener au faîte du pouvoir. Le protestantisme faisait chaque jour des progrès immenses. Les

Guise s'associèrent au parti bourgeois, municipal et catholique qui les repoussait, et gagnèrent bientôt une popularité immense; c'était l'institution d'un gouvernement en dehors de la royauté. Le règne de Charles IX se passa au milieu de troubles civils qui amenèrent la sanglante scène de la Saint-Barthélemy,

L'hérésie s'était introduite dans le Ponthieu et probablement même dans la forteresse du Crotoy, puisque nous voyons qu'en 1587, malgré la défense de sa garnison pour repousser le duc d'Aumale, chef du parti de la Ligue en Picardie, une conspiration se fomente dans la place même, et la femme du comte de Belloy, gouverneur, la livre aux chefs de l'union catholique, « à la condition que les biens
» de ses parents et amis et les siens propres seraient
» placés sous la sauvegarde des Abbevillois; qu'elle
» jouirait de tous les droits attachés au gouver-
» neur de la place, dont le sieur de Belloy, son
» mari, reprendrait le commandement à sa volonté,
» et que punition exemplaire serait faite de tous
» ceux qui lui voudraient du mal, et qui attente-
» raient contre elle et ses alliés [1]. Que la garni-
» son qui se trouvait au Crotoy n'en sortirait pas
» et que la ville d'Abbeville pourrait seule y mettre
» un pareil nombre de soldats. »

[1] *Histoire d'Abbeville.* LOUANDRE, tome II, page 63.

Les Ligueurs une fois établis dans cette forteresse, firent de fréquentes sorties pour soumettre tout le pays environnant à leur cause. La ville d'Abbeville, qui avait résisté jusque alors, engagea le duc d'Aumale à retirer cette garnison dont les courses nuisaient à son commerce et à l'approvisionnement de ses marchés; le duc d'Aumale promit, mais bientôt après, Abbeville qui renfermait aussi beaucoup de personnes dévouées à la Ligue, s'y livra entièrement et le protestantisme ne trouva nulle part d'appui dans le pays.

Peu de temps après ces évènements, en 1589, les notabilités de la ville du Crotoy furent averties qu'une nouvelle conspiration s'ourdissait dans le château; la femme du gouverneur d'Hucqueville s'entendait en effet avec les chefs de la Ligue pour s'emparer du château d'Abbeville dont on avait éloigné l'ancien gouverneur, mais dont le nouveau était vendu à Henri de Navarre. Des dispositions furent prises pour déjouer le complot; mais d'Hucqueville parvint à se justifier et la ville du Crotoy fut condamnée à lui payer trois mille cent quatre-vingts écus pour l'avoir faussement accusé [1].

Le 17 janvier 1589, la *Chambre du conseil des Etats* décide qu'il sera établi au Crotoy un bureau

---

[1] *Essai sur l'Histoire de Picardie*, page 241.

pour recevoir les droits sur toutes les marchandises venant de Hollande, Zélande et Espagne en France. Le Crotoy obtint cette faveur parce qu'il était alors réputé une des villes tenant le parti de *l'Union* ou *de la Ligue* [1].

La Ligue faisait peu de progrès, elle avait été battue à Senlis et ailleurs, et un parti puissant, celui de Henri de Navarre, se formait et promettait de mettre fin aux troubles civils par une administration populaire et ferme. Henri était en Normandie, sa marche était signalée par des victoires, et il approchait des frontières de la Picardie. La Ligue envoya des garnisons à Eu et à Gamaches; elle renouvela les provisions de poudre de la forteresse du Crotoy et y envoya du renfort et des armes sur six gribannes aux ordres de d'Hucqueville, gouverneur.

On apprit bientôt que Mayenne venait d'être battu à Arques, près Dieppe, et que Henri, vainqueur, arrivait à Aumale. La ville d'Abbeville, qui tenait encore pour la Ligue, fit au plus vite des préparatifs de défense; elle s'empressa, sur l'ordre du duc d'Aumale, de fermer le passage de la Somme au-dessus et au-dessous de la ville, et de barricader les portes par lesquelles Henri de Navarre

---

[1] Note de M. H. Duseveł.

pouvait arriver. On confirma aux étrangers, cependant, tels qu'Anglais, Hollandais, Flessingois, Bordelais, etc., la faculté d'amener dans les havres de Saint-Valery et du Crotoy leurs marchandises sans qu'il fût permis d'user contre eux de représailles [1].

Rubempré, gouverneur de Rue, qui avait résisté aux efforts de la Ligue, profita de la circonstance et de l'approche de l'armée de Henri, pour se porter sur le Crotoy. La ville, favorablement disposée sans doute pour le nouveau pouvoir, était peu disposée à soutenir une lutte. A l'approche des assiégeants, les bourgeois se rendirent en masse à l'échevinage déclarant qu'ils n'avaient point l'intention de se défendre; le corps de Rubempré se présentait alors devant les murailles, aussitôt le tambour, monté sur le bastion du moulin, se mit à battre la chamade, les assiégeants y répondirent, et un officier s'étant approché à portée de la voix, on lui cria du haut des remparts : Nous demandons à traiter. Aussitôt les assiégeants campèrent dans les dunes, les assiégés retirèrent les trois pièces de canons qui étaient braquées sur ce point et des parlementaires s'avancèrent de côté et d'autre. Une heure plus tard la ville était rendue.

[1] Manuscrits de M. DEVÉRITÉ.

Huit jours après, on apprit que Henri de Navarre était entré à Paris et qu'il était proclamé roi de France sous le nom de Henri IV; on fit de grandes réjouissances au Crotoy où cet évènement était désiré comme une assurance de paix. Le roi, par un édit de 1594, déchargea les habitants de sa bonne ville du Crotoy des impôts qu'ils étaient tenus de payer, puis, à quelques mois de là, il vint lui-même en cette ville où il reçut avis que le comte d'Essex devait se rendre à Boulogne sous quatre jours avec huit mille hommes. Il s'embarqua pour cette ville espérant l'y joindre, mais il n'était pas encore arrivé, et il tenta seul, mais sans succès, de secourir la citadelle, qui était au pouvoir des Espagnols.

Quelque temps après, l'archiduc Albert, menaçant les frontières du Nord, vint préluder par le siège de Calais. Le roi Henri fit aussitôt embarquer des renforts qu'il envoya à Jean de Montluc qui commandait dans cette place; puis, vu les difficultés que présentait la voie de terre pour parvenir lui-même devant cette ville, il résolut de s'y rendre par mer et vint s'embarquer à Saint-Valery avec son régiment des gardes fort d'environ cinq cents cavaliers d'élite. Ce fut le 18 avril 1596 qu'il appareilla; mais, contrarié par des vents violents du Nord, sa petite flottille ne put avancer, et il se trouva, malgré tous les efforts de ses marins, dans l'obligation de venir relâcher au port du Crotoy¹. Le temps ne s'étant point amélioré, le roi repartit pour Abbeville et renonça à cette expédition.

C'est pendant ce séjour forcé au Crotoy que le roi donna des lettres d'abolition au baron de Pont-Saint-Pierre, sénéchal de Ponthieu.

Les privilèges dont jouissaient de temps immémorial les habitants du Crotoy, étaient renouvelés à chaque nouveau règne. Le 1ᵉʳ mars 1636 « une ordonnance du conseil, rendue sur la requête des mayeur et échevins, manants et habitants de la ville, banlieue et paroisse du Crotoy, stipule qu'ils jouiront des octrois et affranchissement de toutes tailles, crues, subsides, levées et autres impositions, nonobstant l'édit de janvier même année². »

Cinq ans après, le 23 août, un arrêt du conseil décharge encore les habitants de la ville du Crotoy de la somme de 694 livres à laquelle ils avaient été imposés pour la taille de cette année 1641.

La ville jouissait depuis longtemps du droit de foire et de marché. Le marché se tenait le samedi,

---

¹ Dans sa lettre du 20 avril, Henri IV appelle le Crotoy *Crottouer*. « Je m'embarquay, dit ce grand roi, sur les dix heures du soir, pensant arriver dès hier à Boulogne; mais comme nous en étions à quatre lieues près, le temps se fait si mauvais que nous feusmes contraincts de relascher et de revenir au Crottouer, etc. »—(*Lettres missives d'Henri IV*, in-4°, Paris, 1848, tome 4ᵉ, page 572 et 573.)

² *Archives du royaume*. Sect. adm. E 129.

et avait été concédé en 1366 par Edouard III, roi d'Angleterre et comte de Ponthieu.

Dom Grenier rapporte que, par suite de ces relations maritimes et des navires étrangers qui affluaient à ce port, beaucoup d'étrangers, Portugais, Espagnols, Hollandais, s'étaient fixés au Crotoy, s'y étaient mariés et y acquirent par la suite les droits de nationalité.

XIV

ASPECT PHYSIQUE DU CROTOY

A partir du commencement du XVIIe siècle, le Crotoy semble perdre toute son importance militaire; nos annales n'en font plus mention : c'est à peine si en rapportant les prouesses de l'aventurier Balthazar de Fargues, en 1658, il est parlé de cette ville dont il paraît très-peu se soucier. Il est vrai qu'alors le Crotoy, ruiné par les guerres, détruit par le feu, envahi par les sables, n'était plus qu'une misérable ruine, au milieu d'un territoire aride et inculte, entouré de marais qui le rendaient inabordable du côté de la terre.

A cette époque, les terres d'alluvion qui entouraient le Crotoy vers Rue et Favières s'étaient singulièrement exhaussées; quelques années de paix permirent à la culture de s'en emparer. L'ingénieur Coquart dit que, vers Noyelles et Ponthoile, il y avait encore des terres entrecoupées d'avalasses et fossés menoirs pour l'écoulement des eaux sauvages et marines dans la Somme. Mais il cite les riches alluvions des Tarterons, de Favières, de Hamelet, du Hamel, de Hémont et des Brûlots[1] qui, outre l'avantage d'avoir des terres cultivées et d'un si grand rapport, avaient aussi celui des pâturages pour les moutons qui pouvaient y paître pendant les mortes-eaux.

Il existe au dépôt des cartes de la marine un tracé de la côte du Crotoy, au XVIIe siècle[2], il est ainsi détaillé :

« De Saint-Firmin, en revenant vers le Crotoy, la baie de la Maye est fermée dans le quart de son étendue par des digues, ensuite le terrain s'élève insensiblement et est entremêlé de dunes. A la pointe de Saint-Pierre, la côte est assez haute jusqu'au Crotoy, après quoi on retrouve un terrain noyé et séparé par des digues. Une partie de l'enfoncement de Saint-Firmin est couvert de gazon entrecoupé de ruisseaux et d'amas d'eau que l'on nomme *molières*; c'est la même chose au-delà du

---

[1] Les Brûlots formaient une ferme en avant de Noyelles, que la Somme, dans ses capricieux empiétements, enleva il y a environ soixante ans.
[2] *Dépôt des cartes de la marine*. MÉCHAIN, carton 21, n° 13.

Crotoy : ces molières ne sont couvertes que dans les grandes marées. »

Ce qui, un siècle auparavant, faisait le mérite du Crotoy comme place forte, commençait déjà à lui causer du désagrément au point de vue des relations pacifiques qui tendaient à s'établir. Les chemins étaient impraticables. Le sire Leroux d'Infreville, commissaire-général de la marine, qui visitait, en 1639, les ports de la côte pour en rendre compte au roi, ne parle de ce lieu que comme d'un endroit inabordable à cause des mauvais chemins.

« Les chemins, depuis Rue jusqu'au Crotoy, écrivait plus tard M. de la Vallée, ingénieur, sont si mauvais que le charrois ne peut aller qu'avec de grandes peines et à demy chargé, les eaux n'ayant dans le Marquenterre aucuns esgoûts et décharges, en sorte qu'elles croupissent et restent dans la campagne et dans les chemins, ce qui ruine entièrement ce pays, qui serait assurément abondant en biens sans les eaux [1]. »

Sellier ajoute qu'en 1780, la mer montait encore dans la Maye jusqu'à la ferme de la Haye-penée. « De fortes digues et une bonne écluse, dit-il, l'ar-
» rêtent ; sans cet obstacle le flux monterait encore

---

[1] *Notes de M. de la Vallée sur le Crotoy.* Comité des fortifications, à Paris.

» jusqu'à Rue. La baie de la Maye a été raccourcie
» de 2,000 toises sur ses deux rives par les cons-
» tructions successives de royons qui y ont été
» faites[1]. »

La mer montait dans tout l'entourage du Crotoy et y formait des cloaques qui ne disparurent que lorsque la culture put s'en emparer. « L'écluse du
» Crotoy, de Favières et de Noyelles, dit encore
» Sellier, ont fermé le passage à la mer dans la
» droite de la baie de Somme, de sorte qu'elle a
» cessé de se répandre dans les marais et molières
» qui s'étendaient jusqu'à Rue et Fort-Mahon. »

Duchon et Sabran qui, vers cette époque, faisaient un plan de la baie de Somme, s'expriment ainsi : « Le
» flot s'avance à plus de quatre lieues dans les
» terres du côté d'Abbeville[2]. Il y a un petit
» village, nommé le Crotoyr, au nord de Saint-
» Valery, à une petite lieue de distance, qui fait
» encore une reconnaissance. Cet espace n'est
» qu'un grand fond de sable, que l'on traverse à
» pied et à cheval de basse-mer, jusqu'à la rivière
» que l'on passe dans des bateaux près de Saint-
» Valery. Il y monte de mer-haute de 15 à 16
» pieds d'eau. »

---

[1] *Journal de la marine.* Brest, 1780, page 263.
[2] *Mémoire sur les côtes occidentales de France, suivant la visite faite l'année 1690, à l'occasion des galères du Ponant,* par DUCHON et SABRAN.

A cette époque, s'il faut en croire M. Bourdin, la Somme passait au milieu de la baie, tantôt plus nord, tantôt plus sud, dit-il, et les deux ports de Saint-Valery et du Crotoy étaient formés chacun par un canal dans lequel il ne restait, à mer-basse, que trois à quatre pieds d'eau [1].

L'ancienne place importante tant disputée par les Anglais et les Français deux siècles auparavant, n'était plus qu'une ruine; la destruction du château avait amené la décadence de la ville; les descriptions du temps représentent ce lieu comme un endroit entièrement perdu et presque ignoré. Gobert, qui le visita en 1665, dit que c'est une ville très-petite dont les murs sont comblés par les sables qu'y chassent les vents d'ouest et de sud-ouest jusqu'en haut. « En sorte, dit-il, que nous passâmes à cheval par-dessus [2]. »

Dom Grenier n'en parle qu'avec pitié :

« En traversant la Somme, dit-il, on trouve à l'autre rive, un peu plus bas que Saint-Valery, un misérable petit hameau, dégradé, peuplé de marins grossiers, qui, malgré leur ignorance et leur pauvreté, murmurent de l'humiliation de leur patrie. Ils semblent encore fiers au milieu de ses débris;

[1] *Dépôt des cartes de la marine.* BOURDIN. Carton 16, n° 26.
[2] *Remarques de Gobert sur les ports de Picardie, suivant l'instruction de Colbert. Dépôt des cartes de la marine.* Carton 20, portefeuille 99.

on est étonné d'y trouver des usages et des prérogatives qui ne s'accordent jamais qu'à des villes puissantes. Ils élisent un maire avec des privilèges; ils ont un gouverneur militaire. Une petite anse qu'ils appellent port, jouït de tous les droits, de toutes les exemptions des véritables ports du roi. On est surpris de tant de singularités, on a recours à l'histoire, on découvre qu'à cet endroit même il y a eu autrefois un havre fameux; que plus d'un conquérant y a rassemblé des flottes victorieuses; on vient enfin à se persuader que le nom du Crotoy, déshonoré aujourd'hui par des masures ruinées, a été porté avec gloire par une ville florissante [1]. »

Le même écrivain parle d'une rue de l'Echevinage qui aurait aussi été nommée rue des Marchiands et rue des Lombards, puis d'une rue de la Monnaie.

Le Crotoy avait alors cent vingt-six maisons, dont quatre-vingt-six seulement *intra-muros.*

En parlant des flottes victorieuses qui y auraient été rassemblées, Dom Grenier tombait dans l'erreur de quelques savants qui supposent que le Crotoy a pu être le *Portus-itius*, et il faisait sans doute aussi allusion à l'expédition de Guillaume-

---

[1] Dom Grenier, paquet 4, art. 2.

le-Conquérant, qui ne put avoir lieu dans la baie de Somme sans que le Crotoy eût sa bonne part de navires.

Le laborieux bénédictin était allé lui-même au Crotoy, et là où les souvenirs étaient encore récents d'une ville, d'un château et d'un port, il n'avait vu que des ruines, des murs minés par la mer, dont les restes n'attendaient qu'une marée un peu forte pour être culbutés. « Au nord, dit-il, les sables poussés par les vents, que les habitants appellent *vents d'Ecosse*[1], ont miné cette partie des murailles, de sorte que les sables couvrent et infestent ce côté de la ville qui couvrait le port. » Dom Grenier parle aussi d'un bassin en demi-cercle qui était situé à l'orient de la ville, le long des murs où l'on voyait encore les anneaux qui avaient servi à amarrer les navires, mais ce bassin était comblé de vase; aujourd'hui il est occupé par des jardins et quelques habitations.

On ne voit plus les anneaux dont il est ici parlé. Il est vrai que depuis cette époque, les murailles qui, alors, existaient, tombent chaque jour sous les coups de la pioche; des constructions nouvelles y ont été adossées, et la seule tour qui s'élevait encore en partie, il y a deux ans, est égale-

[1] Cette dénomination venait probablement du long séjour des Anglais, pour qui le vent du nord est un vent d'Ecosse.

ment disparue, pour ses matériaux être employés à d'autres constructions.

En démolissant cette tour, les ouvriers découvrirent un couloir souterrain qui y aboutissait et qui paraissait établir une communication avec le château et avec une ouverture qui existe encore dans un des pans de muraille conservés qui fait face à Saint-Valery. On remarqua, au bas de l'escalier de la tour, que des coulisses avaient été ménagées de haut en bas dans la muraille et de chaque côté de l'entrée du couloir, comme pour y faire glisser une fermeture à la manière d'un vanteau d'écluse.

Cette muraille, d'après la description que nous en a donné l'ingénieur Coquart [1], n'était pas moins ancienne que celle de Saint-Valery ; elle était dans le même goût, construite avec les mêmes pierres ; un gros mur, un rempart et un fossé que la mer remplissait de ses eaux formaient son enceinte, dont le plan irrégulier renfermait un cavalier fort élevé du côté faisant face à Saint-Valery. Ce cavalier, qui est un terrain meuble formé de divers débris, nous paraît être l'œuvre de la main de

---

[1] *Projet d'établissement d'une retenue propre à déboucher le port de Saint-Valery-sur-Somme, que la mer a ensablé depuis quelques années*, par le sieur COQUART, ingénieur, préposé à cet effet par les marchands et négociants de Saint-Valery.
Juillet, 1738.

l'homme; il abrite les maisons de la ville de la violence des vents du sud et de l'ouest.

Coquart pense à tort, suivant nous, que l'enceinte de la ville devait être percée de quatre portes; nous ne lui en connaissons que deux, celle du pont où les restes d'un pont de pierres à deux arches ont été trouvés sous le sable en 1834; et celle du port. Les deux autres ouvertures sont des brèches faites à la muraille qui, à l'époque où Coquart écrivait (en 1738), était déjà ruinée, comme il le dit, ainsi que les tours dont elle avait été accompagnée. A cette époque aussi, les murailles du côté de la mer étaient attaquées par la mer qui y avait fait des trouées par lesquelles le cavalier ou bastion s'était en grande partie effondré.

Le Crotoy, nous dit encore M. Coquart, n'avait qu'une paroisse et environ deux cents maisons dont les plus belles tombaient en ruines. Les autres, ensevelies sous le sable, n'existaient que sous des chaumières, « ce qui marque, ajoute-t-il, l'an-
» cienne splendeur des Crotelois et leur indigence
» présente. L'église, ajoute-t-il, qui est très-belle,
» a une tour carrée très-solide avec une plate-forme
» au sommet dont on a dû faire usage pour la dé-
» fense de la place [1]. Elle renferme dans un magasin

[1] M. Louis Duthoit, d'Amiens, a exécuté un très curieux dessin de cette tour, et nous possédons dans notre collection de *Vues des*

» plusieurs barils de poudre qui, comme je crois,
» ont été tirés de la forteresse, ce qui donna de
» grandes alarmes aux Crotelois, qui avaient tout
» à craindre de cette mine au milieu des flammes
» dont elle était battue lors de l'incendie de l'hiver
» dernier qui détruisit cinquante maisons. »

Longtemps après M. Coquart, en 1767, M. Devérité écrivait dans l'introduction de son *Histoire du comté de Ponthieu,* que le Crotoy ne présentait plus de son ancien éclat que quelques pans de murailles renversés et environ cent soixante-dix chaumières écrasées sous le poids du sable de la mer que le vent y apportait. A cette époque il y avait encore un bureau de cinq grosses fermes, et c'était le chef-lieu d'une capitainerie de gardes-côtes [1].

M. Coquart nous dit qu'après la destruction du château, en 1674, la ville n'avait plus de gouverneur ni d'état-major, et que la police était faite par un maire chargé du soin d'entretenir les ouvrages publics. « Tous les habitants, dit-il, excepté quel-
» ques laboureurs, brasseurs et petits marchands,

---

principaux monuments de Picardie, une reproduction à la mine de plomb du magnifique bas-relief en bois, représentant le *sacre de saint Honoré* et d'autres circonstances de la vie miraculeuse de cet évêque d'Amiens. Nous décrirons plus longuement ce précieux bas-relief, qui orne maintenant un des autels de l'église du Crotoy, à la fin de l'ouvrage. *(Note de M. H. Dusevel)*

[1] *Histoire du comté de Ponthieu.* Introduction. Devérité.

» sont pêcheurs, ravoyeurs, lamaneurs et pilotes-
» côtiers qui vivent dans le besoin. »

Dom Grenier ajoute que la pêche qui les occupait le plus était celle de l'esturgeon, parce que ce poisson était de bonne vente. Ils allaient le prendre du côté de la pointe du Hourdel et sous les battures de la pointe de Saint-Quentin. En 1710, la pêche se faisait par cinq petits bateaux *cordiers* ainsi nommés parce qu'on n'y pêchait qu'avec des hameçons attachés à une corde. Ils étaient montés par cinq hommes d'équipage chacun. Il y avait ainsi au Crotoy quarante matelots destinés à fournir l'équipage des bateaux, le reste s'occupait à tendre des filets sur la plage à marée basse.

Bien avant Dom Grenier, le château du Crotoy, construit en 1366, qui avait joué un si grand rôle pendant les guerres de la succession, entre la France et l'Angleterre, n'était plus qu'une ruine; les hommes d'Etat y tenaient beaucoup et particulièrement Colbert. Gobert, qu'il avait chargé de lui rendre compte de la situation de défense des côtes de la Picardie, lui faisait, en 1665, un brillant éloge du château du Crotoy, et se plaignait du mauvais état où il se trouvait, faute d'être entretenu. C'est ce qui fit que M. de Colbert écrivit plusieurs fois à M. de Chertemps, intendant-général de Picardie, de lui dire ce qu'il y avait à faire pour la conservation de cette forteresse; le 12 avril 1670, il lui écrivait encore en ces termes :

« Le sieur de Chertemps m'envoyera aussi, au
» plus tôt, les procès-verbaux, devis et estima-
» tion des travaux à faire au Crotoy, afin que le
» roy puisse ordonner un fond pour les répara-
» tions de ce chasteau avant que la saison, propre
» à y travailler, soit advancée et que sur l'avis que
» je lui donnerai de la somme que le roy y aura
» destinée, il en puisse faire l'adjudication sans
» perte de temps à un entrepreneur habile et sol-
» vable. »

Le 19 juillet suivant, le même ministre écrivait au sieur Ferry, ingénieur chargé de la démolition des fortifications de Rue, pour l'aviser qu'il avait reçu les plans et devis de la forteresse du Crotoy [1].

Il ne paraît pas néanmoins que des travaux de réparation aient été exécutés, car quelques années après, pour satisfaire aux clauses du traité d'Aix-la-Chapelle, un ordre de la cour enjoignait au gouverneur du Crotoy de faire sauter le château, ce qui eut lieu [2].

---

[1] *Instructions pour le sieur de Chertemps.* Correspondance COLBERT, page 68. Comité des fortifications.

[2] En 1672, A. Jouvin de Rochefort écrivait ainsi du château du Crotoy : « Saint-Valery est une petite ville située dans une belle campagne, à l'embouchure de la rivière de Somme, qui est le sujet qu'on l'a fortifiée pour en défendre l'entrée, y ayant à l'autre bord de la rivière, qui est large environ de demie lieue, le *fort chasteau*

M. de la Vallée, ingénieur, à qui nous devons un plan au trait du château du Crotoy, qui existe au Comité des fortifications à Paris, nous dit que ce château était situé sur un banc de sable de figure carrée et qu'il était composé de quatre tours rondes aux pieds desquelles la mer passait.

M. Coquart dit que la place de ce château était un pentagône assez régulier, et qu'un donjon élevé sur des ouvrages souterrains en occupait le centre; elle était séparée de la ville par un fossé et une forte muraille flanquée de cinq bastions. « Cette » puissante forteresse, dit-il, voyait Saint-Valery » et croisait aussi ses feux sur la Somme. Elle a » passé autrefois pour une citadelle considérable, » mais elle a été rasée par ordre de la cour. »

La construction était toute de grés; le corps-de-logis était habité par le capitaine qui y commandait.

Le bénédictin Dom Grenier avait aussi donné son mot sur le vieux château du Crotoy. « Il ne reste, dit-il, que des masses informes de ses murs très-épais, faits de gros galets maçonnés avec un mortier aussi dur que les cailloux. On dit que

---

du Crotoy, muny d'une garnison royale, qui nous sembla de loin très fort, à cause des marests qui l'environnent. »
(Le *Voyageur d'Europe* où sont les voyages de France, d'Italie, etc., par M. A. Jouvin de Rochefort, in-12. Paris, 1672, page 288.)
(*Note communiquée par M. H. Duserel*)

Louis XIV a fait sauter le château par les mines. Un ancien habitant du lieu, qui a servi autrefois et à qui la plus grande partie de l'emplacement du château fut donné à cens, m'a assuré avoir trouvé, en défrichant, des barils de poudre où le feu n'avait pas pris. »

Ces barils de poudre n'étaient pas les seuls restés intacts dans les ruines du château, car plus d'un siècle après, en 1838, M. Desgardins faisant déblayer les souterrains pour y construire sa maison, en trouva encore quelques-uns qui étaient parfaitement conservés.

Le château du Crotoy a été détruit en 1674[1].

---

[1] Selon Expilly, le château fort du Crotoy n'était démoli que depuis *cinquante ans environ* lorsqu'il publia son *Dictionnaire des Gaules et de la France*, en 1765. C'est *depuis près d'un siècle* que cet auteur devait dire. (*Note de M. H. Duserel.*)

XV

GOUVERNEURS DU CROTOY

L'importance de la forteresse du Crotoy qui commandait l'entrée de la Somme, donnait une certaine valeur à son commandement : on n'y plaçait que des officiers sur lesquels on pouvait compter. Une fois maître de cette place, un commandant habile n'était pas facilement délogé; il lui était possible de la défendre avec peu de monde, ce qui permettait de ravitailler facilement les magasins de vivres et de munitions de guerre. Aussi avons-nous vu que la forteresse du Crotoy tint dans des occasions extrêmement difficiles.

Dès 1386, nous savons, d'après Haudicquer de Blancourt, que le capitaine commandant du Crotoy était Jean de Hangest, seigneur de Hucqueville, conseiller et chambellan du roi de France, qui fut envoyé en 1401 en Angleterre, pour ramener en France la reine d'Angleterre, veuve de Richard. Il fut nommé en 1403 maître des arbalétriers de France et mourut en 1407.

1419, Jacques d'Harcourt sut conserver pendant plusieurs années la forteresse du Crotoy, au milieu des défaites du parti de Charles VII, et la défendre contre les attaques réitérées des Anglais et des Bourguignons.

De 1460 à 1465, le seigneur de Rubempré, qui fut en même temps gouverneur de Rue, se distingua contre les Bourguignons.

1469, Hue de Raincheval.

1470, le seigneur de Querdes.

1539, Jean de Saveuse, seigneur de Bauchy, qui fit une belle défense contre les Impériaux.

En 1588 à 1589, le sieur de Belloy, dont la femme conspira pour livrer la ville à l'union catholique.

1591, le baron de Hucqueville qui soumit le Crotoy à la Ligue.

1618, Jacques de Monguyot.

1641, Charles-François de Rambures, sire de Boulainvillers, qui assista aux Etats convoqués par Marie de Médicis, régente, au sujet de la minorité de son fils Louis XIII.

1643, Jean de Chuldeberg, comte de Mondescux.

1645, le sieur de Mondrepas, lequel se fit tellement détester des habitants qu'ils adressèrent des plaintes au roi pour demander son renvoi.

1650, Réné Lallier, seigneur de Saint-Lieu, gouverneur pour le roi des ville et château du Crotoy et maréchal des camps et armées de Sa Majesté [1].

1771, vicomte de Lespinasse, lieutenant-colonel au régiment de Picardie, brigadier des armées du roi, chevalier de Saint-Louis, maréchal-de-camp le 1er mars 1780; mort en 1785.

Au moment où éclata la révolution, la place du Crotoy était encore commandée par un officier-général dont le nom ne nous a pas été conservé. En 1788, M. de Beaucorroy, capitaine d'infanterie, commandait la place et était assisté par M. de Cerisy, lieutenant.

La seigneurie du Crotoy appartenait au roi à cause du comté de Ponthieu et à l'abbaye de Saint-Riquier. La ville devait au roi cent livres de rente annuelle, dont six livres données à cens en 1300.

Le Crotoy était chef-lieu d'une capitainerie qui comprenait les paroisses du Crotoy avec sa banlieue, *Ruëville* et sa banlieue, se Marquenterre, Noyelles-sur-Mer, Nouvion, Le Titre; Forêt-l'Abbaye, Sailly,

---

[1] *Haudicquer de Blancourt*, page 80.

Flibeaucourt, Villers-sur-Authie, Vercourt, Ailly, Agenville et Retz-à-Coulon, Ponthoile et la banlieue, Avesne, Fresne, Nampont vers Ponthieu, Bonnelle, Sailly-Bray, Nolette, Favières, Forêt-Montiers et Bernay [1].

Le Crotoy dépendait de la juridiction de marine d'Abbeville, qui commençait à la rivière de Canche, suivait la côte et se terminait près de la ville de Saint-Valery, englobant tout le contour de l'embouchure de la Somme [2].

A la même époque, le Crotoy faisait partie de la capitainerie des gardes-côtes de la ville d'Etaples. Boyer la définit ainsi : « La capitainerie des gardes-
» côtes de la ville d'Etaples se continue jusques à
» Crotoy qui est assis à l'embouchure de la rivière
» de Somme. A laquelle capitainerie sont dépen-
» dantes les pointes des dunes, Merlimont, les

---

[1] *Nouvelle description de la France.* PIGANIOL DE LA FORCE.
[2] La jurisdiction de la marine d'Abbeville commence à l'embouchure de la rivière de Canche et se continue jusques à Saint-Valery en l'embouchure de la Somme, et comprend, en son étendue, Monstreuil, ville située sur ladite rivière, puis Monceny, Villiers et Trespied, située sur icelle mesme rivière, puis suit le cap ou pointe des dunes, Crécy, Merlimont, Otregs, Berc et Morinne, situé sur un petit ruisseau; puis suit Grofflier, situé sur la rivière d'Auty, venant de la ville de Doullens, auquel lieu est le gué pour passer la rivière. Après ce suit, Rouville, Chasteau de Mottes; puis suit la ville de Rue et rivière de Maye sur laquelle elle est située; puis suit Saint-Firmin, la terre des Quiens, puis le Crotoy et rivière de Somme, qui se décharge là en la mer, ce qui a de l'autre costé opposé le Crotoy, la ville de Saint-Valery en laquelle finit cette jurisdiction. (*Livre de la description hydrographique des cartes de la mer océane*, par PIERRE BOYER, seigneur du Parc.)

» deux embouchures des rivières, savoir, celle
» d'Authie et celle de Maye, puis après la *terre à*
» *quiens*, puis le Crotoy où finit cette capitainerie. »

Nous avons recueilli les noms suivants dans une enquête du 5 novembre 1665, relative au dessèchement de l'étang de Rue. Réné Beguin, maître chirurgien-major de la ville du Crotoy; François Manier, procureur fiscal; Jean Dufour, argentier, Jacques Maquet, bourgeois.

Les mayeurs du Crotoy datent de la fondation de la commune, en 1209; mais la liste n'en a pas été conservée; nous devons à l'obligeance de M. Adolphe Bizet les quelques noms que nos annales ont conservés.

En 1361, Philippe d'Estrelée.

En 1362, le mayeur était Saint-Nicolas, du Crotoy, qualifié bourgeois de cette ville.

En cette même année lui succède sir Jean Vadicoq, riche bourgeois, fondateur de l'hôpital.

Deux siècles environ après apparaît Nicolas de la Porte, qui mourut en 1562.

1637, Antoine Manier.

1746, François Ledoux, conseiller du roi.

1748, Antoine Fanthomme.

1752, Pierre Dubois.

1763, Jean-Christophe Poidevin.

1765, Pierre Dubois, réélu.

1774, Louis France.

1790, Louis Lecomte.

1791, Charles Becquet.

1792, Pierre Dubos.

Même année lui succède Jean-Baptiste Fanthomme.

4 pluviose, an II, Nicolas-Valery Coulon, agent national de la municipalité du Crotoy.

15 brumaire, an IV, Valery Coulon est nommé sous le nom d'agent municipal.

10 messidor, an VIII, Florentin-Félix Delahaye, religieux bénédictin, prêtre, maire.

4 mai 1806, Jean-Baptiste-Alexandre-Auguste Elluin, suspendu de ses fonctions par un arrêté de M. le Préfet, en date du 16 août 1815.

21 mai 1815, Louis-Honoré Lecomte.

23 septembre 1815, Charles-Antoine Pelletier.

19 novembre 1831, Jean-Baptiste-Arsène Desgardin, actuellement en fonctions.

XVI

MONUMENTS RELIGIEUX

L'histoire du Crotoy ne présente aucun intérêt religieux. La ville devait son existence à sa position maritime et au voisinage du château. Souvent privée d'habitants, selon que les chances de la guerre lui étaient ou non favorables, elle n'avait d'édifice religieux qu'une église, puis un hospice, mais sans qu'aucune richesse put tenter la rapacité des hommes de guerre. L'église, quoique M. Coquart la dise très-belle, était peu digne d'une cité importante. D'après Dom Grenier, elle était dédiée à Notre-Dame, et sa construction était en rapport avec l'état misérable de la population. « Cette église est très-simple, dit un mémoire faisant partie de la collection du laborieux bénédictin ; elle n'annonce point qu'elle ait été une église de ville, et l'intérieur ne présente aucun ornement qui indique des legs de personnes considérables. La grosse tour carrée à laquelle la nef est adossée, paraît avoir eu une autre destination, peut-être celle de la défense de la place ou d'un phare pour éclairer la navigation. »

Cette église, malgré sa simplicité, nous paraît cependant avoir été plus belle qu'elle n'est aujourd'hui ; les murs indiquent qu'elle a subi plusieurs réparations par suite de la dégradation des temps ; il est positif qu'elle était composée primitivement de trois nefs, et que celle du midi est tombée soit par vetusté, soit par l'effet des guerres ou peut-être de la commotion qui dût résulter de la destruction du château.

Comme toutes les anciennes constructions du Crotoy, l'aire de l'église se trouve en contre-bas du sol de la rue ; le monument semble enterré ; on a dû mettre des marches sous le porche pour en sortir.

La tour, de forme carrée, est formée des mêmes pierres que les fortifications, ce qui lui donnerait une même date, et comme l'a dit aussi Coquart, peut-être une destination d'observation ou de défense. C'est en effet une construction massive, qui n'a rien du caractère ordinaire des édifices religieux, si ce n'est peut-être sa porte, entourée d'une simple moulure avec voussures ogivales; elle est renforcée aux quatre angles par des contre-forts doubles à angles droits. La plateforme, peu élevée, était assez vaste pour contenir une vingtaine d'hommes qui, au besoin, pouvaient faire face à une attaque de quelque côté qu'elle vint.

Le toit très-bas dont on a coiffé cette tour, a dû y être ajouté longtemps après pour former le clocher et le surmonter d'une croix et d'un coq, emblême extérieur de l'église chrétienne. Un petit clocheton, aussi en ardoise, qui lui est accolé, sert à couvrir l'escalier [1].

Les cloches sont appendues sous la plate-forme. Deux d'entre elles ont des inscriptions que nous rapportons ici, telles qu'elles ont été copiées par M. Adolphe Bizet.

PREMIÈRE CLOCHE.

1641 FRANÇOISE SVIS NO^{FF} PAR HAVT ET PVISSANT SG^R M^{RE} FRANCOIS SIRE DE RAMBVRE BOVLINVILLER CHL^{ER} SG^R DVD^I LIEV COMTE DE COVRTENE SG^R DE DONPIERÉ BARON DV VAVDREVIL VICOMTE DE ANBERCOVRT SG^R DE HORNOY AVTHIE ET AVTRES LIEVX GOV^{ER} DES VILLE ET CHASTEAV DV CROTOY M^R DE CAMP DE REGI-

---

[1] Cet escalier, construit en briques taillées, remarquable par le fini de sa construction, a quatre-vingt-douze marches.
     Adolphe Bizet.

MENT A PIED FRANÇOIS DE LISLE DE FRANCE PO^R SA MA^{TE} AGE DE 16 ANS ET MADAM^{LE} CHARLOTE DE RAMBVRES SA SOEVR FAIC^T DV TEP^s DE M^E ESTI^E DE PISSY CURE.

DEUXIÈME CLOCHE.

FRANÇOISE EST MON NOM PAR MESTRE JEAN DE CHVLDÈBERGE COMTE DE MONDESCVX MARESCHAL DE CAMP DES ARMÉES DV ROI MAISTRE DE CAMP DVN REGIMENT DINFANTRIE ET CAPITAINE DVNE COMPAGNIE DE CHEVAVX LEGERS GOVVERNEVR DES VILLES ET CITADELLE DE RVE ET CROTOY ET MADAME FRANÇOISE MAGDELEINE DE FORCEVILLE SON ESPOVSE, FAIT EN LAN 1643.

Les deux nefs n'ont plus le même caractère que la tour; c'est une construction ajoutée et évidemment mutilée par le temps et par la bombe. Le bas-côté semble lui-même avoir été ajouté à la nef principale ou bien avoir été réédifié après destruction; il est en brique et galets et couvert en tuiles; la grande nef a une couverture d'ardoises [1].

L'intérieur n'a rien d'imposant; des piliers ronds sans caractère d'architecture servent d'appui aux arcades ogivales qui séparent l'aîle latérale de la nef; le pavé n'existe pour ainsi dire plus tant les dalles, couvertes en partie d'inscriptions, sont usées.

---

[1] Le 16 octobre 1791, le toit du chœur de l'église étant entièrement découvert, 43 toises de toiture en ardoises sont adjugées au sieur Hubert Pruvost de Favières, pour la somme de 522 livres 10 sous. Pour terminer les réparations du chœur, il est enjoint de prendre le nombre d'ouvriers nécessaire pour terminer ces travaux en quinze jours. La dépense totale de cette réparation s'est montée à la somme de 1,204 fr. 40 c. (*Note de M. A. Bizet*)

Ces fragments de pierres funéraires, celles trouvées entières en d'autres lieux, semblent indiquer qu'antérieurement il y eut au Crotoy un monument religieux plus somptueux et sans doute une nécropole de personnages importants.

Un pas forme la séparation de la nef avec le chœur qui n'est indiqué que par un entourage de bancs en menuiserie.

Les fenêtres, au nombre de cinq sur la droite, sont sans style et paraissent avoir été percées dans les arcades rebouchées qui séparaient la nef de l'aîle disparue. Sur la gauche, le bas-côté a quatre fenêtres plus petites.

Ce qu'il y a de plus remarquable dans cette église est le bas-relief qui décore l'autel de la petite nef. Il représente l'exaltation de l'évêque saint Honoré. On y voit d'abord son ordination, ensuite le sacrifice de la messe qu'il célèbre, puis l'invention des corps des trois martyrs saint Fuscien, saint Victorien et saint Gentien. Les figures ont assez d'expression et rappellent les bas-reliefs qui entourent le chœur de la cathédrale d'Amiens; on admire surtout un fossoyeur s'appuyant sur sa bêche au-dessus d'une des tombes des martyrs [1].

---

[1] Un beau dessin à la mine de plomb, exécuté par M. Letellier, de ce curieux bas-relief venant de l'église collégiale de Saint-Vul-

Cette église, qui va bientôt disparaître, sera remplacée par un édifice plus grand et plus en rapport avec la population progressante du Crotoy et avec les besoins du culte.

Le temps a détruit une autre église *extramuros* qui existait encore il y a un demi-siècle à la pointe du banc de barre-mer. Elle était dédiée à saint Pierre et bâtie au milieu d'un cimetière dont il ne reste plus de traces. Elle servait d'amet aux pilotes lamaneurs dans les différents chenaillements de l'entrée et de la sortie de la Somme. Dom Grenier dit que la ville s'étendait autrefois jusque-là, mais il n'explique point que c'était au temps des Romains, avant que le barre-mer fût coupé par la mer. « C'était l'église principale, dit-il, et les curés y prennent encore possession de leur titre ; ils y possèdent une terre où était situé un presbytère. » Tous les environs sont remplis de caves, de fours et autres marques d'habitations.

---

fran, se trouve dans la collection des *Monuments de Picardie*, formée par M. H. Dusevel d'Amiens.

Cet écrivain, qui visita l'église du Crotoy en 1843, la décrit ainsi dans une note qu'il a bien voulu nous communiquer : « Sa tour, en grès et pierres noircies par le temps et rongées par les vents de mer, est imposante. L'architecture offre le style roman, mêlé au style ogival. L'intérieur a été défiguré par des reconstructions ou réparations successives, et n'appartient plus à aucun style proprement dit. Plusieurs *ex-voto* représentant des navires près d'être engloutis, sont appendus dans cette église. L'église souterraine du Crotoy était fort remarquable ; elle datait, dit-on, du IXe siècle ; mais elle a disparue presque en entier. »

Nous avons parlé plus haut d'un autre monument religieux qui paraît avoir été englouti sous le sable et dont les restes, parfaitement conservés, ont été retrouvés dans un jardin de la porte du Pont. L'histoire ne nous a rien laissé qui puisse s'appliquer à ce monument, sur lequel semble devoir planer un mystère éternel.

Les bâtiments de la mairie, situés près de l'église, appartenaient à un hôpital dédié à saint Nicolas, qui n'existe plus depuis plus d'un siècle.

La fondation de cet hospice remontait au xiv° siècle; elle était due aux libéralités d'un bourgeois et mayeur du Crotoy, nommé Jehan Vadicoq, et de *damoiselle* Marguerite Dorémus son épouse. La fondation est faite à la condition qu'un chapelain dirait tous les jours de la semaine une messe, dans le temps d'été à l'heure où le soleil se lève et en temps d'hiver plus matin que se peut. Le surplus des biens des donateurs devait être employé pour le soulagement des pauvres.

Par un édit royal du 26 octobre 1734, les biens affectés à l'entretien de cet hôpital furent réunis à l'administration de l'hospice d'Abbeville, qui se chargea d'entretenir la chapelle du Crotoy et d'y faire acquitter un annuel de messe, conformément au vœu de l'acte de fondation du 2 octobre 1362, par un prêtre à la nomination des mayeurs et

échevins du Crotoy et qui résiderait en cette ville,
« et à la charge aussi, par lesdits administrateurs
» de l'hôpital d'Abbeville, de recevoir, nourrir et
» entretenir dans ladite maison les pauvres ma-
» lades du lieu du Crotoy, qui y seront reçus par
» préférence et jusqu'à concurrence des revenus
» réunis. »

Les habitants du Crotoy voulurent s'opposer à cette disposition, ils protestèrent par un acte du 28 novembre suivant; mais un an après, afin de donner force de loi à l'édit, le sieur Antoine Baudrais, conseiller du roi, subdélégué à Saint-Valery-sur-Somme, assisté de son greffier, du brigadier de la gendarmerie et de deux cavaliers, vinrent au Crotoy pour assurer l'effet de l'édit et emporter les titres relatifs à la propriété et à l'administration de l'hospice, qui furent déposés à l'hôpital d'Abbeville.

Ces biens ont été évalués depuis à une valeur vénale de cent-vingt-mille francs; ils consistaient principalement en quarante-huit articles, maisons ou pièces de terre, situées tant au Crotoy qu'à Abbeville ou à Rouvroy, et en trente-neuf hectares de terre sis à Valines et à Franleu.

A la révolution de 1789, le chapelain de la chapelle du Crotoy s'exila; la chapelle elle-même fut fermée et servit de grange, et l'hôpital d'Abbeville cessa de payer l'annuel auquel l'avait imposée l'édit de 1734. Nous ne savons à quelle époque disparut cette chapelle; mais dans un acte du 25 mars 1793, dressé par les membres du district pour le recrutement de l'armée, il est dit que l'assemblée eut lieu *en la chapelle de l'hôpital, faisant partie de la maison commune dudit lieu.* Depuis lors les archives de la localité n'en parlent plus.

Peut-être fût-elle démolie en cette année 1793, car le 6 octobre suivant, le comité de surveillance, dit M. Bizet, établissait le lieu de ses séances dans la grande salle du presbytère. Le reste de ce local fut loué à un douanier. Une lettre de M. Boucher, inspecteur des Douanes, en date du 9 fructidor, an II, constate que le presbytère fut destiné au service de la Douane [1].

Les pauvres malades du Crotoy eurent toujours de la répugnance à se rendre à l'hospice d'Abbeville, et bien que la commune y eût six lits, ils n'étaient jamais occupés. Ces considérations déterminèrent les autorités municipales de cette ville à réclamer la désunion, mais ce fut vainement pendant bien longtemps.

Par transaction passée le 8 février 1860, l'hospice d'Abbeville donne au bureau de bienfaisance de la commune du Crotoy, une somme de 80,000 fr.

[1] Voir à l'appendice la note n° 6.

pour conserver la propriété des biens ayant appartenus à l'hôpital Saint-Nicolas du Crotoy[1].

M. Adolphe Bizet nous a conservé une liste des curés et chapelains du Crotoy depuis 1641.

1641, Etienne Depissy, curé, ainsi qu'on le voit par une inscription des cloches.

1687, Dupuis.

1705, Levasseur.

1722, Gabriel Duquesnel, mort le 12 août 1730, âgé de 38 ans, inhumé au Crotoy, suivant acte inscrit au registre des décès.

1730, Deberle, vicaire et chapelain.

1738, Crepeau.

1739, Thiébault, chapelain.

1740, Dubuisson.

La même année Claude Dubois, lui succède, il meurt le 25 novembre 1770, âgé de 62 ans, et est inhumé dans l'église du Crotoy.

1770, Jean-François Sueur, chapelain et vicaire.

1770, Canterel, décédé le 28 janvier 1789, âgé de 55 ans, inhumé au cimetière du Crotoy.

1782, Félix Champion, vicaire du Crotoy.

1785, Louis Aguy, prêtre-chapelain de Saint-Nicolas, hôpital du Crotoy[2].

---

[1] Voir à l'appendice la note n° 6.
[2] Nous possédons du chapelain Aguy deux lettres relatives à la disjonction de Saint-Firmin de la municipalité du Crotoy.

1790, Jacques Jourdain, pour se conformer à la loi sur la déportation de prêtres non assermentés, part pour l'Angleterre, le 7 septembre 1792, rentre en France en 1802 et meurt au Crotoy [1].

1803, Riquier.

1820, Lecadieu.

1824, Tabarie.

1839, Souverain.

1850, Legrand (Constantin), actuellement en fonctions dont le zèle actif et intelligent a pour objet la réédification de l'église. Grâce à ces soins le Crotoy verra prochainement commencer les travaux du nouvel édifice.

---

[1] Maître Jacques Jourdain, curé de la ville du Crotoy, après avoir fait lecture du décret... le 6 mars, à la messe paroissiale, en présence du conseil général de la commune et des fidèles, a fait par écrit la déclaration au greffe de la municipalité, a prononcé de remplir les fonctions d'être fidèle à la nation, à la loi et au roi et de maintenir de tout son pouvoir la constitution décrétée par l'assemblée nationale et acceptée par le roi. (*Archives de la commune du Crotoy*, 20 mars 1791.)

(*Note communiquée par M. Bizet.*)

7 octobre 1792. Prestation de serment de Florentin-Félix Delahaye.

14 octobre 1792. Prestation de serment de Louis Aguy, prêtre et chapelain de Saint-Firmin.

A la date du 7 septembre 1792. On voit écrit : Je, curé du Crotoy, soussigné, déclare que pour me conformer à la loi sur la déportation des prêtres non sermentés, je passe en Angleterre. Signé Jourdain, curé. Même déclaration du curé de Saint-Firmin-Bethoncourt.

(*Note communiquée par M. Bizet.*)

XVII

AVANTAGES MARITIMES DU CROTOY

Au milieu des désordres et des brigandages du moyen-âge, le commerce avait entretenu des rapports pacifiques entre les nations : on peut même dire qu'il avait préparé les voies de la civilisation en s'opposant à tous les actes barbares de luttes et de guerres propres à entraver ses opérations. C'est lui qui construisit des routes, qui rendit les rivières navigables, qui choisit les ports et les améliora ; c'est lui qui protégea les moyens de transport, soit par terre, soit par mer. Et la masse, qui en profita, tourna les yeux vers une ère meilleure, celle de la concorde et de la liberté.

Alors donc que le Crotoy perdait par la destruction de son château toute son importance militaire, il s'en manifestait pour lui une autre comme port de mer à l'embouchure de la Somme.

La baie de Somme s'ouvre au Nord-Ouest, entre les pointes de Saint-Quentin et du Hourdel; celle-ci, formée par l'apport des galets qui se détachent des falaises de la Normandie, tend à s'allonger dans la baie en refoulant le courant de la Somme sur la rive droite [1]; l'autre, formée de l'amoncellement des sables poussés par les vents d'Ouest, tend au contraire à se projeter au large : il en résulte que les deux pointes de l'entrée ne sont point sur un plan régulier, que celle du Hourdel pénètre très-avant dans la baie, pendant que la pointe de Saint-Quentin s'allonge à la mer.

---

[1] M. Traullé, qui avait aussi étudié la question des eaux de la Somme, explique ainsi ce fait : En 1780 une révolution s'opère dans la baie de Somme et dans la Manche; la mer, rongeant plus que jamais les falaises de Dieppe et du bourg d'Ault, les galets que multiplie cette érosion s'accumulent successivement sur le banc du Hourdel; l'effet de cette marche rapide est d'élargir le cap du Hourdel et de le faire avancer vers le Marquenterre et les dunes de Saint-Quentin, de rétrécir l'embouchure de la baie, d'en former en quelque sorte une seconde dans la première, de laisser arriver moins d'eau qu'auparavant dans la baie, de porter toute la masse de cette eau sur le Crotoy, d'approfondir la seconde baie ou le côté du Crotoy, de faire monter le flot de ce côté longtemps avant qu'il puisse arriver de l'eau sur Saint-Valery, de former un large golfe entre ce cap avancé du Hourdel et de Saint-Valery, d'y laisser dormir l'eau, de laisser aux sables la faculté de combler ce golfe que le courant ne peut plus balayer, de contraindre la mer de sapper les dunes de Saint-Quentin, côté du Crotoy, de renverser leurs sables et de s'en ressaisir pour les ramener en baie et ajouter au comblement. (*Abrégé des annales du commerce de mer d'Abbeville.* TRAULLÉ, page 22.)

Sur la rive droite, près de l'embouchure, la côte forme un enfoncement qui s'étendait autrefois jusqu'à Rue et qui sert de décharge à la petite rivière de Maye. Cette seconde baie s'ouvre dans l'estuaire de la Somme, entre la pointe de Saint-Quentin et la pointe de Saint-Pierre derrière laquelle se trouve le Crotoy.

Il résulte de cette disposition topographique que le Crotoy se trouve à l'extrémité d'une pointe formant presqu'île, qui s'allonge de la rive droite dans le milieu de l'embouchure de la Somme.

Les eaux de la marée, qui viennent de l'Ouest, en pénétrant dans la baie de la Somme, sont, par le fait de l'impulsion du courant et des vents dominants, portés vers la pointe derrière laquelle s'abrite le Crotoy. Au retour du jusant, les mêmes causes les appuient encore sur cette pointe. On conçoit dès-lors que quand les eaux s'étendaient jusqu'au-delà d'Abbeville, il s'opérait sur la pointe un mouvement considérable des courants de flux et de reflux, favorable aux mouvements de la navigation sur ce côté de la baie.

Ces détails, qui concernent particulièrement le chenal maritime du Crotoy, font ressortir les avantages de sa position ou plutôt de son abord. Le port est formé par l'affluence de quelques petits ruisseaux qui proviennent des marais et de l'ancien étang de Rue et qui entretiennent, à l'Est de l'agglomération des habitations, où se trouvait autrefois le château, une petite rigole creusée dans un fond vaseux très-commode pour la posée des navires qui n'y fatiguent pas, et parfaitement à l'abri de tout les vents soufflant depuis le Sud-Ouest jusqu'à l'Est en passant par le Nord.

On conçoit dès-lors l'avantage de cette position pour la navigation dans l'embouchure, soit pour l'entrée soit pour la sortie, surtout lorsque le courant de la Somme, qui affectionnait principalement la rive droite, venait creuser le port et le déblayer des sables qui le séparaient de la haute mer. C'était, sous le rapport commercial, une position qui n'avait pu être négligée jusqu'alors que parce que le Crotoy n'était, pour ainsi dire, qu'une île et que les communications avec l'intérieur étaient impossibles et presque nulles. Le port de la Somme était donc à Saint-Valery où existait une ville avec tous ses avantages et ses facilités de communication; mais le port d'arrivée, le port de relâche, le port d'appareillage était toujours le Crotoy, soit que la Somme passât près de ses quais naturels, soit qu'elle en fût éloignée.

Une étude sérieuse des dispositions hydrographiques de la baie devait donc attirer l'attention du gouvernement sur la position du Crotoy et en faire un établissement utile à la marine et au commerce de la Picardie; mais les connaissances hydrographiques étaient alors encore très peu avancées; les ports n'étaient que des criques où, en général, l'art de l'ingénieur avait une part très-restreinte. Le Crotoy, isolé au milieu de ses marais, semblait à peine appartenir à la France et ne pouvait attirer l'attention des hommes chargés des grands intérêts publics.

Cependant l'exemple des Anglais, qui commençaient à tirer un merveilleux parti de leurs criques et des moindres anses de leur rivage maritime, éveilla l'attention du gouvernement français. Richelieu se sentit jaloux de cette suprématie maritime; il voulut aussi créer des ports afin d'avoir des flottes et de pouvoir rivaliser de puissance avec ceux qui se prétendaient déjà les maîtres de la marine. A cet effet, en qualité de grand maître du commerce et de la navigation du royaume, il chargea, en 1639, M. de Caen, sergent de bataille de l'armée navale, de porter à Rouen, à M. d'Imfreville, conseiller du roi et commissaire général de la marine, l'ordre « de se transporter,
» accompagné dudict sieur de Caen et du sieur
» Daniel, capitaine de marine, en la ville de Chal-
» lais, pour audict lieu prendre le sieur Regnier
» Jenssen le jeune, ingénieur du roy, pour dudict

» lieu aller le long des costes de Picardye et de
» Normandye jusques à Cherbourg, pour voir et
» recognoistre quelz lieux on trouveroit plus pro-
» pres et commodes pour bastir et construire un
» port, affin de retirer les vaisseaux du roy..... »
Suit un long détail des vérifications auxquelles devront se livrer les commissaires, et ceux-ci ont « de
» tout faict procès-verbal, pour être présenté à
» Son Eminence et être ordonné par Sa Majesté à
» ce qu'il appartiendroit[1]. »

Le seigneur d'Imfreville et les autres commissaires suivirent la côte depuis Calais et passèrent au Crotoy sans s'y arrêter, à cause, dit le procès-verbal de leur voyage, du mauvais état dans lequel se trouvait cette ruine et les chemins qui y conduisaient.

Les commissaires s'arrêtèrent à Saint-Valery et questionnèrent les principaux marins du pays sur la situation de la baie de Somme et sur les endroits qui pourraient convenir à l'établissement d'un port du roi. Le rapport conclut à la nullité du port de Saint-Valery, mais il ajoute cependant par post-scriptum :

« N'est point parlé du *Crottoir*, à cause qu'il est
» subject à la mesme rivière, auquel lieu, toute-

---

[1] B. N. Mss. bibl. imp. Petit in-folio. S. E. 87.

» fois, les navires du même tirant peuvent aborder
» et eschouer sur des vases qui sont proches les
» portes qui regardent Abbeville, lequel abord est
» beaucoup plus commode que celui de Saint-
» Valery [1]. »

Dans un autre rapport, M. d'Imfreville s'étend davantage ; il pense que les galères du roi pourraient venir au Crotoy s'échouer sur la posée de vase dont nous avons parlé plus haut, et qui lui paraît des plus convenable pour leur retrait, parce qu'elles y seraient commodément et à l'abri de tous les évènements de mer et de l'ennemi ; il est d'avis que pour les protéger, il serait important de mettre la place du Crotoy en état de se défendre d'elle-même, et il suffirait à cet effet de l'établir de manière qu'elle pût résister à un coup de main, « parce que les ennemys ne sauraient y venir par » mer avec d'autres dispositions. » Il propose une batterie à Cayeux ; mais comme les ennemis pourraient s'abriter au hâble d'Ault et marcher sur le Crotoy, en passant par Saint-Valery, « qui n'a que de mauvaises murailles, » il propose de fortifier le Crotoy avec de bons retranchements et des palissades dans lesquelles on mettrait du canon. Puis une bonne batterie pour défendre l'entrée du hâble [2].

[1] *Mémoire de d'Imfreville.* Bibl. imp. manus.
[2] *Dépôt des cartes de la marine.* D'IMFREVILLE, carton 20, n° 14.

Le lieutenant-général, comte de Vault, considérait aussi le Crotoy comme d'une grande importance militaire. « On peut, dit-il, mettre deux pièces de canon sur une terrasse élevée au Crotoy, où il y a un port assuré pour les barques, et deux autres pièces sur une tour de Saint-Valery, moyennant quoy, rien ne pourrait passer entre Saint-Valery et le Crotoy [1]. »

Colbert, qui s'intéressait beaucoup à la marine, renouvela la même investigation que celle dont d'Imfreville s'était occupé sans résultat; ce fut Gobert qui en fut chargé, mais celui-ci trouva l'entrée de la Somme dans un mauvais état, et ne crut point à la possibilité de faire un port ni au Hourdel, ni à Saint-Valery, ni au Crotoy. Selon son rapport, il ne pouvait entrer que des navires de 70 à 80 tonneaux dans les plus grandes marées, et lesdits navires ne pouvaient aborder qu'au Crotoy où ils se mettaient à l'abri de la citadelle [2].

Cependant la nécessité d'avoir un bon port de refuge entre le Havre et le Pas-de-Calais se faisant de plus en plus sentir, les investigations des hommes compétents recommencèrent. En 1690,

---

[1] *Archives de Picardie*, tome II, page 122.
[2] *Remarques de Gobert sur les ports de Picardie, suivant l'instruction de Colbert*, 1665. *Dépôt des cartes de la marine*, carton 20, port. 99.

MM. Bourdin et Brémont, ingénieurs de la marine, vérifièrent l'état des ports de la Somme. M. Bourdin constata que les navires qui entraient en Somme « n'abordaient jamais à Saint-Valery, mais allaient
» toujours mouiller au Crotoy, où ils étaient par-
» faitement en sûreté[1]. On y est abrité, dit-il, de
» tous les vents de l'E. à l'O. en passant par le
» N. et on n'a à craindre que ceux du S. E. On
» pourrait y mouiller à la fois quinze à vingt bâ-
» timents de 300 tonneaux au plus, bien entendu
» qu'ils s'échouent à mer basse. La mer monte de
» vingt-cinq pieds tant à Saint-Valery qu'au Cro-
» toy, dans les grandes marées; et même de vingt-
» huit pieds dans ce dernier port. Dans les marées
» ordinaires elle monte de 15 à 18 pieds, et dans
» les mortes eaux de 8 à 10 pieds au Crotoy.

» Les navires qui ne tirent que 10 pieds d'eau
» peuvent appareiller du Crotoy dès que le vent
» est favorable; mais il n'en est pas de même à
» Saint-Valery, et ceux qui tirent six pieds ne peu-
» vent en partir de mortes-eaux. Ils n'ont, dans les
» grandes marées que douze à treize jours pour
» partir, quand le vent le permet. S'il ne fait du
» vent d'amont quand la mer décroit, on perd
» deux ou trois jours.

[1] *Dépôt des cartes de la marine*, carton 16, n° 27.

M. Bremont observe que, lors même que la Somme passe à Saint-Valery et permet aux navires d'y aborder, le chenal revient encore au Crotoy ou non loin du Crotoy; et alors dans tous les cas, il monte plus d'eau sur cette rive que sur la rive gauche. « Le Crotoy est donc moins un port qu'un
» abri, dit-il, où se réfugient les grands navires
» chargés pour Saint-Valery; l'éloignement actuel
» de la Somme leur rendant l'entrée de ce port
» difficile, ils attendent au Crotoy une marée favo-
» rable pour s'y rendre[1]. »

Le désastre de la Hougue, en perdant plusieurs vaisseaux français faute de refuge pour les recevoir, fit encore sentir plus impérieusement l'insuffisance des côtes françaises de la Manche pour la sûreté d'une flotte et de sa navigation.

Il fallait nécessairement y pourvoir. Les investigations recommencèrent. En 1709, Langeron, reprenant le projet de d'Imfreville, cite le Crotoy comme le port le plus favorable au mouillage des bâtiments du roi. « Le Crotoy est, du
» reste, dit-il dans son rapport, un lieu qui
» mérite attention, attendu que si les enne-
» mis s'en emparaient, ils seraient les maîtres
» de la rivière et pourraient aisément s'y main-

---

[1] *Dépôt des cartes de la marine.* BRÉMONT, 1690, carton 20, n° 6.

» tenir de la manière dont le lieu est situé[1]. »

A Langeron succéda le chevalier de Clerville, qui appelle aussi l'attention du gouvernement sur la station du Crotoy. « C'est là, dit-il, que mouil-
» lent les navires destinés pour Abbeville, lesquels
» refusent d'aller à Saint-Valery. Il y a pourtant
» plus d'eau sous le château du Crotoy qu'à la rive
» de la Ferté. Aussi peut-on y bâtir des navires de
» 300 à 400 tonneaux, des bois qu'on y peut faci-
» lement amener de la forêt de Crécy, et il y a belle
» commodité pour les varer et les mettre à l'eau
» aussi bien que pour les en sortir.

» Aussi les six vaisseaux et les dix grandes gri-
» bannes appartenant à plusieurs particuliers d'Ab-
» beville, lesquels s'y retirent d'ordinaire, sont-
» elles, aussi bien que les vaisseaux, d'un port plus
» considérable que ceux de Saint-Valery dont les
» plus grands n'excèdent pas cent tonneaux, au
» lieu que ceux du Crotoy vont jusqu'à 200 et 300
» tonneaux[2]. »

Cette commodité d'abord au port du Crotoy et les facilités que procurait le voisinage de la forêt de Crécy pour les constructions maritimes firent songer

---

[1] *Projet de port à l'entrée de la Somme.* LANGERON, 1709. Dépôt des cartes de la marine, carton 20, n° 46.
[2] *Mémoire du chevalier de Clerville.* Collect. de Colbert, bibl. imp. manus.

aux moyens de suppléer au mauvais état des chemins par un moyen de transport plus sûr et moins coûteaux que les charrois. Dès 1690, on émet le projet d'un canal qui s'étendrait jusqu'à la forêt de Crécy et peut-être même jusqu'à l'Authie.

Avant cette époque, il y avait au Nord du Crotoy un canal assez large et assez profond où se retranchaient les navires comme en un bassin; mais ce canal s'était envasé par la négligence qu'on avait eue de l'entretenir. M. de la Vallée dit qu'il y avait plusieurs moulins le long de ce canal, ce qui nous fait supposer qu'il était entretenu par l'eau courante de la Mayette. « Ces moulins, dit-il, appor-
» toient un grand avantage aux habitants voisins,
» ce qui en causoit un autre bien plus considérable
» pour les sujets voisins de Sa Majesté et pour les
» habitants des villes d'Abbeville et de Saint-Va-
» lery pour le transport des bois qui se faisoit des
» forêts voisines par la rivière de Somme et qui ne
» se peuvent plus transporter que par charrois, ce
» qui augmente le prix des bois de plus de moitié. »

M. de la Vallée indique ensuite les moyens de faire un canal navigable, et nous employons ses propres termes à cause des lieux qu'il indique et qui nous sont pour la plupart inconnus.

« Pour mettre ce canal dans son premier estat,
» dit-il, et pour y faire décharger toute la rivière

» de Rue, il faut ouvrir ledit canal depuis le mou-
» lin de Rue jusques au *Mont Cajot*, qui est d'en-
» viron un quart de lieue sur la largeur de vingt-
» quatre pieds et et de quatre à cinq pieds de
» profondeur estant commencé; et depuis ce mont
» Cajot jusques aux *trois harans*, il y a un demi-
» quart de lieue à faire comme ci-devant; et depuis
» les trois harans jusques au *pont Sanequin*, il y a
» encore un quart de lieu de distance qu'il faut
» rouvrir comme dessus; et depuis ledit pont Sa-
» nequin jusqu'à *Majorq*, un demi-quart de lieue
» qu'il faut aussi rouvrir; et depuis ledit mont de
» Majorq jusques à la décharge dudit canal dans
» le havre du Crotoy, il y a près d'une lieue de
» canal ouvert, où il ne faudra que la profondeur
» de deux pieds de louchet.

» Rétablissant ce canal, il pourroit aporter une
» utilité très-considérable, en nétoyant le havre
» dudit lieu et entraînant la vase et le sable que la
» mer y apporte continuellement, et si cela se pou-
» voit faire, comme il y a beaucoup d'apparence,
» le havre se rendroit considérable pour l'abord
» des vaisseaux[1]. »

D'après ces détails qui accompagnaient un plan de la ville et du château du Crotoy, un canal aurait

---

[1] Comité des fortifications, à Paris. *Place du château du Crotoy*, 1692. DE LA VALLÉE.

existé autrefois de Rue au Crotoy, et ce canal, en 1692, était encore tracé du Crotoy jusqu'à Mayoc, sur une profondeur de trois à quatre pieds, puisqu'il ne fallait que *deux pieds de louchet* pour lui donner une profondeur navigable.

On commençait déjà, comme on le voit, à s'inquiéter de l'amélioration des ports; et si des études sérieuses avaient été faites de la position du Crotoy, sans prévention, sans intérêt de localité, il est hors de doute qu'on eût créé sur ce point un établissement important qui eût rendu de grands services à la navigation dans la Manche et au commerce du Nord de la France. Mais de grands intérêts s'agitaient sur l'autre rive, à Saint-Valery-sur-Somme : là étaient les grands établissements maritimes et commerciaux d'un autre temps; des entrepôts, des magasins, des corderies, puis des négociants, des commissionnaires amiénois qui voyaient avec effroi l'envahissement de leur port par une alluvion considérable, continuation de celle qui s'était formée vers Cayeux et que le prolongement de la pointe du Hourdel faisait avancer progressivement sur toute la rive gauche, où elle envahissait déjà les abords du port de Saint-Valery. Les négociants de ce port s'entendirent à l'effet de charger un ingénieur, M. Coquart, de dresser les plans d'un projet propre à les préserver de la perte totale dont leur port était menacé; M. Coquart fit le plan d'un port dans la vallée d'Amboise[1]. Mais il donna aussi son avis sur les variations de la Somme.

« Quoique la Somme, dit-il, occupe assez cons-
» tamment le rivage du Crotoy, les coups de vent
» forcés changent quelquefois son lit. J'ai remar-
» qué à différentes fois ce changement qui n'est
» pas bien sensible, cela n'arrive que dans les
» coups de vent de O. S. O., que la lame poussée
» aux dunes de l'église Saint-Pierre est renvoyée
» au cap Cornu, et par ce choc prend une autre
» direction vers le fort du Crotoy et y pousse
» des sables qui élargissent le banc de séparation
» et approchent de ce rivage le cours de la
» Somme[2]. »

Les habitants d'Abbeville, également affectés du mauvais état de l'entrée de la Somme, présentent en 1734 au conseil du roi un mémoire pour obtenir que les navires de leur commerce ne soient point obligés d'aller payer les droits au bureau de Saint-Valery, attendu qu'il leur arrivait souvent de graves avaries dans le trajet du Crotoy à Saint-

---

[1] Ce plan et le rapport qui y est annexé existe à la bibl. impériale, section des manuscrits, sous le titre : *Projet d'établissement d'une retenue propre à déboucher le port de Saint-Valery-sur-Somme, que la mer a ensablé depuis quelques années.*

[2] *Projet d'établissement d'une retenue propre à déboucher le port de Saint-Valery-sur-Somme que la mer a ensablé depuis quelques années.* COQUART, 1738. Bibl. imp. manus.

Valery, que le Crotoy est l'avant-port naturel d'Abbeville et non celui de Saint-Valery, que les sables obstruent de plus en plus.

Il résulte de ces faits que le port de la Somme n'était pas à Saint-Valery, mais bien au Crotoy. D'après Piganiol de la Force, dans sa *Nouvelle description de la France* [1], le port de Saint-Valery était établi au Crotoy.

Si, dès cette époque, les intérêts de l'Etat avaient été bien servis, on eût considéré que le port réel de la Somme n'était pas à Saint-Valery, mais au Crotoy; que l'ensablement dont on se plaignait n'avait point lieu au Crotoy, mais à Saint-Valery seulement. S'aidant de cette vérité, les études se fussent portées, abstraction faite des intérêts de localité, sur le point où les travaux d'amélioration devaient porter des résultats certains; Saint-Valery eût sans doute occupé une place secondaire, mais les grands intérêts de la province et de la marine étaient sauvés; l'embouchure de la Somme conquérait un bon port.

[1] *Nouvelle description de la France*, tome II, page 409.

XVIII

PROJETS DE CANALISATION

Pendant que le port du Crotoy, riche de ses avantages naturels, était le salut de la navigation dans la Somme, la sauve-garde du commerce de la Picardie, et que le port de Saint-Valery, condamné par la nature, s'effaçait lentement derrière la progression alluviale de la rive gauche, des projets se préparaient pour bouleverser l'ordre de la nature, pour perdre le port ignoré du Crotoy et raviver, s'il était possible, celui de Saint-Valery.

Le commerce, triomphant des luttes barbares du moyen-âge, avait tourné les esprits vers la création de choses utiles au bien-être général ; on avait entrevu que la rivière de Somme était un moyen de communication intérieure commode entre la mer et les villes manufacturières d'Abbeville, d'Amiens, de Saint-Quentin et autres; elle pouvait étendre davantage ses relations, mais à cet effet il fallait, sur toute son étendue, rendre son cours navigable, le canaliser et le faire communiquer avec d'autres cours d'eau afin de faire profiter les contrées voisines des avantages de ses ports de mer. La création d'un bon port à l'embouchure du fleuve devenait donc une nécessité; l'intérêt général voulait qu'on l'établit au Crotoy; l'intérêt particulier et l'ignorance s'élevèrent pour donner la préférence au port de Saint-Valery.

Sans doute que l'influence de la ville prévalut ici sur une bourgade de pauvres marins n'ayant aucun recours et d'autre appui que la vérité des faits, ce qui, dans ce monde, n'est pas toujours un moyen de succès. Les négociants de Saint-Valery étaient tout puissants auprès de la Chambre de commerce d'Amiens, dont ils étaient les représentants et les commissionnaires; effrayés de la ruine rapide de leur commerce, ils firent entendre leurs doléances et demandèrent que des travaux fussent entrepris pour ramener le lit de la Somme dans leur port. La Chambre de commerce de Picardie s'en émeut, elle demanda que des projets lui fussent soumis.

Le célèbre Linguet, qui vint vers cette époque

visiter les ports de la Somme, fit valoir les avantages du Crotoy « où, dit-il, dans les plus basses
» marées il se trouve de dix à douze pieds d'eau,
» lorsque la plage de Saint-Valery est absolument
» à sec, et dans les fortes marées de dix-huit à
» vingt pieds, lorsque à Saint-Valery les bâtiments
» flottent à peine. Cette observation seule, ajoute-
» t-il, assure au Crotoy une supériorité incontes-
» table sur son rival. Les navigateurs le sentent
» bien, aussi tâchent-ils de s'y arrêter le plus
» longtemps qu'ils peuvent. C'est là qu'ils s'em-
» pressent d'aller mouiller en arrivant; ils ne s'en
» arrachent qu'avec peine, quand la nécessité de
» se rendre à l'endroit où sont les bureaux et les
» commissionnaires les contraint d'aller s'échouer
» devant Saint-Valery. Dans l'état même où sont
» à présent ces deux havres, ils préfèrent, sans
» balancer, le premier tout comblé, tout anéanti
» qu'il est. Pour lui rendre son ancien éclat, il
» faudrait bien peu de dépenses [1]. »

Linguet entre ensuite dans le détail des travaux qu'il y aurait à faire pour créer un bon port à l'embouchure de la Somme; il entre dans les vues de Vauban en proposant un canal qui, partant de l'Authie, ramasserait la Maye à son passage et vien-

---

[1] *Des canaux navigables.* LINGUET, page 129.

drait se déboucher dans le port du Crotoy. « En
» lui donnant une largeur convenable, dit-il, les
» vaisseaux ou au moins les bateaux plats en usage
» sur la côte, pourraient y remonter et s'abriter
» derrière les dunes. Les vaisseaux y seraient à
» flot en tout temps, et, avec quelque dépense de
» plus, on aurait au Crotoy un bassin entièrement
» semblable à celui de Dunkerque. C'est là, ajoute-
» t-il, qu'il faudrait ramener les négociants, les
» douanes, etc. »

Cet écrit fit une profonde sensation à Saint-Valery et par contre-coup à Amiens; le port de Saint-Valery, que la nature condamnait, allait être définitivement perdu. Depuis le projet de rétablissement du port, présenté cinquante ans auparavant par l'ingénieur Coquart, d'autres études avaient été faites qui, toutes, ramenaient la Somme à Saint-Valery par un canal artificiel creusé dans les alluvions qui s'étaient formées entre Abbeville et Saint-Valery. M. Œuillo des Bruyères, ingénieur, présenta, en 1777, à M. de Maurepas, ministre, un plan qui barrait la Somme au chantier de Grand-Port et ramenait son chenal aux quais de Saint-Valery.

La chambre de commerce de Picardie, saisie de ces différents projets, mais placée sous l'influence des commissionnaires qu'elle entretenait à Saint-

Valery, rejeta en principe le projet de dérivation de l'Authie et de port au Crotoy, comme impraticable et sans utilité pour le commerce[1], et décida qu'il serait présenté une requête au conseil du roi pour obtenir que des études fussent faites en vue de rendre le chenal de la Somme au port de Saint-Valery. Une commission fut nommée pour examiner la question, et le 10 janvier 1778 elle déposa à la chambre un mémoire à la suite duquel une requête fut adressée au roi aux fins d'obtenir que des ingénieurs fussent nommés pour « faire, aux dépens du commerce, la
» visite de la rivière de Somme, depuis le lieu
» qu'il conviendra la barrer jusqu'à son embou-
» chure, à *l'effet de la détourner par sa rive*
» *gauche*, lui fixer, dans les bas-fonds que la na-
» ture du terrain présente, un nouveau lit qui
» dirige son cours sur le port de Saint-Valery et
» l'y fixe immuablement[2]. »

Cette décision n'avait cependant point été prise sans protestations ; les négociants d'Abbeville surtout représentaient les nombreux inconvénients qu'offrait la rive gauche, sur laquelle pesait tout l'effet des attérissements ; on allait placer le lit de la Somme dans une impasse, accumuler les

[1] Voir à l'appendice la note n° 7.
[2] Voir à l'appendice la note n° 8.

difficultés de la navigation, lorsque au Crotoy on avait un chenal tout tracé, une navigation facile; il ne s'agissait que d'aider la nature pour y obtenir un port commode et dans lequel même on pourrait creuser un bassin propre à contenir cinquante vaisseaux de ligne [1].

Le commerce d'Abbeville voulut encore qu'il fût, au préalable, décidé lequel des deux ports, celui de Saint-Valery ou celui du Crotoy, devait obtenir la préférence ; il fut passé outre.

Ces propositions furent combattues par les négociants d'Amiens, réunis à ceux de Saint-Valery, et le 18 octobre 1778, le roi, sur la représentation de son conseil d'Etat, commit le sieur Delatouche, ingénieur des ponts-et-chaussées à Amiens, *à l'effet de dresser les projets, de lever les plans, faire faire les nivellements, rédiger les devis et détails estimatifs, et généralement toutes les opérations nécessaires pour le rétablissement du port de Saint-Valery, et pour le creusement d'un nouveau lit sur la rive gauche de la Somme, depuis Petit-Port jusqu'à la pointe de Pinchefalise*[2].

Les travaux furent commencés; mais alors même le bon sens public indiquait encore qu'on allait

---

[1] Voir à l'appendice la note n° 9.
[2] *Arrêt du 18 octobre 1778 à Marly.* Extrait des registres du conseil d'Etat du roi.

commettre une grave erreur pour la prospérité du commerce de la Picardie et pour les facilités de la navigation de la Somme. M. Traullé dit que, vers cette époque, le prolongement de la pointe du Hourdel avait tellement fait sentir son action, que toute la masse du flux se portait sur le Crotoy et en approfondissait la passe au détriment du port de Saint-Valery, qui semblait devoir éprouver le sort de celui d'Harfleur à l'embouchure de la Seine [1]. Une étude consciencieuse de la baie eût démontré l'utilité de profiter de cet enseignement pour suivre les vœux de la nature et l'aider au lieu de la combattre.

En même temps, M. de Senermont, directeur du génie militaire à Abbeville, étudiait un projet qu'il adressait au ministre de la guerre et que nous avons retrouvé dans les bureaux du comité des fortifications à Paris. Après avoir fait ressortir tous les avantages anciens que possédait le Crotoy et fait remarquer les traces que porte le sol de son importance militaire et maritime passée, M. de Senermont propose le rétablissement de l'ancien bassin pour les bâtiments du commerce et la création d'un refuge pour les frégates du roi qui y trouveraient un excellent abri.

---

[1] *Mémoire sur la navigation maritime d'Abbeville.* Traullé.

M. de Senermont ne déviait la Somme de son cours libre que pour l'enserrer dans un terrain plus solide, par Noyelles et le Hamelet; il y adjoignait les eaux de la Maye à partir du point le plus rapproché de la forêt de Crécy, puis l'Authie à partir du pont de Collines, ces deux rivières se réunissant à Rue et venant, par un canal commun, aboutir à la Somme dans le port du Crotoy, qui conservait, sans éventualités, tous les avantages qu'il possédait déjà et qu'il tenait de son heureuse position au milieu de l'embouchure de la Somme [1].

« Si l'on exécute le canal sur la rive gauche, disait M. de Senermont, les eaux de la Somme tendront toujours à revenir vers la rive droite, puisque le fond en est plus bas.

» C'est en vain que le projet de Saint-Valery sera exécuté, la province n'aura qu'à en gémir; la surcharge que le nouveau tarif impose au commerce va rejaillir sur tous les habitants; les commerçants seront assujétis comme à présent aux mêmes entraves, et c'est en vain qu'on aura fait une dépense immense, il faudra toujours que le commerce s'occupe du Crotoy que la nature a si bien favorisé; les habitants de Saint-Valery eux-mêmes demanderont bientôt que l'ancien bassin de

---

[1] *Mémoire sur les ports de Saint-Valery et du Crotoy*, 1783. DE SENERMONT. Comité des fortifications, à Paris.

ce port soit agrandi, il deviendra nécessaire à tous et personne ne pourra plus douter combien l'intérêt général a été sacrifié à un intérêt particulier, même mal entendu.

» Si le commerce de Picardie veut rendre profitable les 480,000 livres que Sa Majesté veut bien lui donner, pour créer un port dans la Somme, il faut les dépenser au Crotoy pour y amener la Maye; ce port suffira alors pour le commerce de Picardie, mais si le gouvernement veut que le projet s'exécute en grand et qu'il soit digne du règne de Louis XVI, il faut disposer le Crotoy à recevoir même des frégates, y conduire la Somme, l'Authie et la Maye, et la dépense ne surpassera peut-être pas celle qui va être faite si inutilement sur la rive gauche. »

Nous ne rapportons ces longs détails de M. de Senermont que parce qu'aujourd'hui ils ont une grande signification. M. de Senermont pensait que, dans la situation des choses, l'intérêt du commerce de Saint-Valery était d'avoir un port au Crotoy « dont ils auraient jouï ainsi que toute la Picardie. »

Les observations de M. de Senermont se perdirent, comme tout ce qui était juste dans cette question, devant la tenacité des membres de la chambre de Picardie. Les travaux du canal de la Somme furent commencés à Saint-Valery.

Vers cette époque, le comte d'Artois, qui était apanagiste de la forêt de Crécy, et qui fut depuis Charles X, ayant voulu faire remonter les navires jusqu'à l'entrée de la forêt, conçut le projet d'ouvrir à cet effet un canal qui déboucherait au Crotoy. Ce qu'avait de grand ce projet fut bientôt abandonné; on s'en tint, par suite d'une transaction faite en 1787, à de simples travaux de dessèchement [1].

Le Crotoy attendait d'heureux effets de la création de ce canal, il devait servir à exploiter les bois de la forêt de Crécy qui n'arrivent que difficilement sur charrois par des routes impraticables : le conseil d'administration du comté d'Artois avait donné à entendre qu'il voulait établir la navigation sur ce canal et qu'il donnerait un prime de 600 fr. au premier navire qui irait charger des bois à Regnière-Ecluse, au pied de la forêt. C'est dans ces circonstances que la révolution vint aussi entraver les desseins particuliers formés sur le port du Crotoy, comme elle entravait la continuation des travaux vers Saint-Valery; le canal de la Maye ne servit qu'à dessécher les terrains de l'ancien étang de Rue et les prairies environnantes.

[1] Le canal de la Maye a 2 lieues 1/2 de longueur depuis son ouverture à 200 mètres de la rivière, jusqu'à la scierie hydraulique au Crotoy.

Le projet de rendre la Maye navigable pour utiliser les bois des forêts de Crécy et de Vron, était une idée de M. de Vauban, qui jugeait le projet très-utile pour les ports de Dunkerque et de Calais [1].

Cependant le projet de navigabilité du canal fut repris par plusieurs citoyens; MM. Jean-Baptiste Gamain et Louis Asselin, enseignes de vaisseau, se mirent en tête de l'entreprise et adressèrent, le 8 mai 1793, un mémoire au comité du commerce de la convention nationale, à l'effet d'obtenir l'amélioration et l'appropriation à la navigation du canal de la Maye; ils demandaient que le canal fut mis en communication avec le port du Crotoy, au moyen d'un sas éclusé, que les ponts du Tarteron, de Favières et de la Bonde fussent sur-élevés et que, selon les vues du comte d'Artois, le canal navigable fût continué jusqu'à l'entrée de la forêt. Ils donnaient pour raison à leur requête le mauvais état des chemins qui augmentait le prix des charrois; les bois ne parvenaient plus au Crotoy qu'à dos d'ânes, et le Crotoy perdait ainsi une des ressources qui faisaient vivre sa population. L'exécution du projet aurait encore eu un autre avantage, celui de curer le port et de donner plus de force

---

[1] *Oisivetés de Vauban*. Navigation des rivières, 89.

au courant de la Somme pour l'approfondissement du chenal.

MM. Gamain et Asselin firent construire dans cette intention un bateau plat pour naviguer sur ce canal; mais bien que le district fît étudier leur projet sur les lieux, la discussion traîna en longueur, l'avis de la convention ne vint pas et le bateau construit à cet effet ne put être employé. Aujourd'hui encore le canal de la Maye est à l'état où le laissa le comte d'Artois en 1785; il aurait pu rendre de grands services à l'Etat à cause de la facilité qu'il présentait pour l'écoulement des bois de la forêt de Crécy, et parce qu'il aurait pu attirer l'attention sur l'heureuse position du Crotoy, mais une fatalité implacable semblait peser sur ce malheureux pays : tout ce qui était de nature à faire ressortir ses avantages était systématiquement repoussé; on ne termina point le canal de la Maye.

L'opinion des hommes de la science ne manquait point cependant pour porter l'attention sur les avantages du Crotoy et sur les causes qui les produisaient. M. de Lamblardie expliquait que c'était par l'effet de la prolongation de la pointe du Hourdel que la Somme se tenait plus constamment vers le Crotoy que vers Saint-Valery. « Les causes qui la conduisent à Saint-Valery, dit-il, n'étant qu'accidentelles, lorsqu'elle le peut, elle reprend bientôt son ancien cours vers la rive droite où la nature *la ramène toujours.* »

Nonobstant l'excellence de ces raisons, les travaux du canal de redressement se poursuivaient sur la rive gauche; la Chambre de commerce de Picardie y poussait activement lorsque la révolution de 1789 vint en entraver l'exécution.

XIX

RÉVOLUTION FRANÇAISE

Le Crotoy, ruiné par trois siècles de luttes acharnées, à moitié enseveli sous le sable de la mer qui en avait chassé les principaux habitants; le Crotoy, dédaigné par ceux qui auraient dû, dans les intérêts du pays, tenir compte de l'importance de sa position maritime, le Crotoy ressentit à peine la commotion de la révolution qui vint bouleverser la France et modifier profondément l'ordre social. Les habitants, isolés à l'extrémité de leur presqu'île et presque étrangers à ce qui se passait hors de chez eux, étaient des hommes simples et bons, que n'avait point envahi l'esprit de désordre que les révolutions amènent trop souvent avec elles. La plus grande partie était composée de pêcheurs qui se livraient à leur industrie dans la baie pendant la marée basse ou à l'aide de petites chaloupes lorsque la marée était haute. Peu importait à ces braves gens de vivre en monarchie ou en république; l'amour du foyer et de la famille formait leur seule préoccupation : les appels au service pouvaient seuls leur apprendre que le pays était en guerre.

Depuis longtemps, le château, qui avait fait l'objet de tant de disputes à main armée, n'était qu'un monceau de ruines : les guerres avec l'Angleterre n'étaient plus désormais dans le cas de modifier les conditions d'existence des paisibles Crotelois : c'est à peine, même, si leur attention attachait quelque souvenir et quelque intérêt aux débris d'épaisses murailles qui gisaient sur le sol et dont les pierres servaient à réparer et consolider leurs habitations.

Cependant, un ordre du gouvernement ayant enjoint de planter dans chaque commune un arbre de la liberté sur les places publiques, les habitants du Crotoy, guidés par M. Lecomte, leur maire, attelèrent quatorze chevaux à une voiture et furent dans la forêt de Crécy chercher un hêtre magnifique dont le diamètre était d'environ trois pieds. On le planta sur la place du château, en face de l'établissement actuel des bains; on fut obligé de lui creuser un trou de 10 mètres d'ouverture; mais l'arbre ne reprit point et fut brûlé dans un violent incendie du mois de septembre 1799, dont nous parlerons plus loin. Un autre arbre de la liberté, plus petit, fut planté en face de la maison du maire, mais il ne reprit pas mieux que le grand.

La plantation des arbres avait donné lieu à des fêtes publiques auxquelles chacun prit sa part assez gaiement; il n'en fut point de même lorsqu'il s'agit de descendre les cloches pour les sacrifier au service de la République : ce fut avec une morne stupeur qu'on procéda à cette opération; les cloches furent descendues par une ouverture faite à la voûte du porche. On avait requis des hommes de bonne volonté pour le transport à Abbeville; les citoyens Delahaye, Bourlé, Dubos et Cutton se présentèrent chacun avec un cheval; mais le citoyen Félix Delanoy, officier municipal, qui devait fournir le cinquième cheval, s'y étant refusé, les autres objectèrent l'insuffisance de leurs forces pour transporter un fardeau aussi lourd par les mauvais chemins, et le transport ne se fit que quelques jours après, au prix de 25 fr.

Sauf le maire et quelques notables, les Crotelois concevaient peu de chose à ces manifestations d'un pouvoir qui se substituait violemment à un autre; ils ne commencèrent à comprendre la révolution que par les appels réitérés d'hommes pour le service de terre et de mer. En 1793, sur une population de 891 âmes, le Crotoy avait dix-sept marins en activité de service dans les armées navales et cinq dans les armées de terre [1], soixante autres servaient à divers titres dans la marine marchande et se trouvaient loin du pays, dans différents ports de France [2].

Les guerres de la République et les triomphes des armes françaises, sur mer comme sur terre, éveillèrent cependant dans les marins du Crotoy le sentiment de la patrie [3], plusieurs servirent avec distinction : MM. Jean-Baptiste Gamain et Louis Asselin, alors enseignes de vaisseau, méritèrent des mentions honorables, et M. Desgardin, capitaine au long cours, fut un des officiers distingués de la marine marchande [4].

Les habitants du Crotoy n'étaient cependant pas exclusivement marins. La fertilité des terres d'al-

---

[1] Ces cinq hommes étaient Pierre Roussel, âgé de 42 ans, adjudant de la garde nationale, et André Roussel, son cousin, âgé de 17 ans, Louis Dufour, Nicolas Tavernier et Paschal Garbe; cinq autres s'enrôlèrent à cette époque volontairement; ce furent Valery Fanthomme, Pierre Desfosse, Pierre Battez, Charlemagne Piles et Josse Goguet, tous engagés volontairement.
[2] Procès-verbal pour le recrutement de l'armée, 25 mars 1793.
[3] Le 10 août 1793, Jacques Courtois, Jean Baptiste Fanthome fils, Nicolas Coulon, Hubert Delacroix, Nicolas Delong et Bazile Dubus, furent députés par la commune pour assister à la fête de la confédération à Abbeville et prêter le serment à l'autel de la patrie.
[4] Jean-Baptiste-Arsène Desgardin, mort au port de la montagne, le 27 nivôse, an II.

(*Notes de M. A. Bizet.*)

luvion conquises sur la mer avait porté leur attention vers la culture ; les terres s'amélioraient entre des mains intelligentes, et une nouvelle ressource était créée dont devait profiter le pays. Malheureusement, l'Etat persistait à ne rien faire pour le Crotoy, qui continuant à rester isolé des pays environnants faute de routes, passait généralement pour un pays dénué de ressources.

Cet isolement n'empêcha cependant point le Crotoy d'être atteint par la cruelle famine de 1792 ; personne n'avait de pain à manger et il était presque impossible de s'en procurer. C'étaient tous les jours des plaintes à l'autorité municipale qui n'y pouvait. Cependant, par un arrêté du 11 juin, les officiers municipaux, escortés d'un détachement de quinze hommes de la garde nationale, aux ordres du sieur Cornu, capitaine, et de quinze grenadiers commandés par Nicolas Coulon, se rendirent chez les cultivateurs pour vérifier ce qu'ils avaient de grains dans leurs greniers et faire porter au marché de Rue ce qui serait reconnu dépasser leur approvisionnement nécessaire. En conséquence, des visites furent faites chez MM. Dubos, maire, Tirmarche, Becquet, et chez les veuves Manier, Charlet et Maillet, et environ cent septiers de blé furent désignés pour être vendus aux personnes du Crotoy qui viendraient en demander.

En août 1793, le blé étant encore cher, la commune du Crotoy fut requise de fournir du blé au magasin militaire d'Abbeville [1]. Mais les habitants manquaient eux-mêmes de pain, et le conseil général délibéra que les cultivateurs fussent expressément requis des conseillers municipaux pour apporter, le lundi de chaque semaine, à commencer du 23 septembre, sur le marché du Crotoy, jusqu'à dix-sept septiers de grains pour y être vendus aux prix fixés par la loi [2]. Ces dispositions témoignent qu'à cette époque le Crotoy avait un marché aux grains.

Plusieurs cultivateurs qui essayèrent de vendre leurs blés au dehors furent appréhendés et mis à l'amende. Le 4 octobre, le procureur de la commune, averti qu'une exportation devait avoir lieu par le chemin de Saint-Firmin, y envoya sept hommes de garde nationale qui arrêtèrent un individu escortant un âne porteur d'un sac de blé, lequel provenait de la ferme du sieur Guissy, qui fut arrêté et son blé confisqué.

---

[1] La location du mesurage des grains sur le marché du Crotoy, fut adjugée, pour en jouir pendant six ans, au sieur François Capet, aubergiste audit Crotoy, aux conditions suivantes : 1° que ledit Capet paiera annuellement, le jour de tous les saints, la somme de 21 liv. entre les mains du receveur de la ville ; 2° ne pourra ledit Capet se servir d'autres mesures que celles de la ville, qui lui appartiennent comme ayant ci-devant exercé ledit emploi de mesureur de ladite ville ; 3° il est expressément défendu audit Capet de percevoir plus de deux sous du septier pour son mesurage.

[2] Voir le registre aux délibérations du Crotoy.

Le Crotoy était néanmoins réputé dans tous les pays environnants pour un pays d'honnêtes gens. Le vol y était inconnu, l'ivrognerie n'y était point tolérée. Etroitement liés entre eux, les marins du Crotoy ne laissaient jamais une veuve dans la misère, et les orphelins étaient adoptés par la communauté. L'été on se couchait tranquillement, laissant portes et fenêtres ouvertes, selon que la température le permettait ou l'exigeait; ç'eût été faire injure à la population que de s'éloigner en fermant sa porte à clé : on la laissait sur la serrure ou bien en évidence à un clou près de la porte.

Ces mœurs patriarchales du Crotoy avaient leur cachet jusque dans les cérémonies religieuses et civiles. M. Adolphe Bizet a bien voulu en recueillir les détails que nous reproduisons tels qu'il nous les a donnés :

« Dans la célébration du mariage, les époux étaient à peine sortis de l'église que les jeunes gens du pays soumettaient la nouvelle mariée à une épreuve professionnelle. Le mari était-il meunier, on obligeait la jeune femme à mesurer le grain que contenait un baquet apporté à cette occasion ; était-il forgeron, l'épouse, en habits de noces, prenait le marteau et battait le fer sur l'enclume ; à la femme du marin, on faisait réparer ou nettoyer un filet en mauvais état. Il en était ainsi pour toutes les autres professions; on ne mettait fin à cette épreuve qu'en donnant une gratification aux jeunes gens.

» Ce n'était pas tout, avant de rentrer chez elle, la mariée s'asseyait sur le seuil de la porte, et son père jetait par dessus sa tête plein un plat de morceaux de gâteaux découpés sur lesquels les gens de la rue se ruaient en se bousculant, aux grands applaudissements des invités de la noce. Alors arrivaient le curé et son cortège pour la bénédiction du lit nuptial nommé *courtine* et qui, pour la circonstance, avait été décoré de fleurs et de rubans par les jeunes compagnes de la mariée. Après la bénédiction de la courtine, le curé découpait un gâteau dont il distribuait les morceaux aux gens de la noce, ayant soin de réserver le chanteau pour la jeune personne qui lui paraissait devoir être mariée la première [1].

» Le repas de noces était toujours très-animé, très-gai; les nouveaux époux ne prenaient point place à table; ils servaient les convives qui leur rendaient les os à ronger; ils n'avaient droit de s'asseoir qu'au dessert. C'est alors que la jarretière de la mariée était enlevée avec subtilité par un des jeunes gens de la noce.

---

[1] La bénédiction du lit nuptial par le prêtre, a encore lieu au Crotoy ainsi que la distribution du gâteau arrosée d'un verre de vin.

» Après le dîner, un énorme gâteau, orné d'un bouquet et placé dans un plat d'étain, était porté par la ville, par le jeune homme le plus robuste de la noce, au son du violon et aux acclamations de la foule. A chaque coin de rue, le cortège s'arrêtait et tous les invités qui en faisaient partie, dansaient une ronde autour du gâteau que les gens du pays s'efforçaient d'enlever. Mais alors les gens de la noce se retournaient et faisaient usage de leurs bras pour défendre ce trophée, nommé *gâteau de courtine*. Il arrivait presque toujours que les défenseurs étaient bousculés et que l'énorme brioche, devenant la proie de la multitude, était brisée, morcelée, déchiquetée; chacun en attrapant ce qu'il pouvait [1].

» La soirée se passait en chants et en danses. Les danses, alors en usage, étaient le menuet, la barbière, la gigue, les olivettes et la valse. Vers minuit, si les époux parvenaient à s'esquiver, non pas pour aller se coucher dans le lit de courtine, mais dans quelque endroit secret cherché à l'avance par le fiancé, tous les jeunes gens se mettaient aussitôt à leur recherche, pénétrant et fouillant partout. S'ils parvenaient à les découvrir, on les

---

[1] Le dernier *gâteau de courtine* promené dans les rues du Crotoy eut lieu le 25 septembre 1833, au mariage du sieur Crépin, douanier.

tirait hors du lit et on leur présentait le *chaudeau*, breuvage préparé à l'eau-de-vie ou au vin chaud, fortement épicé et qu'on les forçait à boire avec une cuiller percée; puis on les faisait danser en chemise sur des petits pois semés à terre. On ne s'arrachait encore à ces obsessions qu'en finançant, après quoi les jeunes gens terminaient la fête en dansant dans la rue et donnant des aubades devant les maisons habitées par des jeunes filles à marier. Le lendemain on voyait écrit à la craie, sur les portes ou fenêtres, ce mot d'une orthographe peu prétentieuse : OBADE.

» Les funérailles avaient aussi leurs cérémonies particulières. Aussitôt une personne décédée on arrêtait l'horloge de la maison, on voilait le miroir, on allumait la lampe qu'on suspendait dans l'âtre de la cheminée, puis on renversait l'eau que contenait le seau, afin, disait-on, de laver l'âme du défunt.

». La nuit de la mort, le bedeau de la paroisse parcourait les rues et s'arrêtant à chaque carrefour, il agitait une sonnette et disait d'un ton sépulchral : *Réveillez-vous, gens qui dormez, priez Dieu pour les trépassés! Je recommande à vos prières l'âme de X...., qui est décédé. Priez cinq* pater *et cinq* ave *afin que Dieu lui fasse merci*[1]. »

---

[1] Cet usage existe encore.

L'usage voulait qu'on exprimât bruyamment sa douleur; c'étaient des lamentations et des cris d'une excentricité sauvage. Ainsi, M. Adolphe Bizet, de qui nous tenons tous ces détails, dit avoir entendu, étant enfant de chœur, une veuve éplorée s'écrier : *Min pauvr' homme, j' promettois d' t'avoir eune casaque pour c't' hiver chi, mais ein v'lo eune d'casaque, eine casaque d' six pieds d' terre sur ten dos.* A quoi sa fille répétait sur le même ton : *Pauvr' cher père, j' n'irai pu vous tracher la goutte d'ein eine bouteille sans goulot! Non! non! non! Hi! hi! hi!* Et, à l'unisson, tous les assistants s'exclamaient avec les mêmes gestes de désespoir. Depuis quelques années ces lamentations ont cessé; la douleur est moins bruyante; elle est certainement tout autant sincère.

Parlerons-nous de l'usage qu'ont les grands parents du défunt de monter dans le corbillard, de s'asseoir sur la bière et de s'y abandonner à leur douleur? L'usage a bien son côté poétique peut-être; mais l'hygiène publique devrait l'interdire.

Parmi d'autres usages que nous indique M. A. Bizet, nous annoterons que, dans la nuit du jeudi saint, les femmes et les filles se relevaient pour passer la nuit dans l'église auprès du Saint-Sépulchre; elles y entretenaient la lumière et y chantaient des cantiques.

L'usage de tendre de toiles blanches les rues, le jour de la Fête-Dieu, et d'y faire des reposoirs pour la procession, était depuis très-longtemps pratiqué au Crotoy. Ces tentures n'étaient pas toujours blanches ; on y voyait quelquefois des étoffes de couleurs variées, puis on les ornait avec des figures en plâtre, des miroirs et des tableaux qui n'étaient pas toujours des plus religieux.

Les fêtes les plus chômées étaient saint Eloi, saint Nicolas, saint Crépin et surtout saint Pierre, patron du pays. La veille de la saint Pierre, les jeunes gens, sous la direction du syndic de marine, parcouraient les maisons pour recueillir du bois avec lequel ils dressaient un bûcher dans les molières à l'Est du port. A la tombée de la nuit, le clergé venait en grande pompe, avec croix et bannières suivi de toute la population, pour bénir le bûcher et prier Dieu et saint Pierre de conserver la protection divine au Crotoy. C'était au maire à qui revenait l'honneur d'allumer le feu. Alors, la foule recueillie entonnait avec le clergé un *Te Deum* et d'autres chants d'allégresse. Chacun ensuite se chauffait le plus près possible du bûcher afin d'être préservé de maladies pendant l'année ; d'autres emportaient chez eux des tisons qu'ils conservaient religieusement afin de préserver leur habitation du tonnerre. Les autorités et le clergé ne se retiraient que lorsque le feu était entièrement éteint et les prières terminées.

On appelle cette cérémonie le *feu d'os*, ou plutôt le *feu d'eau*, parce qu'il se faisait au bord de l'eau et qu'à marée haute la réverbération semblait enflammer les vagues. Le feu d'eau se pratique encore aujourd'hui, mais avec moins de cérémonie; le maire, le clergé et les marins n'y figurent plus; seulement quelques jeunes gens accompagnés d'un violon vont danser autour du feu, qui se fait actuellement à l'écart des habitations dans la grève, non loin du moulin de la Galette, où l'on mange des petits gâteaux d'une excellente renommée.

Il était d'usage autrefois d'offrir une brebis, la nuit de Noël, au curé la première année de son installation dans la paroisse. En 1804, il en fut offert une avec grande pompe à M. Riquier, curé : les bergers allaient de soirée en soirée pour préparer cette brebis au cérémonial dans lequel elle devait figurer. Un cuvier placé sur les poutres de la nef, simulait le paradis; on en descendit des enfants attachés par des cordes : c'étaient les anges annonçant la venue du Messie. A la voûte apparaissait l'étoile qui annonçait aux rois Mages l'endroit où l'enfant Jésus devait naître. Cette cérémonie attirait beaucoup de monde au Crotoy. La dernière brebis fut donnée en 1822 à M. Lecadieu, curé. Il n'y a pas très-longtemps que, pendant la messe de minuit, les assistants criaient par trois fois *Noël! Noël! Noël!*

Les jeunes gens aimaient les divertissements; on dansait plus qu'à présent et l'usage n'en était pas défendu. Le bal avait lieu alors sur la place du château, en face de l'établissement actuel des bains. Plus tard, M. Lecomte, maire, fit élever dans une pâture, près du petit Noc, une espèce de guinguette où on se rendait le dimanche et les jours de fête; on y dansait, on y jouait à la paume, divertissement qui, précédemment, avait lieu dans les rues de la ville. Une belle promenade plantée d'arbres avait été créée à cet effet. Depuis cette époque, les danses revinrent sur la place du port, où elles sont encore.

Les marins avaient choisi un cabaret qui avait pour enseigne *au petit Crédit,* chez M. Delahaye. Aux jours gras, la mascarade dansait sur la place de la Croix, située rue de la porte du Pont.

Les soirées, dites *saieries*, étaient pour les habitants du Crotoy, et surtout pour la jeunesse, une grande distraction et un divertissement; elles avaient lieu dans les caves qui, au Crotoy, sont vastes, spacieuses et nombreuses; l'hiver on y avait plus chaud, quelques-unes avaient des cheminées. Les femmes et les filles filaient du lin pour les besoins du ménage ou du chanvre pour les filets de pêche. Comme Hercule aux pieds d'Omphale, le galant tournait le rouet de sa belle tout en lui débitant des propos d'amour. Après le travail venait le plaisir; la soirée se terminait par de petits jeux, on dansait aux chansons, on donnait des gages. C'était surtout la soirée du samedi qui était entièrement réservée pour les jeux. Aux jours gras on se déguisait et on allait de cave en cave pour s'intriguer et se faire des niches.

L'hospitalité était rigoureusement observée envers les étrangers; les marins du Crotoy savaient même se dévouer pour sauver de malheureux proscrits; c'est surtout pendant les guerres religieuses, et à la suite de la révocation de l'édit de Nantes, que les habitants du Crotoy signalèrent leur humanité en sauvant plusieurs infortunés de la proscription et les passant en Angleterre avec autant de désintéressement que de courage [1].

Ces traditions s'étaient sans doute conservées au Crotoy, car pendant la révolution de 1789 plusieurs

---

[1] Au mois de décembre 1681, le roi ayant été informé que le nommé Jacques Boffle, maistre de gribanne, avait fait embarquer, depuis peu au Crotoy plusieurs gens de la religion prétendue réformée pour les passer en Angleterre, fit courir à l'intendant de Picardie par son ministre de Seignelay, afin qu'il en informât et qu'il examinât quelle facilité les religionnaires avaient pour s'embarquer dans ce port. (*Notes pour servir à l'histoire de Picardie, recueillies par M. H.* Dusevel.)

personnes de marque qui fuyaient la terreur du gouvernement révolutionnaire, y trouvèrent des sympathies et les moyens de s'éloigner des côtes de la France. Ce fut là que M. le duc de la Rochefoucault-Liancourt trouva un asile assuré pendant plusieurs jours, jusqu'au moment où, déguisé en matelot, il put s'évader sur un navire qui le débarqua en Angleterre [1].

La tempête révolutionnaire ne souleva donc aucunement les passions au Crotoy. Des proscrits arrivaient, on ne leur demandait point s'ils étaient bleus, rouges ou blancs ; ils étaient malheureux, leur vie était en danger : c'était une raison suffisante, on les cachait et on trouvait toujours le moyen de les faire arriver en lieu de sûreté.

La pêche pendant les guerres avec l'Angleterre était presque délaissée dans les ports de mer, elle ne le fut jamais entièrement au Crotoy ; elle se pratiquait dans la baie, à mer haute comme à mer basse ; car lorsque des croiseurs ennemis bloquaient les ports de Boulogne, de Dieppe et du Tréport, de manière à empêcher la sortie de la moindre barque, les bateaux du Crotoy allaient librement pêcher parmi les bancs de la Somme d'où aucun navire ennemi n'aurait osé s'approcher. A marée basse la

[1] Voir à l'appendice la note n° 10.

pêche se faisait encore dans les grèves sans que les marins eussent à redouter les projectiles ennemis qui, sur les côtes de la Normandie, atteignaient le pied des falaises et empêchaient par conséquent les pêcheurs d'aller librement à leurs parcs.

La baie de Somme était certainement un refuge très-convenable pour mettre des flottilles à l'abri des attaques ennemies; lors du camp de Boulogne, le Crotoy reçut quelques canonnières. L'empereur Napoléon vint à cette époque à Saint-Valery pour voir quel parti il pourrait tirer de cette position; il ne parut point satisfait des travaux qui avaient été commencés. Il critiqua même assez vertement le plan qui lui parut irréalisable [1]. On dit qu'il voulut traverser la Somme pour venir au Crotoy, dont la situation lui paraissait plus avantageuse, mais qu'on le détourna de ce projet à cause de la difficulté du passage. Sans doute une grande décision eût été prise pour l'amélioration de la Somme et son appropriation à la marine militaire si la coalition n'eût détourné son attention pour la porter au-delà du Rhin.

Pendant ce temps, le Crotoy continuait d'être le point maritime le plus fréquenté de la Somme; le séjour des navires étrangers y apportait l'aisance;

---

[1] Voir à l'appendice la note n° 11.

le commerce s'y établissait et y appelait de nouveaux habitants.

Le xviiie siècle, qui avait apporté tant de changements au Crotoy, depuis la destruction de son château et la résolution prise de le priver des eaux de la Somme, se termina par un désastre; le 11 juin 1799, un incendie attribué à la négligence commença sur la place du port et s'étendit dans toute la ville, détruisant soixante-quatre maisons.

XX

LUTTES POUR L'AMÉLIORATION DU PORT

Les travaux de canalisation, commencés en 1784 et interrompus par les évènements de la révolution, n'avaient pu être repris. La Somme semblait avoir fixé définitivement son lit au Crotoy qui était devenu par ce fait un des ports les plus profonds et les plus commodes de la Manche. C'était là que se faisaient toutes les opérations commerciales de la Somme ; le commerce de bois y était considérable, bien que les chemins fussent mauvais et que le canal de la Maye ne pût servir au transport des bois de la forêt de Crécy [1]. M. Traullé a expliqué

---

[1] Pendant la révolution, l'embarquement des bois de chauffage pour l'armée du Nord se faisait au Crotoy. Le sieur Petit, maire de Vron, porteur de pouvoirs de M. Jacques Châtillon, en fut chargé. Il approvisionnait des bois de la forêt de Crécy et autres, appartenant au domaine, les chantiers du Crotoy. On en chargeait beaucoup pour Dunkerque. *(Note de M. A. Bizet.)*

cette fixité anormale du lit de la Somme, par le fait des travaux mêmes commencés sur la rive gauche « avant l'établissement de la digue du canal,
» dit-il, la mer se répandait également sur les deux
» côtés de la baie; tous les vingt-cinq ou trente
» ans, la mer se portait alternativement sur le
» Crotoy et Saint-Valery, mettait par cette marche
» les sables au niveau des deux côtés; mais la digue
» du canal ayant donné aux sables un point d'ap-
» pui et repoussé la rivière, un attérissement en
» pente douce s'est élevé du centre de la baie vers
» la digue du canal, a forcé la Somme de déserter
» le côté gauche, celui du canal, de se porter sur
» le Crotoy et de favoriser l'attérissement qui,
» partant de Petit-Port vers Abbeville, arrive à
» Saint-Valery et finira par se joindre à celui du
» golfe du Hourdel [1]. »

Ce fait étant reconnu et constaté, ne devenait-il pas facile de conserver à peu de frais cette situation? Le malheur de la baie de Somme voulait qu'on vît avant tout Saint-Valery, et à Saint-Valery on sacrifia une navigation facile qui promettait les plus grands résultats.

L'alluvion gagnait considérablement sur la rive gauche; l'ancien port de la Ferté était comblé, il

---

[1] *Abrégé des annales du commerce de mer d'Abbeville.* M TRAULLÉ, page 23.

consistait en une simple rigole qui se faisait jour au milieu d'une alluvion couverte déjà d'herbes marines. Les habitants de Saint-Valery ne cessaient de faire entendre leurs doléances; des suppliques furent adressées au premier consul et à l'empereur Napoléon qui, ayant l'intention de faire un port militaire dans la Somme, fut à Saint-Valery et ne vint point au Crotoy où se montraient tous les avantages de la baie de Somme. On parla sérieusement de continuer les travaux du canal. L'ingénieur Lefebvre, qui avait fait une étude sur la possibilité de navigation dans les embouchures des rivières de la Picardie, s'exprime ainsi à ce sujet :

« On a hésité longtemps entre deux projets, l'un qui faisait passer ce canal le long de la rive droite et aboutissait au Crotoy : il présentait l'avantage de la réunion des eaux de la rivière de Maye et de l'établissement d'une communication facile avec l'Authie et avec la Canche. Il en serait résulté le dessèchement d'une immense quantité de terrains précieux pour l'agriculture. On aurait vivifié et assaini une grande étendue de pays connu sous le nom de Marquenterre, qui est aujourd'hui sous les eaux pendant une grande partie de l'année, et encore très-marécageux pendant l'été. Ce projet rattachait le département de la Somme à ce système de navigation intérieure, le long des côtes de la

Manche dont j'ai parlé en traitant du département du Pas-de-Calais, communication facile, peu dispendieuse à établir et qui, indépendamment de son utilité pour ces départements, deviendrait très-précieux au gouvernement et au commerce en cas de guerre maritime.

» L'autre projet, qui portait le canal à la rive gauche de la Somme, devait aboutir au port de Saint-Valery. C'était à ce dernier qu'on se fixait. L'exécution en a été commencée, mais elle a été suspendue, et les travaux sont abandonnés depuis plusieurs années [1]. »

Alors encore il était temps de revenir au seul moyen praticable de donner une bonne navigation à la Somme : c'était de porter l'entrée du canal sur la rive droite, de construire un avant-port au Crotoy dont le chenal profond et direct donnait, dans les moindres marées, accès à des navires d'un tirant de 15 à 16 pieds. La navigation était facile, commode ; mais il n'y avait pas de port ; il s'agissait de conserver et d'améliorer, de suivre les indications de la nature, et rien n'était à désirer.

Plusieurs écrivains, Marchangy, de Pongerville, se rendant l'écho de l'opinion publique, avaient dit, dans les premières années de la restauration, que

---

[1] *Journal des Mines.* LEFEBVRE, membre du conseil des mines. Tome XII, page 428, an X.

le port de la Somme était désormais au Crotoy et que toutes les ressources de l'art seraient impuissantes pour ouvrir aux vaisseaux le port de Saint-Valery qui, autrefois, recevait ceux de toutes les parties du monde connu [1].

Les navires étant amarrés au Crotoy, étaient considérés comme arrivés à destination et les bulletins de navigation portaient l'entrée à Saint-Valery ; les droits payés au Crotoy étaient censés payés à Saint-Valery. C'était un tort grave contre lequel les habitants du Crotoy eurent le tort de ne point réclamer. Chaque jour, les négociants de Saint-Valery venaient au Crotoy faire leurs affaires de courtages ; le commerce et la navigation de la Somme étaient prospères, sauf cet inconvénient du port du Crotoy substitué forcément à celui de Saint-Valery.

Il importait pour le commerce de Saint-Valery de n'être plus dans cette obligation incommode de traverser la baie, et à cet effet il fallait rapporter à Saint-Valery les avantages du port du Crotoy ; il fallait reprendre le projet de dérivation décrété en 1778 et terminer le canal de dérivation qui devait fixer le lit de la Somme sous les quais de Saint-Valery. En vain les représentations les plus justes

---

[1] *Tristan le voyageur.* DE MARCHANGY, tome III, notes.

et les plus sages furent faites, on n'en tint pas compte. Un employé supérieur des ponts-et-chaussées, M. Mary, s'était marié à Saint-Valery, il crut pouvoir satisfaire aux vœux de ces concitoyens, et son opinion fut d'un effet heureux pour le port de Saint-Valery, qui obtint en 1825 l'autorisation de continuer les travaux de dérivation de la Somme.

C'est alors que parurent en deux brochures les *Observations* de M. L. Estancelin sur le canal de la Somme « on ne peut nier, y est-il dit, que le
» Crotoy peut, en morte-eau, recevoir des navires
» qui, en vives eaux, ne peuvent gagner le port de
» Saint-Valery. On voit que, depuis la Seine jus-
» qu'à Dunkerque, c'est le point de la côte où la
» mer porte la plus grande hauteur d'eau, puisque,
» en syzygie, elle s'élève de 30 à 35 pieds et en
» quadrature elle ne tombe pas au-dessous de
» quinze pieds [1]. »

M. de Sartoris, banquier, concessionnaire des travaux du canal de la Somme, fit étudier la question par son ingénieur, et il en résulta pour lui la conviction qu'avait eu, cinquante ans auparavant, son prédécesseur Laurent; c'est-à-dire qu'il y aurait, pour la navigation du canal, un avantage énorme à le faire déboucher au Crotoy, où toutes

---

[1] *Observations sur le canal de la Somme*, L. ESTANCELIN, 1823.

les causes naturelles d'aprofondissement des passes étaient réunies [1]. Cet ingénieur, M. Bellangé, faisait à ce sujet un rapport dans lequel il disait :
« La profondeur au Crotoy est telle que, même
» dans les moindres marées de morte-eau, des
» navires tirant trois mètres d'eau peuvent y arri-
» ver quand le vent est convenable, et que les
» bâtiments marchands du plus fort tonnage peu-
» vent y parvenir dans la plupart des marées
» moyennes. »

Les meilleures raisons étaient impuissantes contre un parti pris et les volontés de l'administration compétente ; les travaux du canal, abandonnés en 1787, furent repris et poussés avec activité, et pendant ce temps la navigation continua d'être florissante par le Crotoy ; les navires tirant de 10 à 12 pieds d'eau y entraient aussi bien en mortes-eaux que dans les fortes marées. Pour rendre la navigation facile et commode, il ne s'agissait alors que de régulariser son cours depuis le Crotoy jusqu'à Abbeville au moyen de digues submersibles, et la solution de cette question séculaire était

---

[1] M. de Sartoris, après avoir démontré les inconvénients du tracé par Saint-Valery, dit : or, ces inconvénients disparaitraient entièrement par le nouvel embranchement que j'ai proposé de dériver vers Noyelles et qui rendant le canal accessible chaque jour, même dans les moindres marées, aux navires de mer de 150 à 200 tonneaux, élèvera bientôt la ville d'Abbeville au premier rang parmi les places maritimes de la France.

trouvée. Mais comme on l'a vu plus haut, on voulait, en dépit des faits et de la raison, conserver le le port de Saint-Valery. Le bon sens public disait : Vous allez perdre des ressources certaines; savez-vous ce que vous aurez? Une polémique très-vive s'engagea même dans les journaux; aux plus justes observations on répondait : laissez donc terminer, et vous verrez que la Somme, aussitôt dérivée dans le canal de Saint-Valery, se fraiera d'elle-même une voie directe et profonde jusqu'à la mer.

Les travaux furent achevés. La Somme, qui venait d'Abbeville au Crotoy par l'estuaire de Grand-Port et de Noyelles, fut dérivée dans le canal de Saint-Valery; mais, au lieu de se frayer une voie directe de Saint-Valery à la mer comme on l'avait espéré, à peine dégagée de ses entraves à La Ferté, la rivière traversait obliquement la baie et revenait prendre au Crotoy le chenal de prédilection qu'elle s'était creusé.

Le commerce d'Abbeville, prévoyant l'insuccès du chenal à créer de Saint-Valery à la mer, avait exigé, pour la garantie de sa navigation, qu'une ouverture serait conservée à Sur-Somme avec une écluse afin de pouvoir, au besoin, reprendre la voie de navigation par l'ancienne baie; mais les écluses étant restées fermées pendant quelques marées, une forte alluvion vint condamner les portes qui ne s'ouvrirent plus : la Somme passa entièrement par les quais de Saint-Valery.

Il résulta immédiatement de ce fait, le comblement rapide de la baie supérieure ; mais le chenal de la Somme continua néanmoins à revenir de Saint-Valery sur le Crotoy, qui était toujours l'avant-port de la baie et la station où relâchaient les gros navires pour s'y décharger ou transborder tout ou partie de leur cargaison sur des gribannes.

Le tracé du chenal de la Somme et l'état des alluvions de la baie, sept ans après sa dérivation, est parfaitement indiqué par M. de Givry dans ses *Observations nautiques*[1]. « Le Crotoy, dit-il,
» occupe une position très-avantageuse relative-
» ment au circuit que décrit le courant du flot
» dans l'embouchure de la Somme pendant le
» temps où il a le plus de vitesse. Ce courant cure
» le chenal qui passe devant le Crotoy, et ce che-
» nal est toujours plus profond que les autres.
» Les bâtiments qui entrent avec des vents d'aval
» forcés, trouvent toujours dans le port du Crotoy
» ou sur la posée qui est à l'Est, un refuge assuré.
» Le courant du flot, après son entrée dans l'em-
» bouchure, suit la direction que lui imprime la
» rive droite jusque devant le Crotoy, où les bancs

---

[1] *Le Pilote français* de M. de BEAUTEMPS-BEAUPRÉ, avec les *Observations nautiques* de M. de GIVRY. (*Baie de Somme*.)

» qui obstruent maintenant la partie orientale de
» la baie, l'obligent à se diriger vers le Sud-Ouest
» sur le port de Saint-Valery. »

Huit ans après, malgré les travaux faits à Saint-Valery pour détourner le chenal du Crotoy, la situation du courant était la même. M. Baude, ancien conseiller d'Etat, écrivait : « Si nous sommes
» embarqués sur un bâtiment d'un tirant d'eau de
» plus d'un mètre, nous ne parviendrons dans la
» Somme qu'en longeant la côte de Cayeux, en
» doublant la pointe du Hourdel, puis en suivant
» un chenal sinueux qui se rapproche de la rive
» droite jusqu'auprès du Crotoy et revient à la rive
» gauche sous les murs de Saint-Valery¹. »

Comme on le voit, le chenal de la Somme avait perdu à cette époque sa ligne droite du Crotoy à la mer et aussi de sa profondeur. Une grande perturbation avait bouleversé toute la baie. Ses ports n'étaient plus abordables dans les quadratures; les navires à leur destination se trouvaient obligés, pour attendre les vives-eaux, de louvoyer au large ou de relâcher pendant quelques jours dans les ports voisins. Le fret pour les ports de la Somme augmenta ainsi que les taux d'assurances.

Le port de Saint-Valery ne s'améliorait point,

---

¹ *Revue des deux mondes*, 15 août 1845. BAUDE.

et, bien que le chenal de la Somme lui fût assuré par des travaux d'endiguement, de quais et d'estacades, l'entrée n'en était pas plus facile. Une pétition des habitants de cette ville, en date de 1844, se plaint « de l'impuissance du fleuve contre les » attérissements, contre les mauvaises directions » des courants... La navigation est difficile, les » échouements fréquents dans la baie à quelques » centaines de mètres du port. » M. de Beaulieu, ingénieur à Saint-Valery, renchérit encore sur ces détails en disant, dans son rapport de la même année : « Il faut bien le dire, c'est la distance de » Saint-Valery à la mer et la crainte d'échouer » dans la baie qui éloigne les navires dans les » mortes-eaux, et qui paralyse en partie l'accrois- » sement du commerce. »

La Somme était donnée depuis 14 ans au port de Saint-Valery, et, comme on le voit, la situation n'était pas meilleure qu'en 1777, à l'époque où les négociants de cette même ville pétitionnèrent en disant « que les navires échouent en baie, y font des avaries, et s'y perdent *à la vue même du port*[1]. »

Cependant les travaux de redressement du chenal se continuent afin de lui donner la direction de Saint-Valery au Hourdel. Aujourd'hui on n'y est

---

[1] Voir à l'appendice la note n° 12.

pas encore arrivé, bien que la Somme soit encaissée jusqu'au Cap-Cornu ; mais elle a quitté le Crotoy et ne retombe sur la droite qu'au-dessous de la haute terre de Saint-Pierre.

Le Crotoy, privé des eaux de la Somme qui le vivifiaient, conservait néanmoins encore ses avantages ; ils étaient dus au retour des eaux que la marée laissait sur les terres exhaussées de l'ancienne baie. Le port du Crotoy, favorisé ainsi par le jusant, était encore d'un accès plus facile que celui de Saint-Valery qui possédait la Somme. Cette dernière ressource fut arrachée au Crotoy. On travailla à détourner le chenal vers la hauteur de Boismont, afin de donner les eaux du jusant au port de Saint-Valery ; on y parvint, mais peu après ce courant brisa ses entraves et revint encore au Crotoy, jusqu'au moment où l'exécution du chemin de fer de Noyelles à Saint-Valery l'en priva entièrement.

Pour dédommagement à tant de pertes successives (nous n'osons dire à tant d'iniquités), le Crotoy demanda qu'afin de conserver son port, on lui accordât les eaux de l'Authie qui s'écoulent avec peine et inutilement entre les pointes de dunes de Routhiauville et de Groffliers. Déjà, en 1839, le Conseil général de la Somme, sur l'avis conforme des ingénieurs du département, avait émis le vœu de cette dérivation, afin, disait-il, d'entretenir un chenal de ce port à la mer; le vœu fut renouvelé en 1841 et 1848; l'Empereur Napoléon, afin de répondre à une pétition des habitants du Crotoy, exprima le désir que des études fussent faites pour satisfaire à ce vœu; les études et les formalités bureaucratiques durèrent trois ans, après lesquels, malgré les avis favorables des enquêtes, le ministre répondit qu'il n'y avait point lieu à donner suite au projet [1].

Le ministre de la marine, consulté par son collègue des travaux publics sur l'utilité de cette dérivation, répondit : « Le Crotoy est un petit port
» à conserver au double point de vue de la pêche
» et de la navigation. La digue qu'on va faire pour
» ouvrir passage au chemin de fer de Noyelles à
» Saint-Valery, rend indispensable la dérivation
» de l'Authie au Crotoy; autrement on s'expose-
» rait à voir ce port se combler, ce qui causerait
» la ruine de l'inscription maritime sur ce point
» et tendrait à compromettre la sécurité qu'il offre
» aux navires qui, par des vents d'aval forcés, ne
» pourraient entrer au Hourdel [2]. »

---

[1] Lettre de M. le Ministre des travaux publics. *Dérivation de l'Authie et de la Maye dans la baie de Somme.* 28 février 1859
[2] *Mémoire statistique de l'arrondissement maritime de Cherbourg.* Année 1854.

Nonobstant l'évidence des faits, les témoignages favorables donnés à l'appui des réclamations faites en faveur du Crotoy, rien encore n'a été fait pour le soustraire à sa ruine; tout a été mis en œuvre pour lui arracher une à une les ressources dont la nature l'avait gratifié et l'anéantir.

XXI

LE CROTOY A L'ÉTAT MODERNE

Le Crotoy forme actuellement une commune d'une superficie de 1,578 hectares; sa population est de 1,216 habitants; ses maisons sont au nombre de 354 environ.

La population maritime du Crotoy se livre à la pêche et au pilotage; la pêche se fait au large des côtes dans la Manche, jusqu'en vue des côtes d'Angleterre; les bateaux employés à cet effet ont environ 30 tonneaux de jauge et portent dix à douze hommes d'équipage. Ils partent ordinairement le lundi et vont vendre leurs marées dans les ports de Dieppe, Tréport ou Boulogne[1]. Ils rentrent au Cro-

---

[1] Le Crotoy compte onze pilotes et trois aspirants; onze grands bateaux de pêche, trois autres sont en construction; il y a deux constructeurs de bateaux, six capitaines au long-cours, un capitaine et un receveur de douanes.   *(Note de M. A. Bizet)*

toy le samedi soir ou le dimanche matin, car le marin, toujours pieux et soumis, n'oublie point que le jour du dimande est consacré à Dieu et qu'il le doit à ses devoirs religieux. Ces sentiments, qu'on trouve plus vivaces chez le marin qu'ailleurs, viennent de ce que, presque toujours sur mer, isolé entre l'eau et le ciel, n'ayant qu'une planche pour salut, sa pensée s'exalte et s'élève vers Dieu. Dans le danger, le marin n'a d'autre recours que la prière; il prie Dieu de le ramener au port et il forme des vœux qu'il remplit toujours avec une scrupuleuse exactitude[1]. Cependant, nous remarquons dans l'église du Crotoy moins *d'ex-voto*, de tableaux et de navires que dans certains autres ports de mer.

La pêche à marée-basse se fait dans les grèves, mais elle est moins importante qu'autrefois, sans doute parce qu'il y a plus de grands bateaux. Cette pêche n'est donc pratiquée que par de vieux marins retirés, des femmes et des enfants. Elle consiste à tendre des filets dans certains endroits choisis d'après les appréciations des pêcheurs ; ces filets, d'un mètre de haut environ, sont étendus en quart de cercle sur une longueur qui varie de 30 à 50 mètres et attachés à des piquets nommés

---

[1] A bord du bateau pilote le *Saint-Pierre*, tous les vendredis de chaque semaine, l'équipage ne manque point de faire le chemin de la Croix. (*Note de M. A. Bizet.*)

pochons. Les deux bouts se terminent en spirales rentrantes. Lorsque le poisson descend avec le courant et qu'il rencontre le filet, il le suit à droite ou à gauche pour trouver une issue, mais il rencontre la spirale qui le renvoie au milieu du parc. Pendant ce temps, la mer continue à descendre, le parc reste à sec et le pêcheur vient relever le poisson qui est resté étendu sur le sable.

Dans la saison d'hiver, le pêcheur devient oiseleur. Pendant les nuits obscures il tend dans la baie, entre cinq ou six grandes perches nommées *flairons*, de grands filets à larges mailles; lorsque les bandes d'oiseaux aquatiques y donnent, il en est toujours quelques-uns qui s'enchevêtrent dans les mailles et qui y restent attachés jusqu'au moment où l'oiseleur vient les prendre. On a vu dans certaines nuits favorables des flairons plier sous le poids des canards, pilets, sarcelles et autres oiseaux de mer qui s'y étaient empêtrés.

Dans les temps de neige des lacs sont tendus dans les champs, et il est rare qu'on ne prenne quelques milliers d'allouettes.

La pêche du ver marin, servant d'amorce à la pêche du hareng, se pratique aussi dans la baie de Somme par une partie de la population du Crotoy et surtout par les femmes. Une petite pelle à long manche et un seau profond de 8 à 10 centimètres sont leurs instruments. La trace du ver étant reconnue, on fouille avec promptitude jusqu'à ce qu'on le rencontre. Le seau plein se vend aux pêcheurs de Dieppe ou de Boulogne dans les prix de 2 à 3 francs.

Les naufrages étaient autrefois fréquents sur les bancs de Somme, et alors la population du Crotoy y trouvait une grande occupation pour recueillir les épaves et les emmagasiner. Le souvenir le plus ancien de naufrage qui nous soit resté, est celui d'un des vaisseaux de *l'Invincible Armada,* que le roi d'Espagne avait armé pour aller combattre les Anglais[1]. Depuis cette époque, bien d'autres navires furent jetés sur les bancs de Somme; mais aucun détail ne nous a été conservé. La tradition dit que, vers le milieu du xviii° siècle, un navire chargé de lingots d'or vint s'abîmer sur les bancs, et qu'après s'être engravé il disparut sous le poids de sa cargaison. Parfois encore, dans la partie de grève

---

[1] Le 4 novembre 1631, le cardinal de Richelieu, grand-maître chef et super-intendant général de la navigation et du commerce de France, ayant été informé qu'il étoit eschoué par mauvais temps aux côtes du Crotoy en Picardie, un vaisseau espagnol dans lequel il y avait nombre de gens de guerre partis d'Espagne pour aller descendre en Flandre, dont les débris lui appartenoient à cause de sa dite charge, remit au capitaine dudit vaisseau eschoué tout ce qu'il y pouvoit prétendre, à cause de l'alliance et bonne amitié existant entre le roy de France et le roy d'Espagne.

(*Note pour servir à l'histoire de Picardie,* recueillie par M. H. Dusevel.)

aujourd'hui très-exhaussée, qui sépare le Crotoy de la pointe de Saint-Quentin, on rencontre un morceau de bois charpenté qui sort du sable; c'est l'étrave d'un navire; si on creusait à cet indice, on finirait par découvrir la carcasse entière. Depuis quel temps ces débris sont-ils là enfouis? Dieu seul le sait, car aucun souvenir n'en est conservé. C'est probablement à l'époque où l'embouchure de la Maye étant ouverte jusqu'à Rue, des navires y pénétraient; des échouements durent avoir lieu dans ce passage obstrué de bancs, les navires s'y perdirent, s'y engravèrent; il n'en resta rien que les débris dont nous revoyons encore parfois les indices.

Il y a aussi, sur toute la côte du Marquenterre, lorsque les eaux descendent très-bas, des carcasses de navires qui y sont depuis des siècles et qui apparaissent aux yeux, selon que le mouvement des sables les a plus ou moins dégagés.

L'exhaussement du sol entre le Crotoy et la pointe de Saint-Quentin a fait entièrement disparaître l'embouchure de la Maye qui porte encore le nom de *Vau de Rue*. Un peu de terre alluviale se forme le long du lit de la rivière, mais le reste est en formation de dunes, et sans doute dans quelque cinquante années la pointe de Saint-Quentin se rattachera à la pointe de Saint-Pierre par une chaîne de dunes que les vents dominants et la mobilité du sable sont disposés à former.

Le Crotoy semble d'ailleurs tourner ses aspirations vers d'autres entreprises. L'usage des bains de mer, qui se généralise de plus en plus, et auquel toutes les localités voisines de la mer semblent vouloir prendre part, s'est aussi établi au Crotoy. Vers 1840, le sieur Fanthomme commença par construire sous la butte du moulin, et contre les anciennes murailles de la ville, un petit réduit en planches qu'il décora du titre d'*établissement des bains Fanthomme*. Des personnes des environs, puis d'Abbeville et d'Amiens, commencèrent par y venir. La plage, toute de sable fin échauffée par le soleil, est douce, agréable aux pieds; les vagues n'y ont point cette rudesse des bains en pleine côte qui convient aux constitutions vigoureuses; elles ondulent ici plus mollement et conviennent particulièrement aux personnes faibles, aux jeunes femmes, aux enfants maladifs. Beaucoup, si ce n'est tous, y recouvrent la santé et les forces. Aussi le Crotoy est-il spécialement fréquenté par une clientèle de jeunes personnes et d'enfants. On avait même parlé d'y fonder un hôtel de convalescence pour la jeunesse; une société de médecins de Paris s'était formée à cet effet, mais le projet paraît avoir été abandonné faute de fonds.

Le célèbre parfumeur parisien, Guerlain, fit bâtir, il y a environ cinq ans, un hôtel de bains destiné au public. Cette construction, qui a les prétentions d'imiter le style Louis XV, a des défauts et des inconvénients qui nuisent à sa destination. C'est un palais, mais qui convient à une famille plutôt qu'à un établissement destiné à recevoir des baigneurs. Il y avait au Crotoy plusieurs emplacements où, avec une dépense dix fois moindre, on eut avec une sage économie fondé un établissement vaste, spacieux, commode et parfaitement approprié à l'usage des bains de mer. Ici c'est un édifice d'un style lourd et peu gracieux, composé de deux étages; une terrasse élevée sur des grottes voûtées s'étend du côté de la mer où la vue, portant sur toute la partie inférieure de la baie, est admirable. De chaque côté de la terrasse se dressent les cabines des baigneurs.

L'établissement, dans ses proportions exiguës, convient plus à une maison particulière qu'à une réunion de baigneurs; on y est à l'étroit et trop resserré pour avoir ses aises. Le salon est beau, avec son plafond doré et ses immenses glaces, mais c'est un passage qu'il faut nécessairement traverser pour aller dans d'autres pièces. Ajoutez à cet inconvénient, que les portes à deux battants n'ouvrent que d'un seul côté, ce qui est très-incommode pour les dames qui ne peuvent y passer sans endommager leur toilette.

Cette exiguité du corps de bâtiment nécessitait d'autres constructions; on éleva, sur un des côtés de l'établissement, une bâtisse qui contient une vaste salle à manger et des chambres à coucher; mais l'effet en est peu gracieux. Le jardin est trop petit. L'entrée avec sa belle grille serait d'un bon effet si le monument était plus élevé; vu de ce côté, il est écrasé et perd tous les avantages de la position qu'il a du côté de la mer. Il est à croire que l'établissement des bains de mer du Crotoy sera acquis un jour par quelque riche personnage qui voudra en faire un pied à terre. L'établissement public est encore à construire, les emplacements convenables ne manquent pas : alors les baigneurs, qui affluent déjà au Crotoy, y seront satisfaits, car ils y trouveront l'aisance et le confortable, qui est la première nécessité d'un établissement de ce genre.

Les enfants étrangers se plaisent beaucoup au Crotoy parce que la plage de sable est convenable à leurs jeux; à marée-basse ils courent avec les enfants du pays sur la grève; ils se déchaussent, marchent pieds nus dans les petites mares d'eau laissées par la mer et dans lesquelles ils lancent de petits navires. Cet exercice, fait sous les yeux des parents, est très-salutaire à la santé, et c'est sans doute à cette cause qu'il faut principalement attribuer le bon effet des bains de mer du Crotoy sur les enfants rachitiques et de mauvaise venue. Il a donné à MM. de Puyraimond fils l'idée d'établir au Crotoy des régates d'enfants. Chaque année, à un jour désigné à l'avance, chaque enfant se présente avec son petit navire, qu'il oriente à sa manière pour lui faire atteindre le plus près possible le but placé sur l'autre côté du chenal. Après le concours, les prix sont distribués, et Mme de Puyraimond console les moins heureux par des distributions de bonbons. Ce spectacle est très-amusant et rempli d'intérêt.

Ce qui a longtemps manqué au Crotoy, c'est l'ombrage pendant l'été. L'administration de M. Desgardin, maire, s'est appliquée à obvier à cet inconvénient ; des plantations ont été faites depuis plusieurs années, elles croissent, elles prospèrent, et dans quelques années le Crotoy n'aura, sous ce rapport, rien à envier aux établissements de bains de mer les plus en vogue. La place du port a longtemps été occupée par des chantiers de bois qui cachaient la vue de la mer [1] ; elle est aujourd'hui

---

[1] La location de la place du port, qui auparavant était une partie de grève surexhaussée, eut lieu le 26 mars 1792. 1er lot à la dame Cuvelard ; 2e, 4e et 5e Pierre Fanthomme ; 3e Duvauchel ; 6e Jean-

plantée en deux élégants parterres qui promettent d'ajouter à l'embellissement de cette place. C'est la promenade habituelle des désœuvrés du pays : c'est là où on se rencontre, où on cause des nouvelles du jour; des tronçons de mâtures, des fragments d'épaves servent de bancs; les marins, les étrangers, les dames même ne dédaignent pas de s'y asseoir, car au Crotoy l'étiquette est bannie, et l'on chercherait peut-être en vain un établissement de bains de mer où il y a plus de sans gêne, de laisser aller et d'agréable liberté.

Une autre promenade très-fréquentée est la butte du moulin. C'est le point du Crotoy le plus élevé et par conséquent la vigie d'où l'on observe la mer, pour voir les mouvements d'entrée ou de sortie des navires. C'est surtout lorsque le vent est à la tempête que la butte du moulin est visitée; les regards se portent avec inquiétude sur les bancs de Somme où, dans les temps passés, venaient trop souvent s'abîmer des navires avec tout ce qu'ils portaient en hommes et en marchandises.

Cette butte, élevée de vingt mètres seulement au-dessus du niveau de l'eau, était un cavalier dressé pour la défense de la place du côté de la mer[1]; il

---

Baptiste Moinel; 7° Jean-Baptiste Fanthomme; 8°, 9° et 11° Lecomte; 10° Jean-Baptiste Desgardin.

[1] On a vu longtemps sur cette butte une pièce de canon portant le millésime 1381. Elle a été envoyée au musée d'artillerie à Paris.

(*Notes de M. A. Bizet.*)

s'appuyait sur les murailles que les vagues et le temps ont rongées en partie, de manière qu'une partie du bastion s'est affaissée et qu'il a fallu, en 1834, élever un petit mur de soutènement pour préserver le reste de la destruction.

Un moulin, appartenant à M. Bizet père, et non à M. Floyel, comme l'a dit M. Labourt dans son article des *Mémoires de la Société d'Emulation*, est édifié sur cette butte; il est très-ancien et figure sur la carte de Cassini. On l'appela longtemps le moulin du Crotoy [1]. Les empiètements de la mer, dont nous venons de parler, le firent changer trois fois de place. C'est sous une de ses bases qu'on retrouva en 1836 plusieurs pierres tumulaires dont

---

[1] Je Jehans de Neele sire de Talevy fais savoir etc... que comme contens et debas fust mus, de moy d'une part, et du seneschal de Ponthieu au nom du noble prince et mon très chier seigneur Edwart, par la grâce de Dieu roy d'Engleterre et ma chière dame la royne d'autre part, sour ce que je disoie que a moi appartenoit et devoie avoir le moulin à vent du Crotoy, parce que je maintenoie que je l'avoie acquis et acheté durant le mariage de moy et de la royne d'Espagne, que Dex absoille, et le seneschal disoit que, tout fut il ainsi que j'eusse le moulin acheté, si avoit-il payé les deniers des propres biens mon chier seigneur le roy et ma chière dame la royne, accordé en ceste manière que le moulin du Crotoy demouroit et seroit à toujours perpétuellement à mon chier seigneur le roi et à ma chiere dame sa compaigne et à leurs hoirs, en tele manière que pour tout le droit que je ce dit moulin avoie ou avoir paoie par moy et por mes hoirs, me doit faire païer tout le cours de me vie mes chiers sire le roy et madame la royne par leur recheveur de Ponthieu chascun an au terme de le Toussaint vingt livres de Parisis, et sitost que trespassez de cest siècle serai, mes chiers sires le roy et madame la royne sa compaigne et leurs hoirs sont quitte des XX livres devant dites, ne mi hoirs devant dits ne povront riens demander. etc. — Dom GRENIER, paquet 9, art. 3. B.

la Société d'Emulation d'Abbeville a rendu compte dans ses mémoires.

Un phare de marée a été élevé depuis quelques années sur une des tourelles qui flanquaient la muraille au Nord-Ouest de la butte. Au-dessous de cette tour, au niveau de la plage, s'élève l'établissement de bains, dirigé encore par la veuve Fanthomme. La plage y est très-belle et très-fréquentée.

Il y a de ce côté cinq autres moulins édifiés sur les petites dunes qui recouvrent les ruines de la ville romaine.

Le dernier moulin, dit *moulin de Saint-Pierre*, est sur la pointe du banc dit de barre-mer. C'est près de là que s'élevait encore, il y a cinquante ans, l'église de Saint-Pierre. Il paraît que ce monument était négligé depuis quelques années, lorsque le coup de vent du 6 ventôse 1798, enleva le toît en même temps qu'il renversait l'église de Rue[1]. Les matériaux et même les fondations ont été enlevés; sur l'emplacement on a élevé un monument com-

---

[1] Le 28 avril 1793, le conseil municipal de la commune du Crotoy délibère que la pâture de la chapelle Saint-Pierre restera au citoyen Delahaye, ci-devant bénédictin, moyennant qu'il se charge d'acquitter les fonctions ordinaires dont lesdits maire et officiers municipaux s'obligent de remettre au susdit Delahaye les avances par lui faites pour les réparations à faire à ladite chapelle, d'après les quittances qu'il représentera. (*Extrait du registre aux délibérations de la commune du Crotoy*, 4ᵉ registre, n° 3.)

mémoratif, composé de trois pierres tumulaires qui furent trouvées dans le déblaiement des fondations. Nous avons donné le détail de ces pierres à la page 30 de ce volume.

Le moulin de la Galette est au-dessous du moulin de Saint-Pierre. C'est là que les promeneurs vont se reposer de leur excursion dans la grève et se régaler des galettes que la meunière a le talent de faire dans la perfection.

Le Crotoy est d'ailleurs fréquenté en tout temps par les chasseurs, soit pour la chasse en plaine, soit pour la chasse dans les grèves, où abondent, dans la saison, les canards, pilets, sarcelles, courlis et autres oiseaux de mer. La chasse au phoque s'y fait aussi sur les bancs de Somme. On peut s'en rapporter à ce sujet à l'intéressant ouvrage que M. Porphyre Labitte a écrit sur les *Chasses exceptionnelles de la Somme*. On ne pouvait trouver un auteur plus expérimenté et par conséquent plus digne de foi.

Cette fréquentation des étrangers au Crotoy, a transformé rapidement l'ancienne forteresse en une petite ville moderne; le progrès est dans les constructions et dans le développement de la localité; chaque année des bâtisses nouvelles viennent s'ajouter aux anciennes; avant peu le Crotoy aura une nouvelle église plus digne de sa pieuse population; plusieurs rues seront élargies et soumises à un plan d'alignement. La bibliothèque, fondée en octobre 1852, par les soins de M. Adolphe Bizet, alors adjoint intérimaire, commence à s'augmenter; plusieurs dons sont promis et on espère que les ministères n'oublieront point ce petit établissement et qu'il aura aussi droit à leur munificence.

Encore quelques campagnes et le Crotoy aura réellement droit à reprendre son titre de ville. Viennent enfin les travaux depuis si longtemps désirés du bassin et du port, et si le Crotoy ne peut plus prétendre comme autrefois à devenir un des ports les plus fréquentés de la Manche, il sera toujours agréable comme séjour et comme rendez-vous de bains de mer et de chasse.

FIN

APPENDICE

NOTE N° 1

(Page 10)

« Suivant le désir de la Société d'Émulation, écrivait M. Ravin à M. de Perthes, le 21 mai 1833, je me suis rendu au Crotoy avec M. César Roussel, et je l'ai conduit aux divers lieux où j'avois trouvé des restes et des marques du séjour des Romains sur cette côte; je lui ai donné les explications et suis entré dans les développements qui étaient propres à l'éclairer sur l'état primitif de cette antique station et à faciliter ainsi les nouvelles recherches auxquelles il désirait se livrer. Les fouilles qu'il a faites ont confirmé mes propres observations; il a revu ce que j'avais vu, retrouvé ce que j'avais trouvé d'abord. Vous aurez deux témoignages au lieu d'un seul.

» Sur les aires de deux maisons du rivage que M. Roussel a mis à découvert, il a recueilli, presque intact, un vase assez beau en terre rouge, non vernie, beaucoup de fragments de poterie assez fine et de différentes couleurs; des tuiles en grand nombre, des carreaux à paver, une plaque en cuivre brisée, ornée de dessins en relief, des clous, des ossements brûlés et une lame d'acier paraissant appartenir à un petit coutelas à dos épais. J'ai invité M. Roussel à écrire séparément le compte qu'il doit vous rendre sur le travail qu'il vient d'exécuter et qu'il doit continuer en divers autres points dans les champs de Mayoc et leur prétendue tombelle. Je placerai ce compte-rendu à la suite du mémoire que je dois vous adresser depuis longtemps sur la situation romaine du Crotoy. J'espère vous envoyer sous peu le tout ensemble. — *Archives de la Société d'Emulation d'Abbeville.*

D'après M. César Roussel, qui consigna le résultat de ses recherches dans un rapport à la Société d'Emulation, l'ancienne ville décrite d'abord par M. Ravin, et explorée de nouveau, occupait sur les bords de la Somme, à peu de distance et au Nord-Ouest du Crotoy, « une plaine de plusieurs cents mètres de longueur et s'étendait en largeur dans la baie à une distance qu'on ne saurait préciser et qui néanmoins était indiquée, quelques années avant 1833, par les fondations qui se trouvaient sur le sable. » — M. César Roussel prétendit découvrir vers le milieu d'un des côtés de cette ville, le long de la petite côte où sont situés les moulins, les restes d'une muraille en cailloux, de huit mètres de longueur sur soixante centimètres d'épaisseur. La disposition de cette muraille, construite très-solidement, lui fit présumer qu'elle servait d'enceinte à la ville du moyen-âge dont on rencontre les débris auprès, et qu'elle aboutissait, en ligne à peu près directe, à celle faisant obliquement face à la pointe du Hourdel, et qu'on remarque au-dessous du Crotoy même. Les portions les mieux conservées de cette muraille n'avaient alors en élévation que deux mètres. M. Roussel crut reconnaître au pied de cette muraille les vestiges de deux habitations romaines dont l'une avait quatre mètres cinquante centimètres de long sur trois de large, et l'autre quatre sur trois ; l'aire de la première était formée d'un ciment de terre grise incrustée de cailloux ronds assez régulièrement rangés, semblables à ceux que l'on trouve sur nos côtes ; l'aire de la seconde était formée de carreaux de quatre cent quarante millimètres de longueur sur trois cents de largeur et trente-cinq d'épaisseur ; ces carreaux étaient placés sur un mortier en tout pareil à celui de la première habitation. Ces aires se trouvaient presque à niveau des grandes marées et inférieurement au sol superficiel de plusieurs pieds. — Le sable que M. Roussel fit enlever pour arriver à ces découvertes était, dit-il dans son rapport, rempli de fragments de tuiles à rebord et fort épaisses, appelées vulgairement *sarrasines*, de faîtières entières de 340 millimètres de longueur sur 300 de courbe et 30 d'épaisseur, de débris de plus de trente vases dont un tiers de la plus grande beauté, d'une terre très-fine, rouge, blanche, grise ou noire. On reconnaissait que ces vases avaient tous été « unis et à beaux filets. » M. Roussel recueillit en outre dans le sable une quarantaine de clous à large tête ronde, une sorte de petit coutelas altéré par la rouille, des ossements en partie brûlés qui souvent étaient colorés en vert par l'oxidation provenant — la supposition est de M. Roussel, — de la décomposition d'objets en cuivre qui probablement se trouvaient dans ces ruines, une petite plaque en cuivre très-bien conservée offrant des ornements en relief, un fort joli vase ventru, de moyenne grandeur, à petit orifice, avec une anse d'une terre rougeâtre et d'une cuisson parfaite; enfin, deux médailles : l'une, de moyen bronze très-fruste, paraissait appartenir au règne de Constantin; l'autre, de petit bronze, frappée à l'effigie de Posthume. M. Roussel crut remarquer que tout dans ces débris gardait encore des traces de combustion.

M. Roussel ajoutait qu'en d'autres endroits et toujours dans la direction de la muraille, il avait souvent rencontré des ruines amoncelées indiquant, suivant lui, des constructions romaines.

Le rapport de M. Roussel était daté du 23 mai; quelques jours après il présenta à la Société d'Emulation plusieurs objets trouvés par lui dans les fouilles. M. Ravin, dans une lettre adressée à M. de Perthes, le 30 mai, eut la précaution de devancer la présentation de ces objets par cette note :

« Des différentes pièces que M. Roussel doit présenter, vendredi prochain, à la Société, les tuiles, les carreaux à paver, les deux médailles et le vase en forme d'urne, sont les seuls dont l'origine ou la facture sont, à mon sens, incontestablement romaines.

« La plaque en cuivre me paraît être d'un autre âge ; elle faisait, je crois, partie d'un couteau de chasse assez moderne. La forme qui lui est particulière, le genre des ornements, la nature des dessins qui y sont gravés, me semblent l'indiquer. Ce sont des chiens au repos ou à la course d'un côté, et, sur l'autre face de la plaque, c'est un chien prenant un gibier. L'encadrement de ces petits tableaux ne me paraît pas être dans le goût antique.

« Je regrette que M. Roussel ne m'ait pas fait voir les ossements qu'il a recueillis. C'était un point intéressant à examiner; mais le mal n'est pas grand, puisqu'il est réparable. Des deux fragments qu'il m'a montrés hier, l'un est tout à fait indéterminable, l'autre paraît appartenir au brachius d'un porc.

« Sans compter les médailles, les fragments de cuivre ne sont pas rares dans l'emplacement de l'ancienne bourgade romaine, ils ont pu verdir les ossements qui se sont trouvés en contact avec eux. Je n'ai pas vu ceux que M. Roussel a recueillis; mais comme ils sont actuellement sous vos yeux, mes habiles confrères et collègues Vésignié et Picard pourront les reconnaître. Les espèces d'animaux que les Romains consacraient le plus ordinairement à leurs sacrifices étaient le porc et le mouton. »

M. Ravin ajoutait que si le but de la Société n'était pas seulement de faire des reconnaissances archéologiques, mais aussi de recueillir des objets propres à garnir un musée, il serait avantageux d'entreprendre quelques nouvelles fouilles sur la plage « où les ruines de la station romaine sont mêlées aux décombres de la bourgade du moyen âge. — *Archives de la Société d'Emulation d'Abbeville.*

En 1835, on trouva près du Crotoy le squelette d'un homme ayant un anneau de fer soudé au cou. Ce squelette parut être du treizième siècle. L'anneau était oxydé et d'un poids assez considérable; il fut acheté par M. Boucher de Perthes.

Nous avons vu dans les Archives de la Société d'Emulation les empreintes de trois sceaux trouvés au Crotoy, au pied de la tour où fut enfermée Jeanne d'Arc. Ces sceaux furent trouvés en 1835. — Ils sont, je crois, au Musée d'Abbeville.

D'autres sceaux dont les empreintes existent aussi dans les Archives de la Société d'Emulation, ont encore été trouvés au Crotoy au mois d'octobre de l'année 1837.

NOTE N° 2

(Page 44)

La lettre du marquis Lever est citée par M. Prarond dans sa notice sur le Crotoy. Nous la donnons ici :

« L'acte de 1150, que vous citez sur le Crotoy (dans l'abrégé sur le commerce d'Abbeville), ne fait pas mention que la querelle entre le comte de Ponthieu et le seigneur de Saint-

Valery fut, de la part du comte, à l'effet d'élever un château pour protéger la navigation de la Somme. C'est tout au plus une conjecture qu'on pourrait tirer ; mais elle cesse d'être fondée lorsque dans l'acte on voit : *controversia et guerra inter nobiles viros, scilicet Joannem, comitem Pontivi et Bernardum de S. Walerico, eo quod dictus comes firmabat quoddam castrum in portu maris quod dicitur Crotois ex adversus portus S. Walerico qui erat dicti Bernardi. Dictus etiam Bernardus firmabat quadam castra apud Domcart et Bernuez et Bernavillam et scietur*, etc.

« D'après cet exposé, il est bien certain que la querelle venait de ce que tous deux édifiaient et avaient la prétention d'avoir le droit d'édifier des forteresses, et que ce n'était pas de la part du comte de Ponthieu pour protéger la navigation de la Somme. On sait qu'alors les seigneurs cherchaient à se fortifier simplement pour se rendre puissants dans leurs terres, témoin ici le seigneur de Saint-Valery, dont les châteaux qu'il voulait élever ombrageaient le comte de Ponthieu, qui, à son tour, inquiétait le seigneur de Saint-Valery par l'édification du château du Crotoy.

« Il y a plusieurs remarques à faire dans cette pièce :

« 1º La date 1150 ; alors Jean, comte de Ponthieu, était certainement en tutelle, puisque je possède une charte de 1155 où lui et son frère Guy disent : *paterno sigillo munimus quia nundum proprium sigillum habemus*. On sait que dans ce temps on n'avait droit de sceau qu'à la majorité ;

« 2º Si cet accord eût été de l'an 1150, certainement les seigneurs feudataires du comte de Ponthieu, et principalement surtout les tuteurs, y auraient comparus comme témoins ;

« 3º Cet acte n'est pas certainement de 1150, puisque la paix se fait devant Hugues Ier, abbé de Corbie, comme suzerain des terres de Domart, Bernay et Bernaville, et devant le comte de Chartres, que le roi avait envoyé comme son commissaire. La *Gallia christiana* dit que cet abbé fut élu en 1172, et qu'il mourut en août 1185 ; mais on peut faire concorder tout cela en disant que la querelle a pu commencer en 1150, parce que cette pièce commence par une narration historique en ces termes : *tempora gloriosi Ludovici regis patris Philippi regis francorum moto fuit*, etc. Vous aurez pu voir cet acte dans la collection que je fais des chartres des comtes de Ponthieu, où je l'ai inséré non comme chartre, mais comme monument historique, par lequel il paraît certain que Jean, comte de Ponthieu, a fait édifier un château au Crotoy. Mais qu'est devenu ce château ? Je n'ai vu que cet acte qui en fait mention avant celui que bâtit le roi Edouard, comte de Ponthieu, qui acheta en 1365 différents terrains pour cette édification. »

Le différend dont il est ici question s'appliquait seulement, selon M. H. Dusevel (*Etudes sur l'histoire de Picardie*), à la fortification des châteaux du *Crotoy*, de *Domart*, de *Bernay* et de *Bernaville*, opinion que semblent d'ailleurs justifier les termes de l'acte cité plus haut.

NOTE N° 3

(Page 115)

CONVENANCE POUR LE PORT DU CROTOY

Je Willaume quens de Ponthieu et de Monstroil, fais assavoir à tous ceulx que ces lettres verront ou oïront que telle est la convenance faite entre moi et mes bourgeois d'Abbeville, que li marcheans qui nefs ont à tous siement, toutes les fois que ils voudront par mer, leur marcheandises ou les autres mener du port du Crotoi, doivent mouvoir et en reparier en Somme au port du Crotoi arriver. Se par force de tempeste, aucune de les nefs coinner ailleurs arriver dedans tierce marée que la tempeste ora cessée au port du Crotoi. A toutes leurs marcheandises doivent reparier et illeques les marchandises acquitter. Li marcheans qui nefs aront sans sientre se ils menent accoirs coustumes devant acquitter les nefs sous suivants de la mer en Somme repairants dusques à Abbeville porront paisiblement très passer à toutes les marcheandises coustumes devants sans chalage et sans amendise et de le renvoyer au Crotoi leurs loiaux coustumes, se par force de mer telles nefs ailleurs en Somme que au Crotoi aient été menées. Li marcheans de telles nefs devant tierce marée au Crotoi doivent reparier et acquitter les accoires des nefs, mêmes illeques par leurs serement. Et si est assavoir que tels nefs ne doivent nul siège ne autre poissons au le coustume et port du Crotoi. Et si est à savoir que les acquittances doivent être faits par les loiaux coustumes et antienes du port mesme selon le jugement et le ressort du mayeur et des eskevins et des anciens hommes sages de Rue. Le garde qui li homme de Rue reclamoient et port mesme doit être devenue au néant. D'autres marcheans d'Abbeville est il en terre etrange sans flex et aucune marcheandise par avanture eut acheté et ne pût trouver qui vaussit arriver et port du Crotoi et par essoigne li consent autre nef louer à son avoir mener en Somme et en autre port en Somme que au Crotoi, telle nef mesme arrivoit. Li marcheans de dans la tierce marée que il sera arrivez doit venir au Crotoi et illèques ses marcheandises par son serement acquette et jurer. Se mes serians que mes droitures illeques garde veoir qui il nef arriver par ceste convenance, tous les marcheans d'Abbeville mer et Somme heurtant doivent être francs et quites par tout mon pouvoir de tout mal honte et de tout lagan par manoblement et quel sous que choses que adviene de pays ou de guerre que Dieu ne voille entre moy et le commune d'Abbeville. Se par adventure avenoit tous les marcheans d'Abbeville par le fleuve de Somme en le mer allant et de la mer à Abbeville, repaire et il port du Crotoi à tout leur marcheandises demeurent par la convenance devant écrits en mon sauf conduit doibvent demourer par manoblement et paisiblement der se come il est dit a les repairer et el port du Crotoi demeurier. Je ai, cette convenance confirmé par mon serement fait solemnellement et par cette chartre presente enfarlée dessous le cyrographe par le garnissement de mon scel si que je dois avoir une partie du cyrographe à tout le sceel de le commusne et li bourgeois devant dit l'autre partie à tout ma seer.

(Folio 4 verso folio 5 recto du *cartulaire du Ponthieu de le livre rouge*. Bibl. imp. n° 310. Copié par M. LEVER de Montreuil en mars 1811.)

NOTE N° 5

(Page 113)

LE CROTOY

Avec ces murs croulants et ces derniers créneaux,
    Tristes débris de splendeurs d'un autre âge,
Bien loin à l'horison, sous un ciel sans nuage,
    Le Crotoy se dessine et sort du sein des eaux.

Voilà donc cette ville, autrefois si fameuse,
Où la vierge de Vaucouleurs
Dans l'ombre du cachot témoin de ses douleurs,
Languit captive et malheureuse ;
Tandis qu'un prêtre impie et Bedfort le boucher
Du tribunal sacré contre elle armaient la rage
Et préparaient à son courage
La potence du bûcher.

Vingt fois sur ces fortes murailles
L'Anglais victorieux planta ses étendards ;
Et vingt fois le sort des batailles
De ces murs reconquis chassa les Léopards.

Sur cette grève solitaire
Où gronde la fureur des vents
Repose plus d'un fils de la terre étrangère
Que la guerre a couché dans les sables mouvants
Et le goëland, seul, triste oiseau de notre âge
Mêlant sa voix plaintive au murmure des flots,
Eveille au loin ces longs échos
Qu'avaient troublés jadis tant de cris de carnage.

LOUANDRE

Bibliothécaire et Archiviste de la ville d'Abbeville.

NOTE N° 6

(Page 186)

ORIGINE DE L'ANCIEN HÔPITAL DU CROTOY.

La fondation de l'ancien hôpital du Crotoy remonte au XIVe siècle ; elle est due aux libéralités de deux habitants du pays, les sieur et dame Vadicocq. Voici comment s'expriment à cet égard les anciens titres conservés dans les archives de la commune :

Les biens de l'hôpital du Crotoy ont été donnés par sire Jean Vadicocq, bourgeois et mayeur dudit Crotoy et damoiselle Marguerite Dorémus son épouse, par leur testament mutuel et ordonnance de dernière volonté, en date du deux octobre 1362, à condition, en termes formels et précis, que les biens desdits sieur Vadicocq et Marguerite Dorémus, seront employés à avoir un chapelain pour acquitter une messe tous les jours de la semaine dans ledit hôpital, dans le temps d'été à l'heure que le soleil se lève, et en temps d'hiver plus matin que se peut, et que le surplus sera employé pour le soulagement des pauvres.

Les biens donnés par les sieur et dame Vadicocq, consistaient d'abord en 48 articles, maisons ou pièces de terre, situées tant au Crotoy qu'Abbeville ou Rouvroy, dont la plupart avaient été données à charge et redevance perpétuelle ou de cens; puis en cent cinq journaux ou environ 39 hectares de terre sis à Valines et à Franleu.

Jusqu'à l'union, les revenus de ces biens furent employés conformément aux intentions des donateurs; une partie des revenus servait au traitement d'un chapelain particulier qui résidait dans les bâtimens de l'hôpital; le reste était distribué aux pauvres. Cet ecclésiastique, indépendamment du service religieux qu'il acquittait journellement suivant les intentions des bienfaiteurs, avait la charge de recevoir dans l'une des pièces de l'hôpital les enfants du pays et de leur donner l'instruction scolaire; de plus c'était lui qui distribuait les secours aux pauvres sous l'inspection et le contrôle de l'autorité municipale.

L'hôpital, les bâtimens qui en dépendaient ne recevaient point de malade; on n'y donnait point ordinairement l'hospitalité; l'édifice était occupé, partie par le chapelain, le reste servait à l'école et à l'administration municipale; on disait dans la chapelle la messe fondée par les sieur et dame Vadicocq.

Les choses durèrent en cet état jusqu'au commencement du dernier siècle. Les édits de Louis XIV de 1672 et 1693 relatifs à la réunion des biens des anciens hôpitaux et maladreries à d'autres maisons hospitalières n'avaient point été appliqués au Crotoy. L'autorité locale avait sans doute pensé qu'une mesure qui avait pour but de remédier à de grands abus d'administration, de conserver et protéger le bien des pauvres contre les usurpations des seigneurs et des particuliers ne devait point s'appliquer à une institution qui présentait le double caractère de la piété et de la bienfaisance, heureuse combinaison qui, en associant le clergé à la distribution des secours, présentait les meilleures garanties que l'on puisse obtenir du bon emploi des revenus.

Il y avait encore une raison pour que la fondation du Crotoy fut maintenue : l'édit du roi ne s'appliquait qu'aux hôpitaux et maladreries fondés originairement pour recevoir des malades ou des pauvres et qui avaient cessé de donner l'hospitalité ; c'étaient des biens délaissés sans emploi, et dont profitaient seulement de prétendus administrateurs ou des usurpateurs, la situation n'était pas la même au Crotoy ; l'hôpital ne recevait pas de malades ; les donateurs n'avaient point fait de l'hospitalité une condition essentielle de leur legs ; ils avaient voulu que leurs libéralités servissent à secourir les pauvres ; leurs intentions étaient remplies. L'institution du Crotoy avait donc un caractère tout particulier qui pouvait la mettre en dehors de l'application de ces édits ; c'était une institution pareille à nos bureaux de bienfaisance d'aujourd'hui, employant ses revenus à soulager les pauvres tant en santé qu'en maladie.

UNION

En 1734, l'institution du Crotoy fut profondément atteinte et modifiée sous l'influence de causes tout-à-fait étrangères à la commune et même au mode d'administration des revenus : la fondation de l'hôpital d'Abbeville fut la cause ou le prétexte de la suppression de la maison de secours du Crotoy. Des lettres patentes du mois d'avril 1727, décrétèrent l'établissement de l'hôpital général d'Abbeville et par l'article 4 desdites lettres, le roi lui accorda toutes les maisons lieux, fonds et revenus affectés aux pauvres de ladite ville, faubourg et banlieue abandonnés ou usurpés à cinq lieux à la ronde. L'article cinq ajoute que toutes les aumônes de fondation ou d'usage qui se distribuent à cinq lieux de la ville, soit en argent, grains ou autre nature dont peuvent être tenus les églises, abbayes, prieurés, commanderies, monastères, confréries, et toutes communautés séculière et régulière appartiendront audit hôpital et pourront être revendiqués par lesdits administrateurs et appliqués au profit des pauvres qui y seront renfermés.

. . . .

Le roi faisant droit aux prétentions d'Abbeville, ordonna en son conseil que les fonds et revenus dudit Hôtel-Dieu de

Saint-Nicolas de la ville du Crotoy, seraient et demeureraient à l'avenir réunis à perpétuité et incorporés avec les autres biens et revenus dudit hôpital général d'Abbeville, à la charge par les administrateurs d'icelui d'entretenir la chapelle dudit Hôtel-Dieu du Crotoy, et d'y faire acquitter une annuel de messes par chacun an, conformément à l'acte de fondation du 2 octobre 1362, par un prêtre qui sera à la nomination des mayeurs et échevins de ladite ville du Crotoy, et qui résidera dans ladite ville, et à la charge aussi par lesdits administrateurs de l'hôpital d'Abbeville de recevoir, nourrir et entretenir, dans ladite maison les pauvres malades dudit lieu du Crotoy, qui y seront reçus par préférence jusqu'à concurrence des revenus réunis, et pour fixer le nombre des pauvres dudit lieu du Crotoy qui pourront être reçus dans ledit hôpital d'Abbeville, Sa Majesté, a commis le sous intendant de la généralité d'Amiens auquel elle enjoint de tenir la main à l'exécution du présent arrêt, lequel sera exécuté nonobstant opposition ou empêchement quelconque, dont si aucuns n'interviennent, Sa Majesté se réserve la connaissance et icelle interdit à toutes les cours et autres juges.

Cet arrêt est du 26 octobre 1734.

. . . .

La commune du Crotoy présente une population de 1,176 âmes répandue sur un terroir de 1,578 hectares, et formant plusieurs centres de population dont le plus important : le Crotoy, port de mer, situé sur la baie de Somme, compte 825 habitants. Vient ensuite Saint-Firmin, paroisse de 255 âmes, des hameaux, des groupes de fermes, tels que la Bassée, Mayoc, le Champ-Neuf, le Tarteron, etc., se trouvent répandus sur cette grande surface pour la culture des terres et l'exploitation des pâturages.

La population de la commune consiste principalement en marins, en ouvriers et cultivateurs, il y a en outre un certain nombre de propriétaires, de marchands, négociants et armateurs.

Les gens de mer, avec leurs familles, forment plus de la moitié de la population du Crotoy; les hommes s'occupent de la pêche, de la navigation, du pilotage, leurs femmes et leurs enfants se livrent particulièrement à la recherche des vers et à la pêche des sauterelles : le Crotoy compte aujourd'hui 113 matelots classés et inscrits sur les registres de la marine; 42 marins sont actuellement au service de l'Etat sur la flotte :

15 autres sont dans le pilotage; la douane en occupe 5, indépendamment des inscrits et de ceux affectés à des services spéciaux, il y a dans la commune 20 anciens marins de différents grades retraités et dont quelques-uns pratiquent encore un peu la mer.

Le nombre des ouvriers civils et ruraux est dans une proportion assez forte comparée au restant de la population, à cause des grandes fermes qui existent dans le pays et dont la culture, généralement avancée, exige beaucoup de main d'œuvre. La population laborieuse, ouvriers, marins, celle enfin qui attend son existence de son salaire journalier, est plus nombreuse qu'ailleurs, relativement à la population aisée. Les trois quarts des familles du Crotoy peuvent être placées dans cette catégorie : ce sont des gens qui vivent ordinairement avec facilité, parce qu'ils ont des principes religieux, de bonnes mœurs, de l'ordre, l'amour du travail, l'esprit d'entreprise, et que tout le monde, dans la maison, hommes, femmes et enfants concourt à apporter son contingent, à le réunir au salaire du père de famille; mais quand celui-ci vient à manquer, quand il est malade, désigné pour le service de la flotte, ou qu'il vient à périr en mer, la position est bien différente : à l'aisance succèdent les privations, la misère et souvent la détresse dans les années malheureuses, comme 1847 et comme celle où nous sommes aujourd'hui, où les inconvénients résultant de la cherté du grain sont venus se compliquer d'une levée considérable de matelots qui a enlevé à notre commune quarante-deux chefs ou soutiens de famille, qui laissent dans leurs foyers dix-huit femmes et vingt enfants en bas-âge, on doit comprendre tout ce qu'il y a de misères à soulager dans cette partie seulement de notre population laborieuse.

Nous avons, il est vrai, un bureau de Bienfaisance dont le dévouement est incontestable; mais que peut-il faire dans de pareilles circonstances avec les 250 francs qu'il reçoit de l'hôpital d'Abbeville? il faut alors que la commune y subvienne; le conseil municipal met tout ce qu'il peut à sa disposition, et les habitants de la commune pourvoient au surplus à l'aide de subventions ou d'aumônes distribuées à domicile; quelques faits, quelques chiffres feront, plus que tout ce qu'on pourra dire, apprécier la situation de la commune à cet égard. En 1847, le budget des recettes du bureau de Bienfaisance s'est élevé à la somme de 1,348 fr. 50 c., composée 1º de souscriptions volontaires pour 1,003 francs; 2º dons anonymes 61 francs 50 centimes; 3º quêtes à l'église 23 francs 50 centimes; 4º troncs des pauvres 10 francs 50 centimes; 5º subvention des hospices d'Abbeville 250 francs.

Avec ces ressources on a secouru 33 familles composées de 106 personnes.

En 1854, voici jusqu'à ce jour la situation du bureau de Bienfaisance : il a reçu 455 francs composés : 1º de 150 fr. provenant des permis de chasse; 2º 180 fr. sur le fonds des deux millions accordés par le gouvernement; 3º et 125 fr., subvention des hospices d'Abbeville. Il a dépensé 723 francs 28 centimes et secouru 28 familles composées de 52 personnes, dont 15 familles de marins qui sont maintenant dans le besoin en raison du service que leurs soutiens, père et frères, font sur la flotte. Le bureau de Bienfaisance ne pouvant suffire, la charité privée en a tout au moins autant à sa charge. Si le bureau de Bienfaisance recevait les trois à quatre mille francs de rente provenant des anciens biens de l'Hôtel-Dieu et détenus aujourd'hui par l'hôpital d'Abbeville, il est évident que cette situation changerait complètement et qu'avec le concours de la charité privée il n'y aurait plus de misère possible au Crotoy.

Voyons maintenant ce que deviennent nos revenus, l'emploi qu'on en fait et celui qu'on en pourrait faire. Le Crotoy, chef-lieu de la commune, est à plus de 26 kilomètres d'Abbeville. Saint-Firmin, son plus fort annexe, en est à 30 kilomètres. On comprendra qu'en cas de maladie il soit difficile d'aller chercher des secours à une pareille distance, surtout si l'on veut se rendre compte de l'impression que doit produire le séjour de l'hôpital d'une grande ville, où la mortalité est fréquente, sur des hommes simples habitués, au grand air, relégués au milieu de leurs dunes à l'extrémité du monde, ou vivant sur la mer comme les marins du Crotoy. On aime mieux mourir au milieu des siens que d'acheter la santé à de pareilles conditions. On sait, d'ailleurs, toute la répugnance qu'éprouvent les gens de la campagne à se faire transporter dans les hôpitaux des villes. La plupart des édits d'union n'ont point profité aux pays de l'origine des biens faute d'usage des habitants. On peut citer un exemple bien remarquable et qui témoigne de l'aversion générale et instinctive des habitants ruraux de nos contrées pour ce genre d'hospitalité. La commune de Boves, qui vient d'obtenir dernièrement sa désunion, avait été réunie en même temps et par un même édit que huit autres communes des alentours d'Amiens à l'Hôtel-Dieu de cette ville; Boves est la seule de ces communes qui, grâces à la vigilance de ses anciens seigneurs, ait conservé la tradition de cette union : les cinq autres ont vu disparaître leurs hôpitaux, réunir leurs biens à l'Hôtel-Dieu d'Amiens, sans jamais réclamer le bénéfice de l'union ; et à l'heure qu'il est, elles ignorent complètement qu'elles auraient des droits d'hospitalité à réclamer contre l'Hôtel-Dieu d'Amiens.

Nous pouvons encore citer un fait beaucoup plus significatif à la commune d'Amiens. A une banlieue d'environ quatre mille âmes, composée d'ouvriers, de petits cultivateurs dont les villages sont à une distance de deux à quatre kilomètres de la ville. Ces gens ont les mêmes droits que les habitants de la ville aux établissements de bienfaisance, et cependant ils en profitent fort peu ; c'est bien rare quand ils envoient des malades à l'Hôtel-Dieu.

Il est des causes qui font obstacle à ce que les campagnes puissent user de cette faculté, ce sont les mœurs; les hommes de la campagne éprouvent une répugnance instinctive à se séparer de leur famille dans le cas de maladie, parce que l'attachement au foyer domestique, l'esprit de famille, les liens de la parenté sont plus chez eux que dans les villes. L'opinion publique flétrirait une femme qui délaisserait son mari malade pour l'envoyer à l'hôpital.

Indépendamment de ces causes générales qui influent sur l'esprit des campagnards, il en est d'autres qui sont particulières au Crotoy : d'abord l'éloignement, la différence des lieux, les habitudes toutes particulières d'une population maritime.

Le Crotoy est un lieu extrêmement sain ; la ville est bâtie à l'extrémité d'un promontoire qui s'avance vers le milieu de la baie et y forme une saillie considérable ; la mer contourne le Crotoy, elle enveloppe plus de la moitié de sa circonférence. La ville touche d'un côté à une chaîne de dunes qui se prolonge le long de la baie et de l'autre à des terres à champ en parfait état de culture, garnies de plantations ; dans de pareilles conditions un pays doit être salubre. Ce qui le prouve, au surplus, c'est le concours de ces nombreux étrangers qui viennent chaque été y chercher la santé en respirant son air pur, ou en prenant des bains de mer ; ce qui le prouve, c'est l'état de la santé publique aux deux invasions du choléra, en 1832 et en 1850.

Les habitants du Crotoy, marins ou gens de terre, ont des habitudes d'isolement qui leur sont particulières et qui tiennent à la position semi-insulaire de leur pays. Le Crotoy n'est point un lieu de passage, après le Crotoy c'est la mer. Il est rattaché par un embranchement spécial au chemin vicinal de grande communication de Rue à Abbeville. Cet embranchement ne sert qu'à lui seul et forme impasse au Crotoy; il faut aller exprès au Crotoy. On va et revient nécessairement par le même chemin. Si ce n'est l'été, au moment des bains de mer, le Crotoy se trouve pour ainsi dire isolé du monde. D'un autre côté, une grande partie de la population laborieuse appartient à la marine; on connaît les habitudes de ces hommes, leur besoin d'air, d'espace, leur attachement à leur famille, les sentiments religieux qui les animent; il n'est pas possible de supposer que des gens placés dans de pareilles conditions consentent volontiers à quitter leur maison, en cas de maladie, à se faire transporter à une aussi grande distance de chez eux pour entrer dans un hôpital situé dans une ville entourée de remparts et bâtie au milieu des marais.

Ce n'est pas seulement pour l'hôpital d'Abbeville que les habitants du Crotoy ont de la répugnance; c'est pour l'hôpital en général; quand on apprend qu'un marin est malade au-dehors, qu'il est entré à l'hôpital, la famille n'a pas de bien qu'elle ne l'eût fait revenir, coûte que coûte; on emprunte, s'il le faut, on va le chercher. Quand il est revenu, on le croit sauvé, et c'est ce qui arrive presque toujours.

Les faits, au surplus, parlent d'eux-mêmes, la commune du Crotoy n'envoie pas de malades à Abbeville. On confie à l'hôpital des Vieillards, même des enfants pour user les journées de lit. Nous avons déjà dit quel était le genre de pensionnaires qu'on plaçait à Abbeville; nous avons dressé une liste des personnes envoyées depuis dix ans; on peut la consulter, on verra que ce sont des individus ordinairement étrangers à la commune.

Il y a trente ans, c'était la même chose : le 16 août 1828, les hospices d'Abbeville adressaient au maire du Crotoy, la liste des personnes de cette commune actuellement pensionnaires de l'hôpital. En voici la désignation : elle est significative :

1° Courtois (Pierre-François), admis le 14 novembre 1827, de Saint-Quentin;

2° Nampont (Marianne), admise le 26 avril 1820, du Crotoy;

3° Mellange (Françoise), admise le 23 juin 1821;

4° Courtois (Marianne), veuve Tellier, admise le 23 juillet 1823, du Crotoy;

5° Asselin (Marie), veuve Maqueron, admise le 22 mai 1828, du Crotoy;

6° Béguin (Rosine), admise le 31 mars 1824;

7° Béguin (Elisabeth), admise le 31 mars 1824.

Il résulte évidemment des faits que nous venons de citer, que les pauvres du Crotoy ne tirent aucun profit appréciable des biens de leur ancien hôpital, que les revenus servent tout au plus à affranchir quelquefois des enfants des obligations que la nature, la religion et la loi leur imposent envers leurs vieux parents, mais qu'ils ne remplissent pas le but moral que s'étaient proposé les donateurs en voulant aider et soulager les misères accidentelles dont sont souvent atteintes les familles laborieuses et particulièrement les populations maritimes.

Le rappel de l'union peut seul remplir ces conditions; avec les ressources et les garanties morales que présente la population du Crotoy, on peut être certain que les intérêts des pauvres ne péricliteraient point si la gestion en était confiée à l'administration locale.

La commune du Crotoy présente toutes les garanties désirables pour la bonne administration des biens des pauvres.

Bien qu'il n'y ait qu'un siècle environ entre l'époque de l'union et celle actuelle, le Crotoy, par la nature particulière de sa position, a éprouvé des changements considérables qui ont singulièrement changé ses rapports avec Abbeville, modifié son industrie et accru son importance. Au moment de l'Union, le Crotoy était en communication permanente avec Abbeville par la mer. Deux fois par jour, la marée portait et ramenait les navires ou les gribanes d'un port à l'autre; le Crotoy était considéré comme l'avant-port d'Abbeville. Les navires destinés à Abbeville stationnaient au Crotoy en attendant une marée favorable pour remonter la Somme. Les habitants du Crotoy étaient alors presque tous marins; ils pilotaient les navires sur les bancs de Somme. Conjointement avec ceux de l'autre rive; mais ils étaient recherchés tout particulièrement pour la remonte et la descente du fleuve. Le Crotoy alors n'avait point, à beaucoup près, l'aspect florissant et plantureux qu'il présente aujourd'hui; les terres, appelées bas-champs, d'une si grande fertilité, ou n'existaient point, ou n'étaient point à beaucoup près dans les conditions de culture, ou nous les voyons aujourd'hui. Toute cette vaste plaine de terre basse, située au Nord et à l'Est du Crotoy, est de formation récente; il n'y a pas bien longtemps que tous les bas-champs et une forte partie du Marquenterre était recouverts par les eaux. Le Marquenterre, comme son nom l'indique, *Mare in terra*, est une conquête de l'homme sur la mer. Toutes les riches terres d'alluvion situées entre Noyelles et le Crotoy, présentent à vol d'oiseau, du côté de la baie, une largeur de plus de huit kilomètres, sur douze kilomètres de profondeur, dans la direction de l'Authie, ont été successivement gagnés sur la mer par le travail et le génie des habitants. Vis-à-vis Noyelles, la baie, dans la direction du Crotoy, offrait à la vue, à la place du Marquenterre, une immense lagune que la mer couvrait et découvrait plus ou moins, suivant la hauteur des marées. L'horizon à l'Ouest, était bornée par une longue bande de terre ferme, sensiblement plus élevée que la lagune se dirigeant du Sud au Nord. Cette éminence formait la séparation des eaux de la Somme d'avec la rivière de Maye, et présentait le même aspect des deux côtés : des terres submergées à l'Est et à l'Ouest. Cet isthme qui s'avançait ainsi au travers de la baie, sert d'assiette au Crotoy. C'est sur son extrémité qu'au moyen-âge on avait construit le château du Crotoy, qu'on a considéré longtemps comme inexpugnable. Cet accident de terrain eut heureusement de nos jours une bien plus fructueuse destination; il fut la cause de la création du Marquenterre. De longues digues, partant de l'isthme du Crotoy, vinrent se rencontrer dans la baie avec d'autres travaux de même nature, partant de la terre-ferme du voisinage de Noyelles, et refoulèrent successivement la mer. Le Marquenterre sortit ainsi peu-à-peu des eaux.

A l'époque de l'Union, une grande partie des renclôtures actuelles existaient déjà, surtout dans les communes à l'Est du Crotoy; mais le Crotoy, situé sur le promontoire qui termine l'isthme, était bien loin d'avoir réalisé dans son voisinage toutes les conquêtes qui ont été faites depuis. Le Marquenterre alors était sujet à divers inconvénients qui atténuaient beaucoup les avantages qu'on eût pu retirer de ces conquêtes sur la mer; la stagnation des eaux et le défaut de communication le rendaient inhabitable et inabordable. Le défaut d'écoulement des eaux en rendait la culture difficile et le séjour pernicieux pour la santé des habitants. En 1810, M. Quinette, préfet de la Somme, dans un travail fort remarquable sur le Marquenterre, signalait ces causes d'insalubrité et déplorait la position de ces malheureux habitants retenus par la fertilité d'une terre dont les influences pernicieuses les décimaient continuellement.

Depuis un siècle, de grands changements ont eu lieu : la Somme, qui coulait librement d'Abbeville au Crotoy, a été reportée sur Saint-Valery au moyen du canal d'Abbeville à Saint-Valery; la partie de la baie comprise entre le Crotoy et Abbeville se comble rapidement. Le Crotoy n'a plus de communication par mer avec Abbeville; d'un autre côté, les conquêtes de la culture sur la baie ont toujours continué. A la fin du dernier siècle, en 1775, le comte d'Artois, alors comte de Ponthieu, faisait exécuter des travaux considérables dans son apanage; en 1782, ses agents formèrent une digue énorme de renclôture partant du Crotoy et se dirigeant sur Favières. Cette digue, d'une largeur à sa base de 20 mètres et de trois mètres d'élévation, avait une longueur de 4,000 mètres; elle gagna sur la mer beaucoup de terres contiguës au Crotoy et qui accrurent sensiblement ses moyens de culture.

Vers la même époque, de nouvelles et aussi importantes renclôtures s'opéraient sur la rivière de Maye, à l'Ouest du Crotoy. Ce genre de travail depuis lors a toujours été incessant; il y a presque toujours des renclôtures demandées, ou en cours d'exécution; aujourd'hui encore, sur la Maye, on élève une digue de plus d'un kilomètre de long pour renclore trente hectares de molières. De manière que depuis un siècle, le terroir du Crotoy s'est accru et développé d'une manière considérable aux dépens de la mer.

Mais ce qui donna surtout l'essor à l'industrie agricole de ce pays, ce fut le dessèchement du Marquenterre. Le canal de Bernay au Crotoy, exécuté il y a 20 ans, fut un immense bienfait pour cette contrée; il l'enrichit en améliorant sensiblement la condition des terres et affranchit complètement les populations du tribut funèbre qu'elles payaient continuellement à l'insalubrité du pays; une mesure analogue, exécutée par les soins de l'administration municipale du Crotoy, dessécha complètement une grande prairie située à l'Ouest du Crotoy et lui servant de marais. Vinrent ensuite les routes nouvelles qui furent d'une utilité inappréciable dans un pays composé de terres d'alluvion où l'on ne communiquait que par les digues des renclôtures. De pareilles améliorations changeraient la face de toutes les contrés; mais quand on les exécute sur une terre d'une extrême fertilité occupée par une population laborieuse, dévouée à l'accomplissement de ses devoirs, on peut bien se figurer ce qui a pu en advenir. Aussi, malgré le retrait de la Somme, et par conséquent la perte d'une grande partie de son commerce maritime, le Crotoy a vu sa population croître en nombre, en aisance et même en fortune ; quelle que soit la rigueur des années que nous avons eues à traverser dans ces derniers temps, le Crotoy n'a jamais eu de mendiant; tout le monde s'occupe; la commune soutient, comme nous l'avons dit, ceux qui sont reconnus être dans l'impossibilité de travailler.

Les faits que nous venons de signaler, tout en expliquant la mesure de 1734, doivent faire comprendre l'utilité que présenterait le rappel de l'union et les garanties qu'offre aujourd'hui la commune pour une bonne administration des revenus de son ancien hôpital.

NOTE N° 7

Page 219

EXTRAIT DU REGISTRE AUX DÉLIBÉRATIONS DE LA CHAMBRE DU COMMERCE DE PICARDIE.

CE JOURD'HUI vingt-huit octobre mil sept cent soixante-dix-sept, dans l'assemblée générale de la Chambre du Commerce de Picardie, convoquée par billets distribués chez les anciens syndics de ladite chambre, ainsi que chez les négociants des différents corps de commerce ; dans laquelle assemblée présidait M. Morgan, chevalier de l'ordre militaire de St.-Louis, maire en exercice de cette ville d'Amiens; et où étoient MM. J.-B. Leleu, échevin et ancien négociant; Charles Langevin, ancien juge-consul; Pierre Delahaye, écuyer; Etienne Langevin; Huart Duparc, syndics en exercice ; Leleu l'aîné, ancien syndic et secrétaire de ladite chambre; Degand l'aîné, écuyer, ancien syndic et juge-consul; Jourdain de l'Eloge; Alexandre Cannet, écuyer, et François Boucher, anciens syndics; Jean-Baptiste Dottin, échevin en exercice; Tondu, Dargent, Daire, Clément-Després, négociants de cette ville; et François Masset, négociant et député de la ville de Saint-Valery. M. Morgan a porté la parole et représenté que l'importance du sujet qui avait fait la matière des délibérations des 21, 23 et 25 de ce mois, avait paru à la chambre mériter la convocation générale du commerce ; pourquoi il a requis que lecture fût faite des trois susdites délibérations, ainsi que du mémoire de MM. les négociants de Saint-Valery qui y avait été présenté; ledit mémoire expositif du danger imminent où se trouvait le port de Saint-Valery, d'être dans peu de temps entièrement comblé par les sables, et inaccessible même aux plus petits vaisseaux; lequel mémoire ayant été lu pour la seconde fois et mûrement discuté, il a été reconnu que le projet d'un nouveau port au Crotoy était impraticable, et d'ailleurs sans utilité pour le commerce, sous quelque regard qu'on le considérât; que le mémoire susdit en expose les inconvénients et les dangers, avec une sagacité et une justesse que le tact de l'expérience et la connaissance pratique des vents et des marées du local peuvent seuls procurer; que le moyen indiqué pour l'amélioration du port de Saint-Valery est présenté dans ce même mémoire d'une manière également lumineuse et convaincante; que le barrement de la Somme et sa conduite par un lit nouveau, pour la faire tomber à la tête du port de Saint-Valery et l'y fixer, sont l'unique moyen de rétablir le port dans son ancienne bonté, soit relativement à sa communication avec la mer, soit pour le passage des gribannes de Saint-Valery à Abbeville, qui depuis quelques années a éprouvé beaucoup d'inconvénients, et causé des pertes considérables au commerce; que la chambre adopte le moyen avec d'autant plus de confiance, que les ingénieurs les plus éclairés, les marins les plus assidus l'ont aussi jugé, et notamment dans un mémoire, couronné le 25 août par l'académie d'Amiens, qui en avait fait le sujet d'un programme intéressant; que tous les gens de l'art n'ont pu voir enfin qu'avec surprise que le commerce avait laissé perdre jusqu'à ce jour l'influence que devait avoir sur le port de Saint-Valery une rivière aussi considérable, le plus beau présent que la nature ait fait à la province, et dont toute autre aurait payé de plusieurs millions les avantages inappréciables; que pour se convaincre de la nécessité de se prêter à l'opération projetée, il suffit de jeter un coup-d'œil sur la situation du port, soit relativement à l'entrée des vaisseaux, soit relativement aux gribannes qui en reçoivent les cargaisons et les apportent jusqu'à Amiens; qu'à l'égard des vaisseaux, faute de trouver dans la Somme un cours stable et permanent qui entretienne dans son lit une profondeur salutaire, ils sont obligés de suivre toutes les sinuosités qu'elle forme dans la baye, ce qui les expose à y assécher sur un fond de sable inégal, et à s'y briser et s'y perdre à la vue même du port; que lors même que les plus hautes marées les mettent à l'abri de ce danger, elles ne peuvent suffire à les porter jusques dans le port même; mais qu'ils sont obligés de jeter l'ancre, et de faire leur décharge dans une plage très-large et découverte entre le port et la ville, où ils ne sont point en sûreté dans un coup de vent de nord, de nord-ouest et nord-nord-ouest, et encore moins les gribannes et allèges qui vont recevoir leur chargement, et dont on a vu plusieurs se perdre depuis quelques années; que d'ailleurs, faute que la Somme ait un cours réglé et un lit suffisamment profond, l'entrée de la baye n'est ouverte aux plus grands vaisseaux que pendant six jours de chaque nouvelle pleine lune : en sorte que les vaisseaux, lorsqu'ils ne se présentent point dans les six jours, sont obligés de battre la mer, et rester exposés à tous les dangers sur la côte et à la vue de leur destination; que le même inconvénient porte jusques sur les gribannes, quelque peu d'eau qu'elles tirent; qu'elles sont obligées de rester amorties dans le port, ou, ce qui est encore plus dangereux, dans le milieu de la baye avec leur charge pendant huit jours de chaque mer; en sorte que soit par rapport à ces gribannes, soit par rapport aux vaisseaux allant et venant de la mer, le port de Saint-Valery, dans le cours d'un mois, est aussi longtemps fermé qu'ouvert; que cette situation, outre les risques qui en sont inséparables, faisant éprouver à la navigation un retard également préjudiciable, et pendant lequel temps les marchandises restent à la merci des bateliers de rivière, on ne peut trop tôt faire cesser tant d'obstacles, et procurer par la même opération la sûreté du port, la facilité et l'économie de la navigation intérieure, qui, dégagée d'une infinité d'entraves qu'elle éprouve, dispensera les bateliers d'employer une multitude de halleurs riverains qui les vexent de toute manière, soit en exigeant d'eux un salaire excessif et arbitraire, soit en les obligeant à force ouverte à leur abandonner à discrétion les marchandises dont ils sont chargés sur leur foi.

Lesquels objets pris en considération, il a été délibéré qu'il sera présenté requête au conseil, à ce qu'il lui plaise nommer tels ingénieurs ou autres personnes versées dans la connaissance des ports, qu'il lui plaira, à l'effet de lever le plan du terrain et des opérations indiquées au mémoire des négociants de Saint-Valery, en dresser le devis estimatif; après quoi le commerce instruit de l'objet de la dépense, se pourvoira de nouveau au conseil, pour présenter les moyens d'y subvenir, si elle n'est pas au-dessus de ses forces.

Et attendu qu'une affaire de cette importance ne peut continuer à se traiter dans des assemblées générales, il a été aussi reconnu qu'il était indispensable de faire choix de cinq commissaires pour suivre ladite affaire, et en référer à la chambre dans ses assemblées hebdomadaires, lequel choix est tombé sur MM. Degand l'aîné, Jourdain de l'Eloge, Delahaye, Leleu l'aîné, et Daire, auxquels la chambre donne pouvoir de faire auprès du conseil, et en son nom, les sollicitations et démarches nécessaires, même de députer, si besoin est, de concert avec elle, telle personne qui sera jugée convenable.

NOTE N° 8

Page 219

CEJOURD'HUI dix janvier mil sept cent soixante-dix-huit, dans l'assemblée du comité, M. Leleu ayant mis sur le bureau le mémoire des ouvrages de la Somme, contenant les détails des opérations à faire, il a été rédigé et arrêté de concert, qu'il serait envoyé à M. d'Agay, suivant la copie ci-après :

Mémoire pour les ouvrages à faire sur la rivière de Somme.

Le commerce, en présentant le barrement de la Somme comme une opération indispensable à l'amélioration du port de Saint-Valery, a toujours regardé comme une suite nécessaire les travaux à faire sur cette rivière, depuis Amiens jusqu'au lieu où le barrement sera fixé. C'est en effet dans cette distance que la navigation éprouve des pertes et des retards, souvent répétés, et dont le préjudice est inappréciable.....

Au Roi et à Nosseigneurs de son conseil.

SIRE,

LA chambre du commerce de Picardie, et les négociants de cette province, supplient très-humblement et très-respectueusement VOTRE MAJESTÉ, et lui représentent que les pertes considérables essuyées dans la baye et dans le sein même du port de Saint-Valery, depuis deux ans, ne permettent plus aux suppliants de différer à rechercher tous les moyens de prévenir le retour des mêmes évènements.

Le port de Saint-Valery, SIRE, est dans ceux du second ordre, un des plus considérables du royaume, c'est le seul que cette province possède. Il sert non-seulement à son commerce maritime, qui y attire de toutes les parties de l'Europe les choses nécessaires à la vie, et les matières propres aux manufactures ; mais son utilité s'étend beaucoup plus loin ; il est aussi l'entrepôt des provinces de Champagne, de Bourgogne, des Trois-Evêchés, de la Lorraine, d'une partie de la Suisse, de Lyon et de Paris même, qui dans les circonstances pressantes, trouvent, par le passage de ce port, beaucoup plus de célérité que par la voie de la Seine.

La rivière de Somme faisait autrefois la richesse et la sûreté du port de Saint-Valery. Elle y dirigeait son cours, le traversait dans toute son étendue, y entretenait une profondeur et une quantité d'eau salutaires aux vaisseaux, et ensuite leur creusait un chenal facile pour l'entrée et la sortie jusqu'à la pleine mer ; mais ces avantages ont disparu depuis plusieurs années, par l'éloignement de cette rivière qui s'en est retirée de sept à huit cents toises. Il est résulté de cet éloignement un amas immense de sables dans l'intervalle qui sépare aujourd'hui la Somme du port, et ces sables se sont élevés à tel point, que dans les plus hautes marées, il n'y monte pas assez d'eau pour que les grands vaisseaux de deux cents tonneaux franchissent ce passage. Les plus petits ne le font même qu'avec beaucoup de danger, et on est fondé à croire, suivant de nouvelles opérations, que dans peu de temps il ne pourra y en aborder aucuns.

Cette perspective alarmante a déterminé les habitants de Saint-Valery à adresser aux suppliants le mémoire qu'ils joignent à la présente requête, ainsi que la délibération prise en conséquence. Le conseil de VOTRE MAJESTÉ y verra combien le mal est urgent.

L'instabilité du cours de la Somme dans la baie de Saint-Valery n'est point, SIRE, le seul inconvénient auquel sa navigation soit exposée. Les bateaux qui la remontent jusqu'à Amiens, éprouvent dans le passage de l'intérieur d'Abbeville, et dans les douze lieues qu'elle parcourt depuis ce point, une infinité d'autres inconvénients auxquels il n'est pas moins indispensable de remédier. Divers passages sous des ponts ont toute la rapidité des torrents; ils exigent pour les franchir jusqu'à trente et quarante hommes, quelquefois même plus, suivant les circonstances des temps et des eaux.

La difficulté de rassembler tant de monde à chacun de ces passages qui se répètent quatre fois, le salaire excessif qu'ils exigent arbitrairement des bateliers, et qui va jusqu'au monopole le plus répréhensible, le pillage même des marchandises auquel les halleurs riverains se livrent ouvertement malgré les bateliers, sont autant d'abus que l'autorité n'a encore pu réprimer malgré les ordonnances sévères intervenues sur cette matière. Il en résulte une nécessité indispensable de substituer à cette troupe de halleurs des chevaux à différents postes, et de former sur les bords de la rivière une chaussée de hallage qui le facilite; au moyen de quoi, le trajet des bateaux, qui exige souvent huit à dix jours, se fera facilement en deux, et la navigation sera délivrée de la nécessité d'employer une machine qui, quoique très-peu coûteuse en elle-même, la soumet à un péage très-onéreux au passage de Picquigny.

Ce considéré, SIRE, il plaise à Votre Majesté nommer des ingénieurs pour faire, aux dépens du commerce, la visite de la rivière de Somme, depuis le lieu qu'il conviendra la barrer jusqu'à son embouchure, à l'effet de la détourner par sa rive gauche, lui fixer, dans des bas-fonds que la nature du terrain présente, un nouveau lit qui dirige son cours sur le port de Saint-Valery et l'y fixe immuablement.

Desquels ouvrages lesdits ingénieurs donneront les devis et plans estimatifs de la dépense, pour le tout être communiqué à la chambre de commerce de Picardie, et aviser par elle aux moyens de subvenir à ladite dépense, si elle n'excède pas les forces du commerce. Ainsi délibéré.

Signé Degand l'aîné, Delahaye, N. Leleu l'aîné, Daire l'ainé, Jourdain de l'Eloge.

NOTE N° 9

Page 220

L'incompétence de la chambre de commerce de Picardie pour arrêter exclusivement les moyens d'améliorer la navigation sur la Somme, et de rétablir un port à son embouchure, permet de justes défiances sur le succès de ceux dont elle a fait choix, et pour l'exécution desquels elle a annoncé, par lettre du 4 décembre 1777, qu'elle allait présenter requête au conseil. Elle a arrêté que le port qui manque à la province serait rétabli à Saint-Valery, et que pour l'y faire reparaître et en même temps améliorer la navigation sur la Somme, il serait creusé un nouveau lit à cette rivière sur la rive gauche, afin de la contraindre par là à aller rendre à ce port les services qu'elle lui refuse maintenant; et c'est pour exécuter ce projet, et non pour le juger, que cette chambre demande au Conseil des ingénieurs.

Les officiers municipaux de la ville d'Abbeville ont cru devoir retarder cette marche un peu trop prompte et trop présomptueuse, et ramener ce projet à l'examen et la discussion que son importance mérite et que l'incompétence de ses auteurs autorise.

Le rétablissement d'un port dans la baie de Somme peut intéresser le gouvernement par lui-même : il est de notoriété publique qu'il s'en est occupé, que pendant plusieurs années de suite, il a fait lever les plans des embouchures de cette rivière dans la vue d'y établir un jour un port commode. Il est donc indiscret de ne point consulter spécialement aujourdhui le ministre de la marine, et de rien entreprendre sans son aveu; il peut avoir des vues contraires à ce qu'on propose, et venant un jour à les exécuter, il ne resterait à la province de tout ce qu'elle aurait fait, que le **regret de l'avoir entrepris**.

Il ne s'agit pas aujourd'hui de réparer, mais d'établir un port, il n'en existe plus au moins à Saint-Valery, l'on ne fut jamais plus libre sur le choix de l'emplacement, c'est au ministre à le faire, il le fera sans égard à aucun intérêt particulier : le plus grand bien sera sa règle.

Le lieu le plus propre par la nature à cet établissement, celui où il sera le moins dispendieux, et en même temps le plus avantageux à la province sera le lieu préféré ; c'est parce que l'on a craint sans doute que cette préférence ne tombât pas sur Saint-Valery qu'on n'a pas voulu laisser indéterminé le lieu où serait rétabli le port : on a désigné Saint-Valery exclusivement, à l'instigation probablement de ses habitants.

C'est chez eux que MM. de la chambre de commerce ont été puiser les connaissances qui leur manquaient sur cette matière, la même crainte a fait limiter étroitement les pouvoirs des ingénieurs que cette chambre demande ; plus libres ils auraient pu se laisser séduire par les facilités que la nature semble avoir réunis à dessein au Crotoy, pour inviter l'art à venir lui rendre le port dont cette ville jouissait dans des temps plus reculés : non-seulement elle y assure à la province un port commode, mais encore d'autres avantages importants : si l'on défère à son aveu, les moyens qu'elle y réserve pour la formation de ce port ne seront mis en œuvre que du même moment.

Un terrain immense actuellement presque sans valeur, deviendra un des plus fertiles cantons de la province : la même opération ouvrira une communication de la Picardie avec l'Artois, avantageuse pour les deux provinces.

Ce port est tout désigné au Crotoy ; une langue de terre solide qui s'avance dans la rivière, y forme un abri sûr, défendu des trois vents les plus redoutables et les plus fréquens sur nos parages ; ce sont les vents d'Ouest, Nord-Ouest et Nord-Nord-Ouest, on peut sans difficulté et sans dépense creuser et agrandir le bassin déjà tout formé, l'on ne rencontrera point de rochers qui s'opposeront à son excavation, il n'y aura que du sable à enlever d'abord, puis une terre argileuse qui cédera sans peine à la bêche, et, en creusant à quelque distance des murailles de cette ville, il se trouvera un quai tout naturellement formé : il serait facile de préserver ce bassin des sables qui le défigurent aujourd'hui ; ils y sont apportés par le flux de la mer qui, rencontrant cette anse sur la rive gauche de la baie, s'y endort et y dépose les matières qu'il charie, elles pourraient en être balayées par les eaux de la marée qu'on retiendrait à cet effet dans les parties basses derrière le port, par le moyen de deux écluses.

La rivière de Maye d'ailleurs et celle d'Authie, qui sont peu distantes, pourront fournir à frais communs un canal peu dispendieux, qui, venant à ce port, en nourrirait le bassin et y préviendrait tout attérissement; les vaisseaux trouveront dans ce port un attérage doux, parce que le sol en est argileux; ils y seraient remis à flots tous les jours, parce que la marée y apporte tous les jours dix à douze pieds d'eau, ils en pourraient sortir presque de tous vents, excepté des gros vents de Sud, Sud-Ouest.

Le même canal, destiné pour entretenir le bassin du port, en s'enrichissant pendant son cours des eaux qui submergent le Marquenterre, rendrait à ce pays son ancienne fertilité. C'était jadis un des plus riches cantons de la province et un des plus peuplés; il contenait plus d'une ville dont il n'existe plus que le nom et quelques ruines, et le canton n'est plus à ce moment-ci qu'un espèce de marais infect qui dévore le peu d'habitans que sa fertilité naturelle y attache encore, quoique sans cesse il trompe leurs espérances : l'époque est arrivée où il peut être tout-à-coup revivifié. Le même canal qui opérera cette révolution, en liant le Crotoy avec l'Authie, établira aussi, pour peu qu'on lui donne de longueur, une communication navigable avec l'Artois.

Tels sont les moyens que la nature a réunis au Crotoy pour y perfectionner un port déjà tout formé, et les avantages qu'elle y offre en indemnité du peu de frais qu'il en coûtera pour mettre ces moyens en œuvre; tandis qu'elle ne présente à Saint-Valery que des obstacles qu'elle semble avoir cumulés comme à dessein de détourner l'art d'aucune entreprise en sa faveur, la rade y est mal abritée, les vaisseaux n'y sont guère défendus que des vents du Sud, Sud-Ouest, mais ils paient cher ce petit avantage : ils y reposent ou plutôt ils s'y fatiguent sur un fond pierreux qui les disloque, la sécheresse les y consume, parce qu'ils n'y flottent jamais qu'aux hautes marées; ils n'en peuvent sortir que des vents de Sud, Sud-Ouest, Nord-Nord-Est, et de ceux intermédiaires, et ce n'est qu'en labourant les sables, même dans les plus hautes marées, qu'ils peuvent s'échapper de ce port, et ils en sortent plus fatigués que d'un voyage de long cours.

Il est donc important en ce moment où la province demande un port, que le gouvernement décide lequel des deux emplacements doit être préféré : ce sera quand ce point sera jugé qu'il sera temps de statuer sur l'ouverture du nouveau canal de la Somme : entreprise inutile, peut-être, si le Crotoy obtient la préférence.

C'est moins encore pour améliorer la navigation sur cette rivière, qu'on propose aujourd'hui ce nouveau canal, que pour faire reparaître au moins l'effigie d'un port à Saint-Valery.

Lorsqu'il ne s'agit plus que de fixer le cours de cette rivière, on trouvera peut-être des moyens moins grands, il est vrai, que ceux qu'on propose aujourd'hui, mais aussi moins dispendieux pour en retenir le lit.

Les officiers municipaux d'Abbeville espèrent que le conseil voudra bien prendre en considération les motifs qu'ils viennent d'établir de leur opposition ; ils se flattent même qu'il leur en saura gré : l'amour du bien public, leur confiance en la sagesse du ministre de la marine l'a suscitée, ils ont vu avec peine que ce ministre n'était pas spécialement consulté dans une affaire qui est absolument de son ressort, et sur laquelle il a déjà tous les éclaircissements que son importance mérite ; pourquoi ils attendent de la sagesse du conseil qu'il ne permettra pas de creuser un nouveau lit à la Somme, sans que la nécessité de cette entreprise ne soit évidemment démontrée, et qu'il ne soit préalablement décidé lequel des deux ports doit avoir la préférence.

Les plans et opérations des officiers du corps royal du génie, qui doivent être sous les yeux du ministre de la marine, mettront à portée de décider sur le choix du port.

Et quant aux moyens d'améliorer la navigation de la Somme, comme c'est un objet particulier à la province dont on ne croit pas que le gouvernement se soit occupé, il est indispensable que les mêmes officiers, qui ont opéré par rapport à l'emplacement du port, indiquent les moyens et déterminent s'il est absolument nécessaire de creuser un nouveau canal.

Tel est le juste vœu de tous les corps de cette ville et notamment du commerce, représenté par la chambre consulaire, ce qui étonnera sans doute.

Il semblerait que la demande formée par la chambre du commerce de Picardie aurait due être la demande et le vœu du commerce de cette province, puisque cette chambre n'en est pas la souveraine, mais l'organe; mais son zèle l'a trompée, non-seulement sur la nature de ses fonctions, mais encore sur leurs limites; elle a craint les longueurs et les difficultés que son projet pouvait essuyer, si avant d'en demander l'exécution elle en délibérait avec les villes commerçantes de la province, de sorte que pour cette fois, et sans tirer à conséquence pour l'avenir, elle n'a pas cru essentiel de requérir leur autorisation pour arrêter et présenter une requête dont l'objet les intéresse essentiellement. Elle s'est contentée de les aviser que cette requête était dressée, avec la liberté, il est vrai, et même l'invitation d'envoyer à Amiens pour en prendre communication : de sorte qu'il y a tout à la fois irrégularité dans la demande et incompétence sur son objet.

NOTE N° 10

(Page 244)

ÉVASION DU DUC DE LA ROCHEFOUCAULT-LIANCOURT [1].

A la suite de la journée du 10 août 1792, où la population des faubourgs envahit le château des Tuileries et fit, quarante-huit heures après toute la famille royale prisonnière, les nobles furent obligés de fuir la France. C'est dans cette circonstance que le duc de La Rochefoucault-Liancourt arriva à Abbeville, chez M. Dubellay, chef de l'amirauté, lui déclarant que sa tête étant à prix il cherchait les moyens de quitter la France. M. Dubellay ne vit point d'autre moyen que de conduire son hôte au Crotoy où il connaissait un excellent homme, M. Delahaye, à qui il pouvait se confier en toute assurance.

M. Dubellay partit donc à cheval avec le duc et son domestique, vêtus tous les deux de manière à ne point éveiller la curiosité et, à la tombée de la nuit, ils arrivèrent au Crotoy et se rendirent immédiatement chez M. Delahaye.

[1] Cette anecdote a été publiée dans les Notices de M. Prarond, sur les indications de M Adolphe Bizet. Nous la reproduisons d'après les renseignements pris auprès des anciens habitants du pays.

— Je viens, dit M. Dubellay, confier à votre honneur et à votre sauve-garde, un des grands noms de la France. M. le duc de La Rochefoucault-Liancourt, que je vous présente, est proscrit, sa tête est à prix; il faut que, le plus tôt possible, il soit transporté en Angleterre. Dans cette extrémité, M. Delahaye, j'ai pensé à vous, car vous êtes un homme de cœur, et l'homme que je confie à votre dévouement sera sauvé.

— Je vous remercie de cette marque d'estime, répondit M. Delahaye, M. le duc n'a rien à craindre ici, et j'espère trouver parmi nos braves marins les moyens de le transporter en toute sûreté sur la côte anglaise.

M. Dubellay, convaincu qu'il ne s'était point mal adressé et que le duc ne pouvait être en de meilleures mains, se hâta de quitter le Crotoy où, si sa présence prolongée était remarquée, il pouvait involtairement nuire à l'évasion du duc. Pendant ce temps, M. Delahaye faisait partir un de ses fils, Florentin Delahaye, pour conduire jusqu'à Bernay le domestique et les chevaux du duc qui iraient s'embarquer à Boulogne par la voie ordinaire.

M. Delahaye, après avoir mûrement réfléchi à ce qu'il devait faire, fut trouver son parent et ami, M. Desgardin, capitaine de navire au long cours, dont nous avons parlé plus haut, et lui demanda s'il ne pouvait point se charger de conduire lui-même le duc en Angleterre.

M. Desgardin se fût volontiers chargé de cette honorable mission, mais son navire n'était point au Crotoy et son départ, que rien ne pouvait justifier, devait éveiller l'attention et compromettre le sort de la personne qu'il s'agissait de sauver.

— Soyez tranquille cependant, dit-il à M. Delahaye, je connais mieux que vous nos marins du Crotoy; retournez près de votre hôte, et avant une heure d'ici, je vous aurai trouvé un moyen d'évasion auquel nous pourrons nous confier en toute assurance.

Peu après le départ de M. Delahaye, Jean-Baptiste Raymond, patron d'un bateau plat qui chargeait du bois pour Saint-Valery et Cayeux, entra chez M. Desgardin qui lui demanda s'il ne ferait pas bien le trajet de la Manche pour débarquer sur les côtes de l'Angleterre un personnage de distinction qui se confiait à la loyauté des habitants du Crotoy.

— Cela me serait assez difficile avec mon bateau, dit Jean Raymond.

— Mais si on t'en donnait un autre ?...

— Ce serait peut-être un mauvais moyen; je ne suis pas pilote, je ne connais point les attérages de l'Angleterre et je pourrais fort bien me perdre et perdre votre monsieur avec moi.

— Mais indique-moi donc celui qui pourra me rendre ce service ?

— Oh ! tenez, pas besoin de chercher bien loin; il y a Nicolas Vaduntun, le pilote, qui doit sortir du port un sloop qui a fini son chargement de bois pour Boulogne. C'est l'homme qu'il vous faut. Je réponds qu'il acceptera et qu'il ne quittera le monsieur que lorsqu'il sera bien en sûreté.

M. Desgardin se rendit aussitôt chez le pilote Vaduntun qui venait de se coucher, car il devait le lendemain piloter le sloop. Aux premières paroles qui lui furent dites, il s'empressa de répondre :

— J'accepte, dès que ça peut vous faire plaisir, M. Desgardin; mais il faut pourtant que j'en parle au capitaine du sloop, car ça dépend plus de lui que de moi.

M. Desgardin fut aussitôt retrouver M. Delahaye chez qui il trouva le duc impatient de trouver un moyen de s'éloigner. Il lui fit part des observations de Vaduntun et de la nécessité où on se trouvait de parler à un capitaine étranger au pays, qu'on ne connaissait que depuis quelques jours qu'il était au Crotoy.

— Il faut lui parler, dit le duc, je paierai d'ailleurs convenablement le passage.

MM. Delahaye et Desgardin se rendirent ensemble sur le port, et sans affectation tachèrent de rencontrer le capitaine du sloop à qui ils demandèrent si, moyennant une indemnité raisonnable, il ne voudrait point se charger, en quittant le Crotoy, de faire une bordée jusqu'aux côtes d'Angleterre avant d'entrer au port de Boulogne.

— Ça ne peut me déranger beaucoup, dit le marin. Mais je devine de quoi il est question, je connais déjà cela; il s'agit de déposer quelque émigrant. Ça me va, si on me paie convenablement.

On fit aussi prix pour mille livres; le pilote Vaduntun ne quitterait le passager que lorsqu'il serait descendu sur les côtes anglaises.

La nuit était passablement avancée quand M. Delahaye revint auprès de M. de La Rochefoucault lui apprendre le résultat de sa négociation. On comptait partir le lendemain; mais le capitaine du sloop prétexta qu'il n'était point en règle, et qu'il ne pourrait partir qu'à la marée du lendemain. Le lendemain le même inconvénient se renouvella.

— Cet homme veut davantage, dit le duc, finissons-en, nous lui donnerons quinze cent livres, s'il le faut.

Le duc cependant n'était point tranquille. Ce n'était qu'à regret qu'il se confiait à un homme qui n'était point du Crotoy; il craignait d'être trahi. Plusieurs personnes au Crotoy savaient qu'il y avait chez M. Delahaye un personnage de distinction qui devait s'embarquer clandestinement; mais c'était un secret, et personne par une curiosité compromettante, ne cherchait à pénétrer un mystère d'où dépendait le salut de cette personne [1]. Une circonstance fortuite vint fortifier ses craintes; le deuxième jour au matin, comme il sommeillait dans son lit, le bruit d'un tambour battant sous ses fenêtres, le réveilla en sursaut; il crut qu'on venait l'arrêter. Il se jeta aussitôt sur ses pistolets qu'il avait placés près de son lit, et se tint prêt à vendre chèrement sa vie.

M. Delahaye, qui avait entendu du bruit dans la chambre du duc, entra en ce moment.

— Ne craignez rien, monseigneur, lui dit il, au Crotoy le bruit du tambour n'a rien d'inquiétant : c'est tout simplement une publication de vente. Dormez donc en paix, et soyez sûr que s'il y avait quelque danger, vous seriez prévenu avant qu'on arrivât à vous, et alors même, nous tenterions encore de vous sauver.

— Je me méfie de ce capitaine, dit le duc. L'avez-vous revu ?

— Oui, monseigneur; moyennant quinze cents livres, il répond que vous n'avez rien à craindre et que vous partirez à la marée de la nuit prochaine.

Dans le courant de la journée, Vaduntun vint en effet prévenir qu'on partirait à la marée, qu'on eût à se tenir prêt,

---

[1] Le silence des habitants du Crotoy, leur retenue, ont favorisé l'embarquement du duc de La Rochefoucauld, bien plus que n'aurait pu le faire leur concours visible et violent, concours certain d'ailleurs au besoin et dans tous les cas, non qu'ils connussent le duc, la plupart n'en avaient jamais entendu parler, mais pour le seul motif qu'on avait regardé leur petite ville comme un lieu de sûreté pour lui. Il y avait alors, je puis jurer qu'il y a encore dans ce petit pays des sentiments nobles et généreux.

(Extrait d'une lettre de M. l'abbé Souverain, curé du Crotoy, à M. de La Rochefoucauld)

M. le duc devant se revêtir d'un costume de matelot afin d'échapper aux investigations de la douane. Mais, sur le soir, le capitaine du sloop vint lui-même chez M. Delahaye et dit, que toute réflexion faite, il ne pourrait prendre à son bord la personne qu'on ne lui nommait pas, attendu que, dans les circonstances où on se trouvait, c'était se compromettre gravement et s'exposer à payer chèrement un moment de complaisance.

Il devenait évident que cet homme voulait tirer le plus de parti possible de sa coopération; on vint directement au fait, et on convint d'une somme de cinq à six cents livres en sus du prix déjà arrêté; les obstacles furent alors levés et le capitaine promit formellement qu'il appareillerait aussitôt que son passager serait rendu à bord.

M. de La Rochefoucault ayant fait ses adieux à M. Delahaye et à M. Desgardin, tira de son portefeuille un fragment de carte à jouer, l'as de cœur, et leur dit en la leur montrant :

— Lorsqu'on vous remettra cette moitié de carte vous saurez que je suis sauvé et vous aurez l'obligeance de la faire passer aussitôt à Mme de La Rochefoucauld, au château de Crèvecœur, qui conserve l'autre moitié.

Nicolas Vaduntun était présent; il essuya une larme et marchant devant le duc, qui avait revêtu son costume de matelot, ils arrivèrent heureusement à bord du sloop qui appareilla aussitôt. Pendant ce temps, Jean Raymond abordait avec son petit bateau un point désigné dans les dunes, derrière le moulin de Saint-Pierre, et chargeait les bagages du duc qui étaient venus d'Abbeville à l'adresse de M. Delahaye; peu après il accostait le sloop dans la baie et y transbordait ces colis.

Vaduntun, non plus que le duc, n'avait pas grande confiance aux gens du sloop, parce qu'ils n'étaient pas du Crotoy, qu'il ne connaissait pas leur moralité et leurs antécédents. Il n'y a point de danger qu'il s'endorme, il a l'œil et l'oreille au guet. Suivant son estime, au petit jour on doit être en vue des côtes anglaises, il n'y a donc que patience à avoir.

Il se promenait sur le pont, des demi-mots échangés, des allées et venues de la part des gens de l'équipage redoublent son attention : la vue des colis du duc a éveillé la cupidité de ces gens, ils s'imaginent que leur passager est un richard qui se sauve avec son trésor et ils forment le complot de le jeter à la mer pour s'approprier ses richesses. Vaduntun a tout compris, il se rapproche de la cabine où repose le duc. Celui-ci ne dormait pas; il était tout aux pensées de la situation nouvelle qu'allait lui donner l'exil, l'éloignement de sa patrie.

— Eh bien ! mon ami, qu'avez-vous ? dit le duc au brave pilote. Vous paraissez ému.

— Ce n'est rien, monsieur. Laissez-moi seulement prendre vos pistolets et ne craignez rien : si ces gredins là ne faisaient point leur devoir, ils auraient à passer sur moi.

Et en disant ces mots, Vaduntun s'était emparé des armes déposées sur la table, et, debout sur le pont, un pistolet à chaque main, il se tenait prêt à faire feu.

— Cap sur l'Angleterre ! s'écria-t-il, et qu'on arrive au plus vite sans songer à autre chose, sinon je brûle la cervelle au premier qui ne fait pas son devoir.

Les matelots étonnés, obéissent à cette injonction déterminée; ils n'osent donner suite à leur mauvaise pensée, et comme le jour paraissait, le sloop fut bientôt accosté par plusieurs chaloupes anglaises, car à cette époque, il en courait devancer les bateaux français dans l'espoir intéressé d'avoir à y recueillir des émigrants.

Vaduntun, veillant même aux intérêts du duc, marchanda avec les bateliers anglais et fit prix pour cent cinquante livres; la chaloupe anglaise prit le duc et son bagage, et le duc, en quittant son libérateur, lui donnait la moitié de l'as de cœur qui devait être remise à M. Delahaye pour la faire passer à la duchesse. Vaduntun, resté seul à bord du sloop, continua d'exercer sur les marins de l'équipage la domination que donne le courage sur les hommes sans cœur. Honteux de leur lâcheté sans doute, ils continuèrent à manœuvrer sans souffler mot et entrèrent quelques heures après dans le port de Boulogne, d'où Vaduntun revint par terre au Crotoy.

A la Restauration, M. de La Rochefoucault revint en France; il n'avait point oublié son libérateur, il le fit rechercher, le fit venir chez lui et lui fit une pension viagère de quatre cents francs. Tous les ans, à même époque, Vaduntun allait passer quinze jours à Paris, chez le duc, qui voulait qu'il dînât à sa table, à côté de lui; un domestique était attaché à sa personne et une voiture mise à sa disposition. Vaduntun en usait sobrement, et malgré les desseins du duc de satisfaire ses moindres désirs, il s'empressait de revenir au Crotoy. M. de La Rochefaucault reporta sa protection sur ses enfants; il voulut faire leur sort, leur donner une autre carrière, mais ceux-ci, nés marins, voulurent rester marins comme leur père, ils habitent encore le Crotoy. Vaduntun mourut en 1825.

En souvenir de son évasion et des cironstances qui l'avaient accompagnée, M. de La Rochefoucault fit élever, dans le jardin de son château de Liancourt, une colonne commémorative du dévouement des habitants du Crotoy, et y fit graver les noms de M. Dubellay, Delahaye et Vaduntun.

Une autre circonstance, empreinte d'un caractère mystérieux, mit encore un marin du Crotoy en rapport avec la famille de Larochefoucault. On était en 1798, André Asselin, du Crotoy, fut embarqué à Brest sur le vaisseau le *Jean-Jacques Rousseau*. Il remarqua bientôt parmi les mousses, un jeune garçon de quatorze ans environ, doué d'une figure distinguée, ayant des manières douces et polies peu ordinaires à sa profession. En but au mauvais traitement des matelots, ce jeune enfant se retirait à l'écart et pleurait souvent à chaudes larmes. Asselin en eut pitié, et afin de lui épargner des corrections, il s'empressait de faire les travaux trop difficiles qui lui étaient commandés.

Il y avait un an environ qu'André Asselin et son petit protégé se connaissaient et vivaient en bonne intelligence, lorsque, se trouvant à Brest et se promenant tous deux par les rues de la ville, un homme les aborde et salue respectueusement le jeune mousse, en disant :

— M. de La Rochefoucault, si je ne me trompe ?

L'enfant ayant fait un signe d'affirmation, l'étranger, qui était un maître tailleur de Brest, l'engage à venir chez lui, et là, après avoir fait des démonstrations du plus profond respect, il s'empresse de le bien traiter et de le revêtir d'habits neufs.

Asselin apprit alors que le jeune mousse était né à Senlis où ce tailleur avait autrefois exercé sa profession. On le pria de ne rien dire de ce qu'il savait, et, pendant un an encore, Asselin continua à veiller sur l'enfant jusqu'au moment où un officier se l'attacha pour en faire son mousse. Sur ces entrefaites, un remaniement du personnel de l'escadre ayant été fait, le jeune homme fut transporté sur un autre bâtiment et séparé d'Asselin qui fut embarqué sur un navire en destination de Saint-Domingue.

A son retour en France, après la campagne de Saint-Domingue, en 1801, Asselin apprit des marins du *Jean-Jacques Rousseau*, que des personnes de distinction étaient venues à bord chercher le jeune mousse, et qu'ayant appris qu'il était transbordé sur un autre bâtiment en station en Amérique, on avait expédié un exprès pour le chercher et le ramener à sa famille.

Asselin ne revit jamais son jeune protégé qu'il avait entendu appeler M. de La Rochefoucault. Nicolas Vaduntun ayant parlé de cette circonstance au duc, celui-ci lui répondit qu'un de ses fils avait en effet servi dans la marine. Depuis lors M. Alexandre de La Rochefoucault a pris André Asselin sous sa protection, et lui a écrit plusieurs lettres qui, bien que ne rappelant pas les circonstances dont il est ici parlé, prouvent néanmoins que le marin du Crotoy avait mérité l'intérêt et l'attention de son protecteur [1].

NOTE N° 11

(Page 245)

Les hommes passent, mais malheureusement les traditions historiques restent pour rappeler et confirmer les faits du passé. Celui cité dans le *Mémorial d'Amiens* du 11 juin dernier, et qui a eu lieu il y a un demi-siècle est constant.

J'ai peine à concevoir qu'il ne se trouve plus aujourd'hui dans Saint-Valery un habitant notable de l'an XI et qui a pu être présent à la visite faite, à cette époque, par Napoléon au port de cette ville, et entendre les paroles qu'il a prononcées, en présence des autorités du pays et des ingénieurs réunis, non sur l'écluse inexécutée alors, mais à l'endroit même où elle devait être établie.

Frappé de la distance qui existe entre la mer en morte-eau, et qu'il apercevait à peine, et le point où cette écluse

[1] Note de M. Bizet.

devait être construite, Napoléon demanda quels étaient les moyens qu'on espérait employer pour garantir les abords du port projeté des sables de la baie, dont le régime du constant déplacement lui avait été signalé. — Messieurs les Ingénieurs lui soumirent comme un moyen certain la *chasse* que l'on obtiendrait de l'écluse même. « Oui, sans doute, répondit l'Em-
« pereur, vous obtiendrez quelques effets jusqu'à deux cents
« ou trois cents toises au plus, mais là s'arrêtera la puis-
« sance des eaux que fournira le canal de la Somme, et bien-
« tôt il se formera à l'extrémité du sillon qu'elles auront ou-
« vert des bancs de sables qui, nécessairement, en obstrue-
« ront l'entrée. »

Immédiatement après la reconnaissance que Napoléon venait de faire du littoral de la Manche, et dès qu'il eut fixé le port de Boulogne pour ses projets de descente, je fus nommé ingénieur chargé des communications militaires du camp et des côtes jusqu'à la baie de Somme; et j'ai été à même, pendant deux ans et demi que dura ma mission, de recueillir sur les lieux toutes les circonstances qui avaient signalé le passage de l'Empereur à Saint-Valery. — Je dois remarquer, en outre, que les observations faites par lui, au sujet de ce port, étaient parfois rappelées dans les entretiens des ingénieurs avec le général Bertrand et M. Sganzin, inspecteur général des travaux maritimes, qui, tous deux (si ma mémoire me sert bien), accompagnaient le premier Consul dans la recherche d'un refuge convenable sur les côtes de la Manche.

J'ajouterai que le général Andréossy, chef de l'état-major de l'armée campée à Boulogne, qui m'honorait de sa confiance, me communiquait quelquefois les notes tenues par lui de toutes les circonstances de cette époque mémorable du camp de Boulogne, parmi lesquelles figurait celle de Saint-Valery, quoique très secondaire au surplus, dans le projet qu'avait conçu cet officier supérieur d'utiliser les notes qu'il avait recueillies, pour la rédaction de l'historique du campement de l'armée sur les côtes de la Manche, historique qui eût été publié, si une mort prématurée n'eût point privé la France de ce brave militaire.

Charles SORDI.

NOTE N° 12

(Page 287)

Abbeville, 9 fructidor, 2ᵉ année.

BOUCHER, Inspecteur des Douanes, au citoyen LOISEL, Administrateur du département de la Somme.

Citoyen,

J'ai présenté, il y a un mois, au directoire de ce district, une pétition pour obtenir que le ci-devant presbytère du Crotoy, servît de Douane nationale au dit lieu. Ma demande a été accueillie, mais l'arrêté a été renvoyé au département pour y être aprouvé. Le retour de cette pièce m'étant essentiel pour pouvoir mettre la commission des revenus nationaux en état de régler les états de frais de régie de mon inspection, je te prie d'en presser l'expédition au bureau des domaines nationaux. Je compte beaucoup sur ta recommandation et sur ta complaisance pour me rendre ce service.

Salut et fraternité,

BOUCHER.

LISTE DES SOUSCRIPTEURS

LISTE DES SOUSCRIPTEURS

MM. ABADIE, capitaine au long-cours, au Crotoy.
   ASSELIN, voilier, au Crotoy.
   ASSELIN (Casimir), propriétaire, à Saint-Firmin.
   BATEL, père, propriétaire, au Crotoy.
   BATEL, fils, propriétaire, à Paris.
   BIZET (Adolphe), rentier, au Crotoy.
   BIZET, aîné, meunier, au Crotoy.
   BIZET, cordonnier, au Crotoy.
   BIZET (Jean-Baptiste), marchand de bois, à Vron.
   BIZET (Jules), cultivateur, à Tigny.
   BOS (Paul), capitaine au long-cours, au Crotoy.
   BOUCHER DE PERTHES, propriétaire, à Abbeville.
   BOULENGER (Louis), négociant, à Saint-Valery.
   BULOT (Louis), garde-champêtre, au Crotoy.
   DE CAÏEU, avocat, à Abbeville.
   DE CAÏEU DE VADICOURT, propriétaire, à Abbeville.
   CALMONT, chef d'instruction, à Vron.
   CHEMIN-MACQUART, fabricant, à Rue.
   CORNU (Auguste), ferblantier, au Crotoy.
   COULON (Louis), douanier, au Crotoy.

MM. Coulon (Pierre-Nicolas), marin, au Crotoy.
Crépin-Coulon, douanier, au Crotoy.
Crépin (Jean-Baptiste), journalier, au Crotoy.
Créton (Arsène), pilote, au Crotoy.
Cuvelard (Alexandre), rentier, au Crotoy.
Cuvelard (Emmanuel), bottier, au Crotoy.
Cuvelard, meunier, au Crotoy.
Cuvillier (Adolphe), meunier, à Favières.
Dairaine, aumônier de l'hospice, à Abbeville.
Daniel (Edouard), propriétaire, à Rue.
Degouy, instituteur, à Rue.
Degouy, maréchal-ferrant, au Crotoy.
Delahaye (Alexandre), propriétaire, à Amiens.
Delahaye (Ernest), propriétaire, à Amiens.
Delarue (Nicolas), chantre, au Crotoy.
Delong, aîné (Amant), pilote, au Crotoy.
Delong, fils (Amant), pilote, au Crotoy.
Delong (Charles-Amant), pilote, au Crotoy.
Delong (Charles-Nicolas), pilote, au Crotoy.
Delong (Louis), marin, au Crotoy.
Demiannay, instituteur, au Crotoy.
Desgardin, maire et propriétaire, au Crotoy.
Devismes (Louis), marin, au Crotoy.
Devismes (Louis), cultivateur, à Ponthoile.
Doudou, maire, à Rue.
Drouillon, menuisier, au Crotoy.
Dubus (Bazile), marin, au Crotoy.
Dufour (Théophile), cordonnier, à Vron.
Dumesnil, curé, à Saint-Firmin.
Dutrieux (Paul), cabaretier, au Crotoy.
Fanthomme (Arsène), marin, au Crotoy.

MM. Fanthomme, directeur des bains, au Crotoy.
Fanthomme (Pierre), pilote, au Crotoy.
Gomel, agent-voyer, à Crécy.
Gorond (Adelphine), au Crotoy.
Grenu, marchand de lin, à Vironchaux.
Grousilliat, cultivateur, à Quent.
Herbet-Poidevin, contre-maître, au Crotoy.
Lagnier, greffier de la justice de Paix, à Rue.
Lasalle (Octave), propriétaire, à Favières.
Lecomte (Albin), teneur de livres, au Crotoy.
Ledoux, aîné, notaire, à Rue.
Lefebvre (Jules), rentier, à Abbeville.
Legaucher du Broutel, propriétaire, à Rue.
Leger, notaire, à Vron.
Legrand, curé, au Crotoy.
Lherminier, receveur des Douanes, au Crotoy.
Lheureux, fils, cultivateur, au Crotoy.
Lheureux (Louis), mécanicien, au Crotoy.
Loisel, capitaine des Douanes, au Crotoy.
Loisel, notaire, à Rue.
Louandre, bibliothécaire, à Abbeville.
Moinel (Auguste), garde-pêche, au Crotoy.
Monderlois (Zacharie), menuisier, au Crotoy.
Monnier, capitaine au long-cours, au Crotoy.
Mopin (Jean-Baptiste), marin, au Crotoy.
Pauchet-Devismes, à Paris.
Pelletier (Adolphe), rentier, au Crotoy.
Pelletier-Bizet, brasseur, à Montdidier.
Pelletier (Victor), négociant, au Crotoy.
Petiteville-Leroy, bourrelier, à Rue.
Platel (Michel), tonnelier, au Crotoy.

MM. Poidevin (Alexandre), aubergiste, au Crotoy.
Poidevin (Pierre), marin, au Crotoy.
Poindefer (Louis), pilote, au Crotoy.
Polenne, fils, boulanger, au Crotoy.
Polenne (Jules), cultivateur, à Favières.
Quennehen-Vasseur, aubergiste, au Crotoy.
Raimond (Auguste), marin, au Crotoy.
Raimond (Jules), marin, au Crotoy.
Ridoux (Alexis), maçon, au Crotoy.
Ridoux, père, maçon, au Crotoy.
Rune (marquis de), propriétaire, au Crotoy.
Senaux (Alexandre), marin, au Crotoy.
Sueur, frères, à Vron.
Tellier, marchand d'huîtres, au Crotoy.
Tétard, rentier, à Favières.
Théot, boulanger, au Crotoy.
Vaduntun, brigadier des Douanes, à Saint-Valery.
Vaduntun (Vincent), maître d'hôtel, à Rue.
Vasseur (Léon), rentier au Crotoy.
Vasseur (Chrysostôme), charpentier, au Crotoy.
Vasseur, dit *Lala*, marin, au Crotoy.
Vasseur-Poiret, maréchal-ferrant, au Crotoy.
Vignole (Auguste), au Crotoy.
Warendeuf (François), mécanicien, à Rue.

TABLE DES MATIÈRES

	Pages.
Préface	v
Origine du Crotoy	1
Invasions barbares	19
Premiers âges historiques	37
Coutumes, usages locaux	51
Domination anglaise	65
Guerres civiles	91
Jeanne-d'Arc	111
La forteresse	119
Domination bourguignone	129
Importance maritime avant le 15e siècle	139
Vicissitudes du Crotoy	147
Le Crotoy sous la Ligue	159
Aspect physique du Crotoy	167
Gouverneurs du Crotoy	181

Monuments religieux.	187
Avantages maritimes du Crotoy	199
Projets de canalisation	215
Révolution française	229
Luttes pour l'amélioration du port	247
Le Crotoy à l'état moderne.	261
Appendice.	275
Liste des souscripteurs	313

FIN DE LA TABLE.

7,085 — Abbeville, Imp. R. Housse, rue Saint-Gilles, 105.

www.ingramcontent.com/pod-product-compliance
Lightning Source LLC
Chambersburg PA
CBHW072014150426
43194CB00008B/1102